空軍抗日戰爭
初期血淚史

何邦立　編著

筧橋精神

紀念抗日戰爭勝利七十週年專輯

2015

　　「八一四」筧橋空戰大捷，不僅是空軍的光榮，也是空軍的精神財富。那時的飛行員，如果被人說飛行技術不好、不勇敢、怕危險、怕死，等於受了奇恥大辱，甚而痛不欲生。這就是在當時空軍中的一種精神與特質文化，這種精神在戰鬥中，就表現為機智勇敢、寧死不屈、以弱抗強的大無畏的英雄氣慨，也就是空軍代代相傳的「筧橋精神」。

　　歷經空戰上百、早就死了幾回，不知怎能活到今天。在慘烈的空戰中，生死僅是毫髮之間的事。每次升空迎敵，都有可能血灑長空，永遠不再返航。而年輕的飛行員們從不考慮個人的安危，即使被擊落，寧願犧牲報國，也不願被日軍俘獲。

　　八年抗戰，1600位飛行員壯烈犧牲，他們全部是30歲以下的青年，他們用青春熱血譜寫了中華民國空軍光榮的戰史，捍衛了中華民族的尊嚴和生存權。

百齡筧橋老兵
張光明將軍題

1937年7月17日蔣介石委員長在江西廬山發表嚴正的對日抗戰宣言。「犧牲已到最後關頭，地無分東西南北，人不分男女老幼，皆有守土抗戰之責」！

左：「中央航校大門」
右：中央航空學校學生整裝出發

1932年秋杭州筧橋中央航空學校創立，其精神堡壘：「我們的身體飛機和炸彈，當與敵人的兵鑑陣地同歸於盡！」

左：東北飛鷹空軍戰神高志航烈士。1937.11.21為國捐軀。
右：中國空軍的紅武士劉粹剛烈士。1937.10.25為國犧牲。

1938年5月20日國府行政院長孔祥熙（左一）與國防部長何應欽（右一）在漢口王家墩機場觀迎遠征
東瀛馬丁雙機八勇士歸來，機長徐煥昇（右二）與佟彥博（左二）。

1938年5月22日，周恩來（右二）、王明、吳玉章代表中共中央和八路軍，對凱旋英雄敬獻錦旗「德
威並用，智勇雙全」、「氣吞三島，威震九州」，周恩來並發表演講，贊揚空軍勇士們的英勇行為。

抗戰期間中美空軍飛越印度與中國間的喜馬拉雅山航線，空運戰略物質，創造四〇年代航空技術史上的創舉——駝峰空運（1942年5月－1945年9月）。

1941年8月1日中國空軍美國志願大隊正式成立，陳納德任指揮官，這就是後來令敵人聞之喪膽的「飛虎隊」。

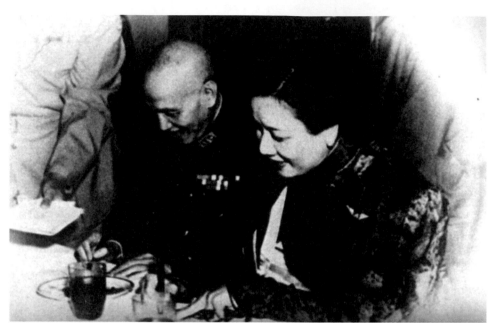

1942年4月10日蔣中正就任盟軍中國戰區最高統帥後，與夫人宋美齡（佩戴飛鷹胸章）合影。

1943年2月18日，宋美齡應羅斯福總統夫婦邀請赴美訪問期間，在國會發表演說情景。

1943年11月22日參加開羅會議的中、美、英領袖蔣中正、羅斯福、邱吉爾、蔣夫人宋美齡。該會議確定了中國的大國地位與台灣的回歸中國。

1945年9月9日，中國戰區陸軍總司令何應欽代表最高統帥蔣中正，接受日本岡村寧次所呈遞的降書。

1945年10月25日，在台北中山堂舉行中國戰區台灣省受降儀式，受降主官陳儀（中）。被日本侵佔了半個世紀的台灣重歸中國版圖。10月25日為台灣光復節。

筧橋精神　青史留芳—唐飛先生專文推薦序

　　忘年之交老友、航空史學者何邦立博士，編撰《筧橋精神——空軍抗日戰爭初期血淚史》一書，邀余為序；余才疏學淺，但忝為空軍後期一老兵，對光大先賢先烈們獻身報國，可歌可泣之史記工作，有無可推卸的責任，乃勉力為之。

　　1937年7月7日，日本軍閥急欲加速繼續推動侵略中華，在河北盧溝橋發起挑釁，國人則在數世紀以來，因晚清積弱不振，多年來遭受列強欺壓剝削，國家面臨被瓜分之危機，實已無法再忍受日本進一步侵略，全國上下一致要求抗日，政府以「面臨最後關頭」的決心，奮而發動抗日戰爭，點燃了八年抗戰的戰火。

　　此時，中央空軍建軍不及數年，沒有航空工業基礎，戰機均屬來自各國的次貨，防空情報網尚未建立，人員訓練及經驗尚不足，戰力原不足以抗衡日本陸、海軍航空隊，但每一位飛行員都背負著國人和個人要雪恥復仇的壓力，牢記「與敵人同歸於盡」和「不成功便成仁」的校訓，將國家民族生存放在第一位，人人置生死於度外，奮不顧身投入戰鬥，造就了無數可歌可泣的忠烈事蹟。

　　這些忠烈事蹟，激發起全國軍民敵愾同仇抗日的信心，不但粉碎了日寇「三月亡華」的狂言，而且經過艱苦抗戰八年，終於獲得勝利的結果。

　　抗日戰爭中犧牲的英烈們，為國家奉獻了他們的生命、和原本美滿的家庭，為的是換來國家、民族的永生，他們的英勇事蹟應該永遠活在國人的記憶裏，感謝作者辛勤的蒐集、編撰、及考證工作，本書得以順利完成。是為之序！

前空軍總司令、國防部長

行政院院長

戰史存真　讓歷史還原真相—自序

何邦立

　　日寇侵華，三千萬軍民家破人亡。我就在日機狂轟猛炸的戰時陪都重慶出生；這國仇家恨，幼小心靈早已埋下報國的種子。及長，投效航空醫學志業，以維護發揚空軍戰力為己任。由於工作關係，得識並照顧過許多飛行員，前輩中如：中央筧橋航校的毛瀛初、張光明、張光蘊、徐吉驤（華江）等抗日空戰英雄、均極為熟稔；惜個人此時全力拓展民航醫學事業，無暇兼顧史學工作，回首不無遺憾！

　　退休後，2005年在美洛杉磯，參加抗戰勝利六十週年紀念會，又再巧遇張光明老將軍，聽他講述抗戰時，我襁褓弱勢空軍，樣樣條件不如人，無外乎靠著有敵無我的士氣，不惜碧血灑長空，力拼強敵日本（張氏曾參與上百次戰鬥，七次受傷，二度跳傘）；因而激發起我對抗日空戰史的興趣，以個人四十年飛行失事調查與預防的專長背景，用在空戰戰史的考證上；不教青史盡成灰，讓這段歷史得以還原真相，並以警惕！

　　由於抗日空戰全由國民黨空軍所一手包辦，官方檔案資料文献均在台灣，個人雖才疏學淺，亦感義不容辭，全書共分為三部，上部以筧橋、武漢空戰之考證為主軸，中部以張光明將軍的空戰紀實與感言為重心，下部以追思先烈們英勇的事蹟為重點，串成一部有血有淚的《筧橋精神——空軍抗日戰爭初期血淚史》問世。

　　感謝老長官　唐飛總司令，提供半世紀前，空總情報署印刊的《空軍忠烈錄》，同時並為本書作序。此外參與了各重大空戰（筧橋、上海、南京、武漢、台兒莊、重慶等戰役）的歷史見證人，百零叄歲人瑞張光明老將軍（擊落日機五架的王牌飛行員），寫出其內心感言，均令本書益為增色！

　　欣慰數年前南京抗日航空紀念館落成，與抗日航空烈士紀念碑、相互輝映於中山陵北麓；讓先烈們英靈，常伴總理　孫中山先生，共佑我大中華！

2015年3月29日　於台北

時代背景與導讀

何邦立

一、時代背景

八年對日抗戰，始於1937年7月7日（民國26年），日軍入侵我河北宛成縣，吉星文團長保土有責，發起第一槍，是謂七七盧溝橋事變。

早在1928年5月（民國17年），國民革命軍北伐成功後，日本軍閥於6月，發起皇姑屯事件炸死張作霖，以阻我統一。同年12月29日，張學良宣布東北易幟，歸順南京國民政府，全國統一。隨之，日本圖我東北日極，於1931年9月18日（民國20年），發起九一八瀋陽事變。廣義的對日戰爭，應該從日本入侵東三省算起，抗日戰爭先後共計十四年。

中國航空的發展，早在　國父孫中山先生時，就提出航空救國論，1924年冬（民國13年），在廣州創立「廣東軍事飛機學校」。1928年底（民國17年），國民政府軍政部下設有航空署，下轄四個航空隊。次年，中央陸軍官校附設航空班。無論在北伐或以後的剿共戰役中，國民革命軍已經使用空中武力轟炸，獲得良好的戰場績效。

九一八瀋陽事變後，蔣介石有鑑於抵抗外侮，第一步即必須擁有夠水準的空軍。1932年9月1日，國府空軍於杭州筧橋建軍、成立「中央航空學校」。同年，實業部長孔祥熙赴德、義、美等國考察，接洽飛機製造廠商，採購飛機裝備等事宜。次年，航空署改隸軍事委員會，下轄轟炸、驅逐、偵查七個航空隊。1934年，航空署遷南昌，改制為航空委員會，下轄八個航空隊。至1935年，已擴編為十四個航空隊，中國已是向美採購飛機武器最大的進口國。

1936年4月（民國25年），蔣介石兼航空委員會委員長，並增設秘書長一職，由宋美齡擔任，以加強空軍建設，為使國府空軍現代化，尤需作戰飛機。然而，購買飛機涉及專業的知識，大筆款項與外語的溝通與談判。因此，這位

在美受過音樂、文學、和哲學教育的宋美齡，便花許多時間在有關航空理論、飛機設計、和比較各種飛機零件優劣的技術刊物上。她取得美國國防部的協助，和飛機製造廠商洽談，訂購了價值2千萬美元的產品，她主掌空軍的建軍政策與後勤採購。對婦女而言，在全世界這是史無前例的。

1936年7月初，陳濟棠的廣東空軍因不願打內戰，5架飛機北飛杭州投誠中央。17日，廣東空軍司令黃光銳率全體飛行員、機械員，108架飛機北上歸屬中央，至此空軍一統。國府中央空軍，隨之實力大增，擴編為九個大隊、三十一個中隊。

為慶祝蔣委員長五十歲生日，全國各地發起募款獻機、祝壽運動，並於1936年9月15日在南京上空，以五十架飛機排出中正，五十的隊形飛行祝壽。迄十月底，海內外共籌募款得655餘萬元，當時馬丁重轟炸機四十萬元一架，承購了九架。十萬元一架的飛機，南洋華僑陳嘉庚就募款購得13架。中國空軍整軍經武，氣象一新。

1936年12月12日，張學良與楊虎城發動了西安事變，國民政府攘外必先安內的政策，因而受到阻擾。迫使蔣介石採取了內部國共合作，外部則是聯俄抗日之策略。因此1937年八一三之戰，是中方主動在淞滬求戰，加速提前了中日間爆發的大戰。

三〇，四〇年代，義大利杜黑將軍的大轟炸機理論盛行，以戰略轟炸來屈服敵人。其作戰思想以轟炸機為主軸，以驅逐機來護航，用偵察機高空搜尋敵目標，當時尚無戰鬥機這一名詞。陳納德援華的飛虎自願隊，在二次大戰中期，對日機作戰的戰術演練中，發展而成掌握制空權的戰鬥機，改寫了空軍戰術應用的新觀念。

宋美齡出任航委會秘書長前，國府空軍曾在洛陽分校，由意大利提供飛機與訓練，然一無成就。宋美齡急需能幹的助手幫她整頓空軍，經由中央信託局美國顧問推薦，邀請美國退役陸軍少校陳納德來華，協助強化空軍戰力。1937年夏，在陳納德的幫助下，宋美齡在極短的時間內就掌握了空軍內部領導權。在南京保衛戰三個月期間，她不辭危險幾乎每日出入機場，給飛行員最大的鼓舞並振奮士氣。直到南京撤退前，她還常在新聞稿上提到「我的空軍」。無形中成為名義上空軍的總司令。

　　當日本發動盧溝橋事變時，雖是華北地方性之衝突，此時蔣介石尚未決心全面對日抗戰，一則準備並不充裕，再則想利用歐美列強干預調停。然則美國置身事外，不願得罪日本強權，不但對中國採取禁運措施，還賣棉花鐵砂等戰略物資給日本。英國居中調停，然無功而返。蔣介石有鑑於華北平原無險可守，在7月30日英國終止調停後，乃迫使蔣決定聯俄抗日。

　　1937年8月13日，蔣介石主動發起淞滬二次戰役，87師、88師發起攻擊上海日租界，將原華北對峙的主戰場轉移到華東地區。一週後，8月20日在南京簽訂中蘇互不侵犯條約，從蘇聯處購得大量I-15，I-16戰機，以為因應。當時蔣迫切希望購得蘇方快速重轟炸機百架，即使能買到五十架也好，作為轟炸日本本土之用，唯未獲回應。事實上，1936年底結束剿共戰爭，當時空軍的對敵攻擊計畫，就以肅清日軍在長江勢力，轟炸日艦，襲擊上海與漢口日租界地為目標，甚至有出擊九州、四國日本本土軍港、及重工業區之規畫。中國空軍正積極整軍備戰，可惜該戰略計畫一直未能實現。

　　1937年抗日戰爭正式爆發時，中國空軍成軍不及五載，接收美式訓練培訓的飛行人員500名，以中央筧橋航校2-6期畢業生為抗日空戰的主力。當時有飛機314架，重轟炸機（馬丁、亨克爾）12架，輕轟炸機（諾斯羅普、道格拉斯）90架，驅逐機（霍克、波音、費亞提）113架，偵察機（可塞）55架，對地攻擊機（雪克萊）20架等。中方並無製造飛機的重工業基礎，戰時耗損難以補充。成軍短，飛機少、廠牌雜，人才荒，亦無實戰經驗。儘管中國空軍遠居劣勢，但飛行員的素質和愛國心卻是一流的。

　　空軍在全世界當時還不是獨立的兵種，相對應的日本空中武力，分別隸屬於陸軍航空隊和海軍的航空隊。1937年時，日本陸軍航空隊已有飛機1480架，海軍航空隊擁有飛機1220架。日軍飛機數量是中國的九倍以上。其中以海軍航空隊為侵華主力，裝備最多的是九六式陸上攻擊機、和九六式艦載戰鬥機，都是剛投產的新機型，性能為當時世界軍機的佼佼者。1940年的零式艦戰機為其後續機種。加上日本航空工業有三十年的基礎，戰爭中，飛機可源源不斷的生產，無耗損匱乏之虞。無論飛機性能數量，後勤裝備補給，人員訓練等，雙方差距可謂極為懸殊。

　　中日之間的空戰，是一場完全不對等的搏殺！

八年抗戰中，陳納德以顧問名義，正式參與中國空軍的訓練與作戰，協助指揮上海、南京和武漢的對日空戰，在昆明訓練中國空軍。1940年10月，陳納德至華府協助宋子文的「中國國防供應公司」獲取更多的戰鬥機、轟炸機，同時雇用西方的飛行員來華助戰。1941年8月1日，中國空軍「美國志願隊」正式在昆明成立，以陳納德上校擔任指揮官兼大隊長，所駕繪上沙魚嘴的P-40戰機，此即揚名於世的「飛虎隊」。由於宋美齡大力支持，飛虎隊不負所託，締造擊落日機268架、擊傷40架的佳績。

二、本書導讀

本書報導的是抗戰第一年，我筧橋空軍浴血奮戰，慘烈犧牲的史實。

話說當年中國空軍所面對的是，東亞第一強權日本的陸軍與海軍空中武力。當時三菱重工業已為日本海軍航空隊，發展出九六重轟炸機（日方稱九六陸攻11型），該機續航距離遠達四千公里，可掛載800公斤魚雷一枚，或250公斤炸彈2枚，防禦火力為三挺7.7公厘機槍，航速不亞於驅逐機，滯空時間長達二十四小時。日方原為發動太平洋戰爭所研發設計，提前用於淞滬戰場，寫下世界越洋長程轟炸的歷史紀錄。當時日本的軍力，連歐美各國都不願攖其鋒。

1941年12月7日（民國30年），日本偷襲珍珠港，太平洋戰爭爆發，96式陸攻機又充當了日軍攻南洋的急先鋒。從台灣起飛的96式陸攻機，猛烈轟炸了菲律賓，馬來亞地區地面的目標。從法屬印度支那起飛的96式陸攻機在馬來地區，用魚雷擊沉了英國反擊號巡洋艦與威爾遜親王號主力艦。太平洋戰爭初期日本海軍航空隊，橫掃南亞太平洋諸島，96陸攻機與零式戰機，對英軍、美軍、荷軍，都造成了重大的損失。

反觀四年前，面對九六重轟炸機的肆虐，在筧橋空戰及南京空戰中，中國空軍在三週內將鹿屋航空隊、與木更津航空隊擊潰，擊落九六重轟炸機計二十架，已逾兵力之半數。空戰中，中國飛行員常奮不顧身，纏鬥時不惜撞向敵機，同歸於盡。與英美空軍對比之下，更突顯出先烈們為國犧牲，有我無敵的浩然氣節。

　　中國空軍成軍不及五年，飛機性能數量與人員訓練後勤補給皆不如人，而我弱勢空軍，僅憑高昂的士氣，我死則國生的精神，堅苦卓決奮戰與慘烈之犧牲，樹立了空軍的「筧橋精神」。

　　本書上部，**「抗日空戰史的考證」**，作者何邦立以四十年航空失事調查與預防的專長，對筧橋空戰，二一八武漢空戰，馬丁機的噩運與人道轟炸三個主軸，作客觀之考證，除尋覓參戰當事人的第一手資料，還找出日本官方檔案作交叉比對，以還原歷史的真相。另附宋美齡女士創建空軍，不為人知的點滴與秘辛。

　　本書中部，**「抗日空戰紀實與感言」**，為103歲高齡的筧橋前輩張光明將軍、當年是高志航的僚機，他是八一四筧橋空戰、八一五南京空戰、二一八武漢空戰、台兒莊空戰、五三重慶空戰等的歷史見證人，參與空戰百餘次，七次中彈、二次跳傘，官方紀錄擊落日機四架半。經何邦立考證後，再加上二一八武漢空戰日方領隊金子隆司這一架，達空戰王牌飛行員之標準。張將軍的空戰紀實，及其對中國近代史的獨特見解，有血有淚，與讀者分享。

　　本書下部，**「追念抗日空軍英烈千秋」**，有張光明將軍連續四年，每逢八一四空軍節，追念戰友的紀念文。載有烈士遺屬對先人追念與期待的文章。有烈士遺孤在抗戰期間艱辛的歲月，與空軍子弟小學共同成長的記錄，追憶空軍子弟小學遷移艱辛的腳步。一篇篇文章，重建起抗日戰爭，被遺忘的歷史痕跡。

　　筆者是一位航空醫官，服務空軍、民航三十餘載，與抗日筧橋諸先賢亦多熟捻，是而有幸得聞諸多抗日空戰逸事，清楚空軍成軍艱辛的歷史，是一部空軍先烈為國犧牲的血淚史，今年適逢抗日戰爭勝利七十周年紀念，特彙集成冊，以追念英烈千秋，長佑我大中華。

何邦立　敬書

2015年春於台北

目次 | CONTENTS

上篇
抗日空戰史的考證

何邦立

史料是死的，人卻是活的，
如何從過往死文字中，發現活的祕密；
經過抽絲剝繭、推論印證的過程，
才能挖掘出歷史背後的真相。
這是史學工作者應有的責任！

中日雙方戰果，難免為士氣宣傳而灌水，
應以實際犧牲人員，逆向交互檢查雙方戰報，
佐以參戰者證據，逐步還原歷史真相，使之水落石出。
此民航客機失事調查中，必用之交替檢查驗證法，
對戰史真相的還原，有其意想不到的效果！

被忽略的一些歷史細節、常會否定一段歷史的真實性，
掩飾和誤導，經常為苦難歷史，埋下重演的禍根。
還原歷史的真相、是走向正義的第一步，
打仗靠戰術、戰略思想，和卓越的領導指揮才能，
抗日空軍成軍未久、雛鷹初翔，所以悲劇在所難免！

還原中國空軍抗日戰史的原貌

何邦立

前言

　　談到中國空軍的戰史，可分為抗日空戰史及台海空戰史，兩個主要部分。前者長達八年，為抵禦外侮，爭民族存亡之戰。後者乃國府遷台後，海峽兩岸對峙達一甲子，為反共抗俄，爭民主與生存之戰。

　　抗日空戰與台海空戰，時空背景迥異。前者我空軍以五年建軍之基，仍屬襁褓階段，對航空知識與觀念皆不足，無論訓練、戰技、情報、指揮、後勤、裝備，樣樣不如人。而日本軍國主義早已處心積慮，先佔我東北侵我華北，再度發動二次淞滬之戰。挾廿餘年航空工業基礎，以其海陸軍航空部隊的絕對優勢，試圖一舉消滅我在東南沿海的空軍新生力量，並嘗妄語「一週滅我空軍、三月亡華」。至於台海空戰時期，中國空軍接受美援噴射機種的訓練，飛機有F-84、F-86、F-100、F-104……，武器佔了響尾蛇飛彈的優勢，此時期敵弱我強，中國空軍一直掌握空優，從一九五八年起，十餘次空戰，創下卅一比一的輝煌戰果，粉碎了中共武力犯台的企圖。

　　由於台海空戰，可視為國共內戰之延伸；其重要性與神聖性，自不可與抗日空戰，爭的是民族存亡，相提並論。尤有甚者，對日空戰，敵強我弱，先烈的碧血灑長空，可謂驚天地動鬼神，可歌可泣的故事，不勝枚舉，因此抗戰八年的抗日空戰史，才是中國空軍戰史的核心部分。

　　八年空軍抗日戰史，大致可分為三個階段：

　　初期（一九三七‧八至十二月）我空軍獨立作戰。四個月中經歷杭州、上海、南京、揚州及海面等空戰，我空軍原始裝備力量消耗殆盡，至南京淪陷為止。

　　中期（一九三八至一九四一）蘇聯援華聯手抗日。其前段，包括南昌、武漢、蘭封、台兒莊等空戰。後段則包括重慶、成都、蘭州、壁山至雙流空戰為

止。由於日本飛機性能（前段九六艦戰，後段零式戰機）與數量的絕對優勢，初期與中期前段我空軍飛行員以血肉之軀搏強敵，犧牲最為慘烈！

後期（一九四二至一九四五）美軍援華合作抗日。太平洋戰爭爆發前，先有美軍自願隊（飛虎隊），後有美國空軍中國特遣隊及十四航空隊到中美空軍混合聯隊。此時期P-40，P-47，P-51戰機性能遠優於零式機，日本處於被動挨打地位，至抗戰勝利為止。

幼鷹奮起碧血灑長空

一九三二年一月廿八日，第一次淞滬戰爭，在長達六週的戰鬥中，十九路軍不但無畏日軍優勢之砲兵與空軍，非但堅守住陣地並奮勇還擊。但由於空中情報不靈，中國飛機大多被摧毀於上海、蘇州、喬司等機場，五月五日停戰協議後不久，南京政府就決定成立現代化航空學校，由美籍顧問裘偉德率工作團負責訓練，六月筧橋中央航校於焉誕生，蔣介石兼校長。

至七七抗戰前五年間，中央航校共完成飛行員培訓七個班次（五、六期各兩班次）約五百人結訓，此即抗日空戰初期的生力軍。

一九三七年六月底毛邦初、陳納德晉見蔣委員長伉儷，提出中國空軍兵力提報。五百架飛機（多屬教練機）僅九十一架可以作戰，蔣氏聞訊大為震怒。當時空軍採美、義、法、日不同實驗性教學訓練方式，因而對南昌、洛陽義大利教官之訓練績效起疑。至八一三淞滬戰爭前真正適於作戰的飛機僅一六六架。

而日本侵華空軍兵力，陸軍有二十九個戰隊，三五〇架飛機。海軍七個航空隊，三艘母艦，五艘水上飛機母艦，有五五〇架飛機，合計各式飛機九〇〇架。兩相比較中日實力懸殊。飛機為一與七之比。且日本有自造飛機能力年產量達八〇〇架，在作戰上有持續戰力。而中國空軍則相形見拙。飛機完全是從美、義、德、法、英各國採購而來且維修能力亦受限。

中國空軍在質與量上雖居劣勢，但眼見國土淪喪，國仇家恨，激起飛行員強烈的愛國心，不畏強敵，浴血奮戰，且能以寡擊眾，以少勝多，讓世人不得不刮目相看。

筧橋、廣德中日首次交戰，由於日本自大輕敵，加上颱風天候惡劣，逼得日機低空進場轟炸，而遭受慘重損失。連續三日空戰擊落日機共四十六架。開戰最初兩週，日本引以自豪的鹿屋航空隊與木更津航空隊，九六重轟炸機共三十八架，損失達二十架，戰力損失過半，使得日本不得不改變戰略，由戰鬥機護航，並加夜襲。最後更採用人（機）海戰術，使我方有限飛機逐漸耗損而失去戰鬥力。

初建成軍的中國空軍，初生之犢不畏虎，竟能在杭京滬奮戰三四個月，擊毀敵機兩百餘架，擊沉艦艇數十艘，炸射斃敵約萬人。此期間閻海文、沈崇誨、劉粹剛、高志航、樂以琴的相繼犧牲。次年武漢空戰中，又有李桂丹、呂基諄、巴清正、陳懷民……等先烈亦相繼陣亡。譜寫了中國空軍在八年抗戰中，最英勇壯烈的篇章。

由於空軍有我無敵，奮戰到底之決心與信心，喚醒了「東亞睡獅」，全國軍民同仇敵愾，奠定長期抗戰勝利的基礎。

中蘇飛行員聯手抗日

一九三七年七月平津失守後，八月中日再啟淞滬戰爭，美國保持觀望態度，並未及時援華，倒是蘇聯因自身利害，提供一億金元價值的飛機、坦克、大炮，以交換物質原料，及民生用品。同年十一月在中方戰機消耗將盡時，蘇聯分兩批適時將I-16驅逐機及CB轟炸機總計一二四架運抵，後組成四個戰鬥機中隊兩個轟炸機中隊。十二月初第三批的I-15驅逐機亦抵華。蘇聯空軍志願隊由波利可波夫（Polikarpor）領導，連人帶機，直接參與加入南京的空防任務。

蘇聯人員之援華，協助中國空軍之運作、訓練，同時抵抗日本轟炸機之侵犯，即使在語言不通狀況下，雙方合作無間，共禦入侵者。由於蘇聯的參戰，造成日本飛行員在漢中、漢口一帶重大的損失。一次空襲中，日本一個大隊的三十六架重九六轟炸機幾乎全軍覆沒，在陳納德《戰鬥機之應用》（The Way of Fighter）一書中曾有明確記載。

井三郎為日方頂尖空戰英雄之一，漢口空戰當天，他也在被炸機場之內，在一本《武士》之書中，他敘述說：「兩百架日本海軍與陸軍的飛機，緊密排

列停放在地面，均遭摧毀或損傷，僅僅十二架俄機，就造成如此大的破壞力，實不可思議！」

布拉戈夫斯秦斯基（Blagnvesh Chenskii）將軍在一九七〇年《紅星》雜誌文中，提及一九三八、二、廿三，這天蘇俄志願隊二十八架CB-2快速轟炸機分兩批出勤，由漢口起飛，遠征轟炸台灣台北的松山機場，由於出其不意，未遭任何抵抗，炸毀飛機十二架、兵營十座、機庫三座、人員無數，日方蒙受重大損失。

一九三八、五、卅一漢口再度大規模空戰，中國空軍四大隊與蘇聯志願隊共同出動三十三架I-15bis及十六架I-16迎戰日本來襲的十八架九六陸攻機（轟炸機）與護航的三十六架九六艦戰機。蘇聯志願隊的安東・古班柯（Anton G Ubenko）擊落一架日機後，因子彈用光，他衝向敵機，螺旋槳截斷敵機機翼，使之進入螺旋狀況墜毀。當彈痕累累的飛機滑回基地，加上過去擊落七架日機的記錄，安東・古班柯被蘇聯政府授予「空戰英雄」（Ace）之譽。這次空戰共擊落日機十二架，中蘇空軍各損失一架，我方張效賢少尉，中央航校五期，為國捐軀，時年二十五。

蘇聯空軍在中國活躍直至一九三九年夏，當德國入侵波蘭後，蘇聯將大部分在華飛機轉交給中國空軍，飛行員全數回國，投身抵抗德軍的東侵。究竟有多少蘇聯空軍人員參與援華任務，至今並無詳細的統計數字，但至少二三七位蘇聯自願隊的忠骨，長埋華夏之土。

一九四五年八月八日，蘇聯出兵東北，六天後日本無條件投降，蘇聯將接收日軍武器轉交中共，使之坐大。大陸淪陷政府遷台後由於「反共抗俄」的國策，抗戰初期中蘇聯手抗日這段歷史，也就被掩埋，從此不見天日了！

飛虎隊與美軍援華始末

一九三七年六月初，陳納德抵上海，透過航空委員會秘書長蔣宋美齡，從此陳氏擔任蔣委員長的高級軍事顧問，七七事變後，陳納德開始直接參與中國空軍的作戰指揮，制定作戰計劃，擬定作戰命令，也開始他隨後八年與中國軍民共同抗日的使命。

我空軍健兒初戰表現雖英勇，但歷時四個月飛機消耗殆盡，十二月十三日南京終於淪陷。一九三八年初蘇聯援華，空軍有了飛機二五〇架，又再觸發武漢大空戰，迄十月下旬，武漢、廣州相繼棄守，此時英美唯恐陷入戰爭泥淖，對日採取姑息政策，對華施行武器禁運，加上沿海港口盡失，飛機零件無法輸入，空軍戰力日漸耗損，迄一九四〇年空軍已無飛機補充，戰局更形艱苦，四月起日軍對陪都重慶採「疲勞轟炸」，以杜絕我物質補充、打擊軍民戰鬥意志。九月零式戰機出現，其性能遠優於俄製I-15，I-16，造成重大傷亡，我機幾無還手機會。雖於一九四一年初再度補充俄機一〇〇架，唯於三月十四日雙流空戰、五月廿六天水機場被打地靶後，為避免無謂損失，空軍改採「避戰」策略，直至一九四三年五月十一日荊宜空戰起，我空軍獲美援P-40，P-51，才逐漸扭轉劣勢，取回在華制空權。

羅斯福總統重歐輕亞的決策，直至一九四一年四月十五日，才密令，允准美陸、海軍備役航空人員參加美國志願航空隊（America Volunteer Group, AVG）納入中國空軍序列參戰，由陳納德負責召聘，於八月一日正式成軍，陳為指揮官，正式聘用二八九人，中國政府用四五〇萬美元購得一百架的P-40戰機，提供志願隊使用。

一九四一年十二月七日，日本偷襲珍珠港，太平洋戰爭爆發。日軍為應付東南亞戰場之需要，將其派駐中國之飛機，半數他調，此時日本對重慶已無餘力實施戰略轟炸。十二月二十美國志願大隊在昆明上空初露鋒芒，接著仰光空戰又獲佳績，隨後鏖戰東南亞，參與怒江保衛戰，再轉戰華南，迄一九四二年七月四日因美日已正式開戰半年多，不需像以前暗地裡軍事援華，而有所顧忌。此時志願隊改納回美國陸軍正規部隊，陳納德改任美國駐華航空特遣隊（China Air Task Force, CATF）指揮官。次年一九四三，陳升任十四航空隊司令，至戰爭結束止。

美國志願大隊，實際上是中國政府出錢，由陳納德組建和訓練的一支小型現代化空軍，讓陳納德充分發揮自己的戰鬥機空戰思想與戰術運用的機會，利用P-40俯衝加速的特性，實施打帶跑戰術，半年多合計一〇二次的戰鬥，客觀的戰績為擊落日機一九三架，擊傷四十架，擊毀地面敵機七十五架。該隊損失飛機六十八架（包括自毀二十二架）陣亡十一人，失蹤四人，殉職九人，這就

是二次大戰中的傭兵奇蹟，所謂「飛虎隊」的傳奇！

由於飛虎隊的歸建美軍體系，中方接受陳納德建議於一九四三年十月成立中美空軍混合聯隊（Chinese American Coalesced Wing）[1] 由第一轟炸大隊及第三、第五驅逐大隊組成。中方空軍官校十一至十三期畢業，赴美完訓的飛行員與美軍混合編組出勤，協助陸軍地面作戰，牽制打擊日本在華空中力量，並取得空優地位。中美混合聯隊在抗戰後期中頻繁出動，與中國空軍其他部隊，及美國第十四航空隊並肩作戰，一起奪回了中國的制空權。

中美空軍混合聯隊，最出名的戰績就是一九四三年十一月二十五日感恩節出勤，轟炸台灣新竹機場，取得豐盛戰果，這是繼杜立德空襲東京後，日本所謂「絕對國防圈」遭受空襲，令日方震撼。隨後又轟炸香港、廣州、海南、切斷日本水上運補線……戰功至鉅。該聯隊於一九四五年九月，因日本無條件投降，戰爭結束而撤編。

此外打通滇緬公路前「駝峰航運」，是中國戰略物質補給的唯一管道，其重要性不言可喻。其危險性，是飛行員用性命向大自然（高山地形，惡劣氣候變化）的挑戰。美軍援華，駝峰空運中美犧牲人數高達一五七九人，損失飛機五一四架，遠遠超過戰鬥死亡。三年四月的駝峰空運，寫下世界航空史的奇蹟，非柏林空運所可比擬。

廣東空軍與華僑飛行員

中國的航空飛行學校，以北京「南宛航校」成立於一九一〇年最早。廣東航校次之，於一九二四年成立於廣州。中央航校略晚，於一九三二年於杭州筧橋成立。

北洋軍閥張作霖，首建「東北空軍」，且頗具規模。以南宛航校為基礎，購買飛機，請外籍顧問，積極培訓飛行人才，高志航為代表人物，就曾被送往法國習飛行。由於日本於一九三一年，發動九一八「瀋陽事變」，東北空軍不幸毀於一旦。

---

[1] 「中美空軍混合團」，是不正確的叫法，因為他有三個大隊的兵力，正式名稱應該是「中美空軍混合聯隊」。

國父孫中山先生，基於航空救國的理念，於一九二四年成立陸軍黃埔軍校的同時，在廣州成立「廣東軍事飛機學校」，飛行教官初由德、俄籍顧問擔任，後大多為美加華僑飛行員返國投效。廣東航校於一九三六年已培訓七期，計完訓四四三名飛行員，其最後兩期，七期乙班與八期在學生，併入中央航校七、八期生，後畢業於昆明，總計培育飛行員五二七名，連同海外回國投身抗日的華僑飛行員百五十餘人，廣東航校合計參與革命事業的飛行員大約七百名，為當時空軍的主力。

一九三六年六月南天王陳濟棠的「兩廣事變」與中央對峙，大戰有一觸即發之勢。但年輕愛國的廣東空軍飛行員，不甘為軍閥所用，反對打內戰，決心駕機北上投身抗日陣營。於七月初，在廣東空軍司令黃光銳和廣東航校校長胡漢賢的率領下，一百多架飛機，三百多名飛行員，集體北飛南昌效忠中央。兩廣事件因「機不可失」，就此消弭於無形。

中央空軍原有十四個機隊，由於廣東空軍的加入，擴充至九個大隊三十一個中隊，使中國空軍的實力倍增。

一年後，七七事變，所有南國飛將全部參加對日作戰。八年抗戰中為國捐軀的廣東籍飛行員就有二六〇餘名，有三十九位華僑飛行員在空戰中壯烈犧牲，更向世人展現出全球華人子弟的赤子心與愛國情！

且其中不乏兄弟同心，相偕返國投效空軍的例子，如黃毓沛、黃毓全兄弟。黃毓全副隊長於一九三二年第一次淞滬戰爭在上海虹橋機場迎擊日機時不幸犧牲。

廣東空軍與華僑飛行員多隸屬於三大隊或五大隊（均屬驅逐大隊），驍勇善戰，戰績卓著，其中耳熟能詳的有：黃新瑞大隊長擊落日機八架半的個人記錄（兩人合擊算半架）、鄧從凱副隊長擊落日九六轟炸機三架半，日本四大天王轟炸天王奧田大佐就是被其擊落的、陳瑞鈿副大隊長有擊落日機五架半的記錄，自己亦遭擊中油箱致嚴重燒傷，戰後返僑居地，半世紀後終蒙美國會表揚為二戰的空戰英雄（Ace）。

此外，王叔銘、毛邦初、張廷孟是廣東空軍一、二期畢業生，對抗戰、對中國空軍的發展居功至偉。周一塵、雷炎均亦是廣東空軍的華僑飛行員，最後兩人均任職中華航空公司董事長，對我民航事業發展有所貢獻。

廣東空軍在國民革命的發展史中，佔極重要之一頁，先後參加了國父廣東平亂、蔣公領導的東征、北伐、剿共、抗日、戡亂各戰役。唯廣東航校於抗戰前一年（一九三六年春）併入中央航校，因此後繼無人。在國府遷台後，因歲月飛逝，逐步淡出中國的空軍行列；唯其史蹟仍應加重視並與整理。

空軍史話反成正史

抗日戰史，尤其是空軍部分，一直未做積極有效整理，隨著抗戰勝利，緊接著四年戡亂時期（國共內戰）烽火連天。隨後國府遷台，整軍經武，空軍進入換裝噴射機的時代，也面臨了台海空戰的另一新時空背景。因此在台灣空軍的戰史，直覺的好像是一九五〇年以後的事。大陸往事已成過眼雲煙，「筧橋空戰」只在每年紀念八一四空軍節時，才再度被提到。

劉毅夫先生，本名劉興亞，東北人，抗戰初期服務於黃仁霖先生在南京主持的勵志社任幹事，也就是隨（空）軍戰地記者身分，除為文報導外，亦協助蔣宋美齡夫人，對空軍飛行官兵作慰勞服務。以其生花妙筆，撰寫有關空軍作戰、訓練、生活等報導，並刊登於戰時各大報紙，對當時民心、士氣鼓舞極大。唯那一代的空軍，認為他文章的可信度很低。

《空軍史話》一書，近百萬言，為劉毅夫先生追憶前塵往事所撰，記述抗戰之艱苦經過，與空軍之英勇報國。出版於一九七五年，總司令賴名湯將軍為之序。

但是史話畢竟是史話，人事物有時道聽塗說，未加考證，有些小說情節，拼湊而成。就好像家喻戶曉的三國演義，我們不能把他當正史看，這不同於三國誌。

空軍總部來台之初，王叔銘任總司令時，由於美軍協防關係，總部計劃署下有編譯組，情報署下有史政組，編制甚大，美軍典籍規章皆翻成中文，以利訓練、維修、作戰之需要。隨著時間移轉，中美斷交，……國軍不斷精簡，單位規模愈變愈小。如今變成空軍司令部，僅國防部仍有史政局，更奢言如何重視一甲子前的空軍抗日戰史。

《中華民國空軍重要戰役專冊》二〇〇三年，空軍總部台北出版，錯誤極

多，亦未做任何考證，只能當文宣品看，至為遺憾！

中國空軍對自己的建軍戰史，一直未曾重視，借把《空軍史話》當正史。即使首日筧橋空戰的戰果，亦說法紛紜，筆者曾為文〈筧橋空戰的考證〉，發表於二○○七年八、九月份的《中外雜誌》，可做參考。

另外由於極少部分空軍官兵，由於大陸淪陷，不及逃離而遭迫害，或因個人因素未隨政府來台，其抗日戰績，也就被一筆抹殺。典型的例子為航校二期周庭芳，在台就沒被人再提起。經考證中日首次空戰，重創日本九六重轟炸機，使其返航時油盡墜入基隆港和平島外海的，就是周庭芳，以一顆子彈貫穿其油箱所致。畢竟這是抵禦外侮，民族存亡的戰爭，一切歷史，都應還原真相！

誰是抗日的主力軍

八年抗戰，國軍師級以上將軍陣亡兩百零二人，陸軍總共陣亡、負傷、失蹤三二一萬二四一九人。空軍陣亡四三二一人，毀機一四六八架。海軍艦艇幾乎全軍覆沒。

從一九二九至一九三三年，從中央軍校畢業約二萬五千位軍官，但在一九三七年上海南京保衛戰中，四個月內，就有一萬名軍官犧牲。國軍和日軍有很多次大會戰，國軍官兵前仆後繼的整連、整營、整團地為國捐軀，淞滬戰爭中，國軍先後投入兵力達七十萬上下，傷亡竟達廿萬；主力各師補充兵源高達四、五次之多，旅、團長傷亡達半數，團級以下官兵傷亡達三分之二。其犧牲壯烈，在世界各民族抵禦外侮史中所罕見。

二次世界大戰中，共產主義利用民族主義，而達到奪取政權的目的，抗戰初期中共只有新四軍、新八軍各一萬多人，彭德懷向國民政府要求收編及四萬五千人的糧餉裝備，至一九四四年共軍主力已達九十二萬人，這就是利用抗戰機會，避開日軍正面交戰，保存實力，暗中發展壯大的結果。

中共採「一分抗戰，二分應付，七分壯大」的策略，在奪取政權後居然說抗日戰爭是它們領導的，僅能例舉的是崑崙關之役與平型關之役。這哪是大戰役，前者只是搶了日本的運糧部隊，後者主要是我空軍的戰功。

　　誰是抗日的主力軍？但年輕的一代並不清楚。就似日本軍國主義政府使用的教科書，竄改二次大戰的歷史，年輕的一代無從知道其先人犯下侵略中國、殺人數千萬的歷史罪行，一直到國外接觸訊息才明白歷史真相。

　　近年來大陸經濟起飛，對外也逐步開放，歷史的真相終將大白天下。中共已從過去一黨領導抗日戰爭，改口為國民黨、共產黨共同抗日。去歲胡錦濤已定調八年抗戰，是國民黨為主（正面戰），共產黨為輔（游擊戰），這是可喜的現象，畢竟這是中華民族抵禦外侮，歷史的真相。

　　在南京紫金山北麓的「抗日航空烈士紀念碑」，鐫刻著八八四名中國空軍烈士的名字，還有美國空軍烈士二一九七名，前蘇聯空軍烈士二三七名，韓國空軍烈士二名，共計三三二〇個名字。目前更規劃籌建航空紀念博物館，以慰中外烈士的英靈。

　　捍國騁長空，偉績光昭青史冊。
　　凱旋埋忠骨，豐碑美媲黃花岡。

結語

　　歷史就是歷史，不能加，也不能減，否則就不是歷史！由於過去一甲子國共對峙，使得美國、日本從中得利。抗日戰爭是中華民族為求生存、抵抗強權侵略的戰爭，先人們拋頭顱灑熱血，寫下的辛酸史蹟，做為中華兒女，早該拋棄成見，時時警惕，共同為還原這一段歷史做出努力！

　　本文僅是拋磚引玉，將八年抗日空戰史分階段作系統描素，點出戰史殘缺不實背景因素。如何從每一戰役搜尋海內外一手資料，考證後去蕪存菁，更有待民間戰史學家齊努力！

（感謝張光明老將軍核閱本文）

（本文發表於《中外雜誌》498號，第84卷2期，頁61-68，台北，2008.08）

上：霍克II機鳥瞰筧橋航校（1936年）
下：筧橋航校鳥瞰圖

筧橋空戰的考證
——首日空戰紀實

何邦立

　　一九三七年八月筧橋上空，中日雙方第一次不期而遇的交戰，無論在中國的對日抗戰史或世界空戰史，都有其時代的影響性！但由於戰亂之際，史料搜集、記載、考證皆嫌不夠周延、完整、翔實。加上為鼓舞士氣，雙方的戰果報導不是誇張就是隱瞞。由於情報欠正確，傳聞、揣測亦時有多見。而真正締造歷史的參戰者，不是戰死就是凋零。隨著時間的飛逝，四年國共內戰，接著國府遷臺，失真的史實，一直未受到應有的重視。當時劉毅夫生花妙筆的「空軍史話」的小說情節，後來「筧橋英烈傳」電影的戲劇性效果，再再誤導。歷史本是民族存亡絕續的記錄，空軍戰史更是建軍建國激勵士氣的信條。無奈中國空軍對自己的建軍戰史，一直未做澄清，七十年後的今天，對這場空戰仍然存留了諸多謎團與誤解！

空戰戰果　爭議不止

　　國府於一九四〇年明訂「八一四」為空軍勝利紀念日，也就是所謂的空軍節，並出刊「空軍抗戰三週年紀念專冊」。其首頁記載八一四空戰「……大隊長高烈士志航，首開紀錄。斯役共擊落敵重轟炸機六架，我全無損傷。……」在此之前，空軍並未特別強調戰果。迄一九四一年紀念八一四，見黃光銳、林偉成的文章，空軍始統一宣稱六比〇戰果。

　　戰果爭議另存諸多版本。空戰當晚大隊長詢問，頂多兩架戰果。第二天「申報」頭版頭條的新聞，也是擊落兩架。空軍前敵總指揮周至柔，在兩年後「憶八一四」一文中，提到戰果為八比〇，次年又提出六比〇的光榮勝利；另外還有敵機三架迫降浙江境內，亦即九比〇的結果。此外還有十比〇及十三比〇說，不一而足。何應欽在「日軍侵華八年抗戰史」中的戰果為三比〇。戰

後四十年，曾有中學生寫信問空軍總司令，空戰比數究竟為何？有趣的是，次年歷史課本上就避而不談，以免困擾。二〇〇三年「中華民國空軍重要戰役專冊」，戰果為三比〇。

空戰時間　三個版本

至於中日雙方空戰的時間，亦存爭議，只是不為眾所注意。一九八七年李青「八一四空戰真相」一文中就提到，早年筧橋空戰時間報導不一；有所謂八一三下午，也有認為是八一四清晨，但大多數肯定的是八一四下午（也就是官方的說法）四時至四時半間。此乃依據雙方作戰命令、戰機起飛時間、距離航程、天候影響因素等條件推算。然其正確性，仍有待進一步的驗證。

中央航校早期的空軍前輩，大多聽過八一三空戰的說法，吾友萬漢雷君（其父萬承烈中央航校四期）嘗謂，從小常聽父執輩談八一三空戰事蹟。中央航校二期的毛瀛初將軍（時任四大隊二十三隊隊長），其夫人鄭秀珍女士，更清楚明確的提示三點：空軍最輝煌的戰績在八一五。八一四當天高大隊長臂傷。八一三有空戰。張光明在一九九五年為文「八一四空戰經過見證」中敘述，他在八一四拂曉擊落日機（有官方戰歷、戰功登錄可考），而高志航大隊長擊落日本九六重轟炸機是黃昏前，當然是前一天的黃昏，也間接的印證了八一三有空戰的事實。

孰是孰非　有待驗證

筧橋空戰參戰人員的敘述，如曹世榮一九五四年「八一四懷舊」、金安一一九五四年「八一四回憶錄」、柳哲生一九七一年口述「談勝利往事」、姜獻祥一九八一年「八一四憶往」，都刊登在官方的「中國的空軍」雜誌上；與張光明「八一四空戰經過見證」所發表的故事經過相同，時間相差一天，孰是孰非，有待驗證。是前者不得不配合官方的說法，還是後者是記憶上的錯誤。事實上，張光明一九八一年「筧橋老兵懷往」亦刊載在「中國的空軍」，但強調的是高志航的嚴格訓練要求，戰技與士氣為致勝之要件。張光明一直否定八一

四黃昏的說法,是為歷史的正確性,預留伏筆。

民間對戰史有研究者頗多,在台北有中華民國航空史研究會之組織,定期討論,並有專集刊物出版,一九九七年劉永尚就對「八一四空戰說明」,曾按時序,作一完整的記錄。同年,在抗戰勝利五十周年國際研討會論文集中收錄吳湘湘「中國空軍奮戰保衛祖國」一文。

傅鏡暉在二〇〇三年出版的「戰史入門」一書中,對「八一四筧橋空戰」有專門的章節。其所收集文獻資料,參戰者的回憶與口述,極為詳盡,並做整理與深入的探討,使得中日第一場空中接戰的來龍去脈,呈現在國人面前,對戰果的爭議亦作了清楚的剖析。唯七十年前的往事,第一手資料獲得不易,謎團仍有待解謎!空戰時間的版本,尚有待驗證!

瞭解一件往事,不能忽略當時的時空背景與環境,研究者更應具備許多基本的要件。瞭解某一空戰的真實性,當然是以實際參戰者的資料為主。若只以官方定調的說法,去驗證排除不同的聲音,是不足取的。要知空軍總司令部有關抗日戰史的資料,早期「空軍抗日戰史」中,因缺乏完整的任務歸詢作業系統,錯誤不少是可以理解的,因此考證工作更為重要;到近年來彙編「中華民國空軍重要戰役專冊」,有關抗日部分的錯誤,未做考證修訂,更易誤導大眾;不實的戰史,出版比不出版還糟!

筧橋初遇　志航揚威

鹿屋航空隊於十二時五十五分,第一批九架九六陸攻轟炸機從台北起飛,由新田少佐領隊。空襲部隊於永嘉附近進入大陸領空,經青田過溫州後,在永康附近分道攻擊。由於天候惡劣,雲層又厚,飛機編隊不易,日機最後都變成分隊或單機飛行。空襲隊的六架飛機(應為第一、第三分隊)於下午四時許至廿分間到達目標區上空,高度均在五百公尺左右。

空軍抗日戰史對中日接戰的官方正式記載為:

「當第一、三兩群(意指廿一隊、廿三隊)甫抵筧橋即有空襲警報,隨遂緊急著陸加油,陸續起飛,加油未竣,已見敵九六式重轟炸機數架,從不同

方向進入機場。一機由東北進入，向機場中修理廠附近投彈，中鐵道上之油罐車，該機投彈後即向右後轉彎，當遇高大隊長及廿一隊分隊長譚文兩機尾隨攻擊，立被擊中，敵機起火落於半山附近」。

「另一敵機由杭州向筧橋方面進入，見我機有備，未投彈即轉彎向雲中逃去，時天候惡劣，雲高約七、八百呎，該機入雲後即向錢塘江口方向逃奔，此際廿二隊分隊長鄭少愚甫加油起飛，乃升至雲上飛向錢塘江口攔截。過翁家阜機場，低空無雲，敵機出雲後，即為鄭分隊長所見，乃尾追過曹娥江始得佔位攻擊，當將該機右發動機擊中起火，旋後熄滅，該分隊長再行後上方及後下方連續攻擊六、七次，子彈射罄敵負重傷墜落錢塘江口」。

「又廿一隊隊長李桂丹、隊員柳哲生、王文驊共同擊落九六式重轟炸機一架。」

「此役廿一隊隊員苑金涵（應為譚文之誤）、金安一、劉署藩三機，由周家口進駐筧橋機場，降落後，即遇敵機空襲，乃急起飛迎戰，戰後甫經降落，第二批敵機再度進襲，未及加油復行起飛，金、劉兩機皆以油不能濟飛至機場邊停車，墜落場外失事，劉重傷後殉職，金負輕傷」。

佐證日本防衛廳研修新戰史部資料，日軍筧橋空襲隊由機場東北方向進入，高度約五百公尺，我方可能是譚文首先對敵機開槍，但是距離太遠。第一分隊長機（新田慎一）甫出雲發電機即被擊中一彈，新田慎一發現我機後，未及投彈即偕二號機鑽雲右轉。三號機（桃崎軍曹）則投下兩枚炸彈，炸中油罐車起火。這時高志航與廿一隊分隊長譚文發現了三號機，並且由尾部攻擊，敵機起火後墜毀。

第三分隊進入筧橋機場上空投彈，但炸彈落場外並未造成損害。在脫離返航時，長機（大杉忠一上尉）中彈兩發入雲。三號機（三井空曹）則遭遇我廿一隊李桂丹隊長與所率僚機柳哲生、王文驊，合力擊中起火，殘骸墜毀於喬司附近。二號機（山下軍曹）被正準備降落的高志航發現，高隨即拉升追擊，在猛烈攻擊後該機造成左發動機熄火，左翼中彈十四發，右翼中彈二十一發，機身中彈三十八發，合計七十三發，但是該機仍靠剩下的一具發動機，勉強飛回台北松山機場，落地時起落架折斷造成飛機重損。此役高志航座機也被打壞了

一個汽缸，機身右側也中一彈。

日軍筧橋空襲隊於晚間七時五分降落松山機場，其任務可說是完全失敗，不但被擊落兩架、重損一架，唯一的戰果是炸中鐵道上的兩節油罐車。至於我「空軍抗日戰史」所載鄭少愚的一架，顯見是誤植，並不正確。

光漢失良機　少愚未脫隊

日方廣德空襲隊九機由淺野少佐指揮，於午後一時五分從台北起飛，經永嘉至廣德，航程為七百七十公里，預計三個半小時可達目標區，由於天候惡劣，雲中搜尋地面機場不易，於五時四十分始達。

當我空軍第廿一隊、廿三隊由周家口飛抵筧橋之際，廿二隊偏航於三時十分先降廣德機場，加油後於四時二十分升空續飛筧橋。

廿二隊的張光明在「八一四空戰經過見證」回憶文中有兩段記述：「降廣德機場加油後，續航浙江。不久，中途在雲雨中，遇敵機，在雲雨茫濛中，視界不清，看不清楚確切架數（約三、四架），與分隊長樂以琴準備攻擊時，敵機也發現我機群，即潛入雲層，無法追蹤。領隊負有進駐筧橋命令，未便有違。」

「飛抵筧橋，見機場已被敵機轟炸，正在火焰燃燒中，隨樂以琴分隊長，即東飛企圖追尋敵蹤攔截之，追至錢塘江口，雲雨低濛，天氣惡劣，乃折返筧橋落地。高大隊長正講述單機擊落敵九六式轟炸機一架經過。當時令人既興奮又欽佩。」

張文含蓄的道出，當樂以琴、張光明同時發現敵機，飛前向領隊黃光漢隊長搖翼，示意攻擊請命數次，隊長另有考量，沒有反應，機會稍縱即逝，全隊只得繼續飛往筧橋，大約五時抵筧橋。見機場被炸，樂、張兩人趕往錢塘江口攔截（非鄭少愚脫隊攔截）且未遇敵蹤，落地已六時許，見高大隊長正在敘述擊落敵機經過。張光明同時對筆者指出，樂以琴落地後，還憤憤不平的去找黃隊長理論，兩人不歡而散！至於空軍抗日戰史中鄭少愚脫隊於錢塘江口擊落敵機，是以訛傳訛的說法。

首戰之夜，暫編三十五隊飛偵察的姜獻祥與飛驅逐的廿二隊樂以琴，原是航校三期同學，難得因作戰而重逢，當晚在姜的醒村三號宿舍，兩人秉燭夜談

今天的作戰，見一九九〇年劉文孝「暫編中隊初戰篇」一文。

姜獻祥道：「樂以琴大發牢騷，因為他正是中途偏航的廿二中隊飛行員，當他們在廣德加油再飛來筧橋的路上，就已發現日機的大編隊，樂以琴衝向前去搖翼並作手勢，但隊長卻始終沒有回答。就這樣眼睜睜看著他們遠離，若不然，首開記錄的必定非廿二隊莫屬！」

姜的回憶直接佐證張光明所述，廿二隊廣德加油起飛後，中途遇日機編隊，此極佳機會又極遺憾的錯過，要不然，差點改寫了中日首戰輝煌的記錄。

空手白刃　廣德之謎

廣德空襲隊，約在四時三十分至四十分間在筧橋與廣德途中盤旋，巧遇廿二隊，避入雲中未曾交戰，繼續往目標區飛行，天候惡劣雲低，空中搜尋不易，約兩小時後才發現廣德機場。

空軍抗日戰史記載，是日十八時，三十四隊隊長周庭芳，駕霍克II機一架，自杭州出發至廣德巡弋，十八時三十分在廣德西北見有敵轟炸機九架成V字隊型，由七百呎高度向廣德航進，我機即降低卻避其視線，而行奇襲，距已為敵機發現，並向右迂迴，似向南昌方向行進，我機即加緊追其後，旋又見其折回，遂由前方攻擊，雙方速度均大，致無效果。隨即上升，由正上方垂直攻擊，敵隊形遂分散為三分隊，追至廣德機場上空，先向其第一分隊後下方攻擊，嗣又由前下方攻擊，均無效果，但敵頗慌張，僅投彈一次，均落場邊，即向杭州方向退走。我機因天晚，未便窮追，遂降落廣德機場，其時已十九時十分。

衣復恩是二大隊第九隊轟炸隊員，當時正在廣德機場，在「我的回憶」中詳述道：「吃過晚飯，大家在戶外稍事休閒，見一架霍克機在機場上空俯衝，似在作特技，大家都有點莫名其妙；後來發現九架大型飛機，編隊飛向機場，起初還以為是自己的馬丁轟炸機，後來一想不對，我們只有六架，那來的九架？就在此時，即突然聽到張廷孟大隊長大喊：「快跑，是日本飛機！」大家即向田野疏散；剎那間日機飛來機場上空，對準兩座棚廠投彈，把棚廠炸得稀爛。所幸那天我們的飛機出任務回來，沿場邊疏散，未進棚廠，故毫無損失。可算慶幸！被炸後，那架霍克機才進場降落，原來是周庭芳教官由筧橋飛來，

警告我們日機來襲，那時我空軍無陸空通訊，對周教官的警訊竟毫無反應。還好大家跑得快，並無任何傷亡，只是把伙伕嚇跑了，有好幾天都得去城裡買飯。」

周庭芳於一九八○年「我抗日空戰概況」中回憶有兩段敘述：

在筧橋機場上副校長蔣堅忍說：「現在是下午五時五十分，這時有九架日機經筧橋向南京方向飛去，你的油飛南京夠用不？」我回答說：「油夠用」，蔣要我單機到南京截擊敵機。我則考慮到浙江泗安，有三十至四十架我方僅有的轟炸機（二大隊諾斯洛普2E）停在機場，估計敵機有可能襲擊我泗安機場，因此我做了兩手準備，即先趕到泗安截擊，如果截擊不著，再趕到南京。

當我機抄近路趕到泗安機場（應是安徽廣德）附近上空時，敵機九架正在西北頭上準備向機場轟炸，於是我立刻用信號槍打了一槍，又用自動機槍打了一梭子彈報警。接著，我單機朝著敵長機連續射擊，同時不斷變換飛行動作，直上直下，又由下而上，七上八下地衝到機場上空，猛一看我機三、四十架都停在機場上，處境十分危急。

因為敵機投彈與掃射都很容易命中地面目標，所以我只有猛衝入敵機群，瞄準敵長機的射擊手不斷射擊，這時敵機以九挺機槍對我兩挺機槍，機場上空頓時顯得紅光閃閃，硝煙瀰漫。敵機在換人換機中，貽誤了戰機，結果全部炸彈都扔到機場外，沒有命中地面目標。敵機九架帶著彈痕倉皇逃離，我方三、四十架轟炸機無受損，我機翼上有五個彈孔。

七時正，我降落到泗安（應作廣德）機場上，大隊長張廷孟高度讚揚了這次空戰勝利，在以一擊九的情況下，保住了我方僅有的轟炸機群。這次空戰勝利表現了中國空軍高度的愛國精神，大展了中國的威力，大減了日寇的志氣。

庭芳神技　九六落海

由於劉毅夫空軍史話中，周庭芳空手入白刃敵機亡魂喪膽的影響所及，吳繼榮的「八一四真相探索」，劉文孝「的老霍克暫編中隊」，傅鏡暉的「八一四筧橋空戰」，從空手入白刃，延伸到周庭芳試飛一架剛檢修完的霍克機，沒

裝彈藥是正常的。甚至連日本中山雅洋「中國的天空」，也引用了空手入白刃的章節；但對周庭芳防衛的成功給予高度評價。廣德空襲隊九機共投擲了十六枚二五〇公斤的炸彈，日方資料有命中。周文自述，有子彈有攻擊，但他不知有直接的戰果，這是後話。

日軍廣德空襲隊九架則零散的返回，最後一架飛機於晚間十一時二十分降落台北松山機場。其中第二分隊二號機（小川空曹），該機因油箱被擊中漏油而燃料用盡，迫降在基隆港外社寮島（今和平島）燈塔附近，機身全毀，機員五人全數救出。其戰果為炸毀廣德機場兩座棚廠，戰損一架九六重轟炸機。

但有趣的是究竟是誰擊傷小川空曹的九六重轟炸機，使其落海造成重損？傅鏡暉在「八一四筧橋空戰」書中提到，日機襲廣德，隨後往杭州方向折返，到了杭州上空，遇上正由廣德飛筧橋的廿二隊分隊長鄭少愚，鄭追擊小川軍曹機，一直追到曹娥江上空，也就接上前述空軍「抗日戰史」牛頭對上馬嘴的部分。中山雅洋「中國的天空」記載日機中彈後急速向下俯衝，遂由低空逃走。鄭可能誤以為敵機已被擊落，而沒有繼續追擊。正如傅鏡暉所述，這裡產生了筧橋空戰最大的謎團，為何廿二隊只有鄭少愚一架飛機脫隊攻擊？著實令人納悶。

事實上鄭少愚單騎追敵，原屬子虛烏有。廿二隊的張光明是與樂以琴分隊長，雙機追敵至錢塘江口，無功而返，時間是下午五至六時間，追的是筧橋空襲隊來襲日機。從時間上推算，廣德空襲隊襲廣德已近七時，折返杭州，又被追到曹娥江口，應該是七時半至八時間，而杭州當日日落為七時四十二分，此時已是天黑。所以以一顆子彈擊穿油箱，真正重創小川九六重轟炸機，使其落海的是周庭芳。由於戰史研究者對空手入白刃的解讀，九六落海的真相，整整被埋藏了近七十寒暑。周庭芳隊長後來未隨國府遷台，文革期間並遭整肅，終其一生並不知此項戰績。

小結

九六重轟炸機，為一九三六年日本三菱為日本海軍製造的陸基中型攻擊機（日方稱九六陸攻一一型），組員五人，巡航速度二二〇公里，可掛載八〇〇

公斤魚雷一枚或二五〇公斤炸彈兩枚。防禦火力為三挺七・七公厘機槍,該機續航距離遠達四千公里,日方原為發動太平洋戰爭所研發設計,提早用於中日淞滬戰場。此次日本海軍台北鹿屋航空隊十八架九六陸攻機,兩批各九架分襲筧橋與廣德,此乃日本航空史上,也是世界航空史上第一次的長距越洋轟炸,日軍方抱著滿滿的信心,用此祕密武器,跨海長征,企圖一舉消滅我空軍主力。「日軍對華作戰紀要」記載筧橋、廣德、喬司等機場的機庫、修理廠、彈藥庫、停機坪的飛機等均被炸毀。但三十六枚炸彈真正只炸毀了筧橋機場的油罐車及廣德機場的棚廠。

　　「日軍對華作戰紀要」承認日軍的損失是「因惡劣氣候和攻擊前之分散,致行蹤不明者兩架。另被射中油箱,燃料不足迫降於基隆港內者一架,及輪胎被擊中迫降時中度毀壞一架。」也就是說當場被擊落兩架、重損兩架,共損失四架。

　　我方立功英雄,高志航、譚文合力擊落首架。李桂丹、柳哲生、王文驊共同擊落一架。高志航重創一架。周庭芳重損一架(落海)。

參考資料

1　空軍史話　劉毅夫　黎明文化　台北　1976。

2　「筧橋英烈傳」影片故事的正誤　劉毅夫　傳記文學　1977.09。

3　空軍抗日戰史　空軍總部情報署　成都　1940。

4　空軍抗戰三週年紀念專冊　航空委員會　成都　1940。

5　發揚研究與創造精神　黃光銳　航空雜誌　重慶　1941。

6　八一四與空軍建設　林偉成　航空雜誌　重慶　1941。

7　申報　上海　1937.08.15。

8　憶八一四　周至柔　1939.08.14。

9　至柔鴻爪　周至柔　1940.08.14。

10　八一四空戰經過及戰力評估　卓文義　空軍軍官月刊　岡山　1989.08。

11　日軍侵華八年抗戰史　何應欽　國防部史政編譯局　1983。

12　中華民國空軍重要戰役專冊　空軍總部　台北　2003。

13　八一四空戰真相　李青　中外雜誌　台北　1987.08。

14　毛贏初夫人鄭秀珍女士訪談　何邦立　2007.02。

15 八一四空戰經過見證　張光明　傳記文學　台北　1995.08。

16 八一四懷舊　曹世榮　中國的空軍　台北　1954.08。

17 八一四回憶錄　金安一　中國的空軍　台北　1954.08。

18 談勝利往事　柳哲生口述　中國的空軍　台北　1971.08。

19 八一四憶往　姜獻祥　中國的空軍　台北　1981.08，1981.09。

20 筧橋老兵懷往　張光明　中國的空軍　台北　1981.08。

21 八一四空戰說明　劉永尚　中華民國航空史研究會　台北　1997

22 中國空軍奮戰保衛祖國　吳湘湘　國史館　台北　1997

23 八一四筧橋空戰（戰史入門）　傅鏡暉　麥田　2003

24 暫編中隊初戰篇　劉文孝　中國之翼　台北　1990.01。

25 我的回憶　衣復恩　立青文教基金會　台北　2000。

26 我抗日空戰概況　周庭芳　大陸　1980。

27 八一四真相探索　吳繼榮　空軍總部情報署。

28 老霍克暫編中隊　劉文孝　中國之翼　台北　1991。

29 中國的天空　中山雅洋　日本產經出版社　1981。

30 日軍對華作戰紀要第十一輯　日本防衛廳編（史政編譯局譯）　1987。

（本文發表於《中外雜誌》486號，第82卷2期，頁35-45，台北，2007.08）

空軍第四大隊高志航大隊長霍克三座機IV-1

筧橋空戰的考證
——八一四始曉筧橋再戰

何邦立

　　廿二中隊長黃光漢率九機於下午五時左右，飛抵筧橋空域時，遙見筧橋機場在大火燃燒中，已知筧橋前不久被襲。分隊長二二〇三機樂以琴率二二〇五機張光明脫隊，航向錢塘江口方向，企圖追擊敵機，終因天雨雲低，視界不清，而返回筧橋。

　　落地時間約六時，見大隊長高志航正集合全大隊飛行員，講述擊落敵轟炸機一架經過，並作明日作戰指示與編組。

任務提示　徹夜加油

　　張光明在二〇〇七年世界日報發表《細說八一三、八一四筧橋空戰經過》一文中敘述：「高志航於十三日下午三時餘，由南京搭機飛抵筧橋，廿一中隊亦飛抵筧橋，稍後廿三中隊亦飛達。正加油時，突發緊急空襲警報，此時只有少數飛機加了油，高志航迅速登上一機起飛，有數機亦隨高起飛，其中有尚未加油者，如金安一在起飛中停車，幸落機場地面，無損傷；而劉署藩飛起後，追擊敵擊時，油罄停車而迫降野外，重傷殉國，為中國空軍抗戰犧牲第一人。

　　高志航升空後，敵機四架已進入機場上空投彈中，天雨雲低，高志航乃急速接近敵機，進入敵機側後方位置，用大口徑機槍連續猛攻，敵機一架中彈，立即下沉，墜落於筧橋東方，餘敵機潛入雲層而遁。講述後，眾皆興奮、羨慕與讚揚。」

　　張光明文中續載道：「高志航於講述後，繼作明日作戰指示與編組。高志航三機為作戰領隊群，指定作者（張光明）為其二號機，巴清正為其三號機。廿一中隊為其右翼戰鬥群，廿二中隊為其左翼戰鬥群，廿三中隊為高層掩護支援戰鬥群。指示後，各自去飛機加油。

初嚐警報轟炸，場站人員躲避空襲，僅少數返場工作，因油罐車被炸（鐵路油車），加油工作非常緩慢，時正天雨夜黑，飛行員遂自動去機場邊油庫，提起五加侖小桶汽油，肩扛至飛機旁，如此在天雨涉水中，往返十餘次，甚感勞累。兩人互助加油，一直延至午夜後一時半方結束。乃各自去學校單身教官宿舍（醒村）就寢。此時已淋雨加油有八小時之久，全身濕透，換上室主不合身的衣服，頓感飢渴又寒冷，也特感疲倦，而昏沉入睡。」

始曉空戰　神鷹展威

張光明的《細說八一三、八一四筧橋空戰經過》一文中續載：「凌晨三時餘（即八一四的凌晨）在鼾睡中，為空襲緊急警報驚醒，乃起身奔向機場，在暗夜中各自起飛應戰，顧慮在暗夜中群機在筧橋一地上空，有相撞危險。乃決定飛至錢塘江南岸，在杭州與筧橋之南，雲高三千呎，往返巡防。因十三日勞頓緊張，整日未進飲食，睡眠少，又無衣物禦寒，在巡防飛行中，不禁地打寒戰，上牙喀下牙，特感寒冷難耐，但分秒仍在高度警戒中。

在始曉時分，視野濛濛中，在南方遠遠地平線上，發現有條蠕動黑線，由南漸近，片刻由粗而大，物體蠕動更清楚，再接近時，已認定為機群。辨認為大型雙翼四架機群，機身機翼上紅太陽標誌顯明。立即選定長機為攻擊目標，由前側方進入攻擊，用十二・七mm大口徑槍（大叩提）發射十餘發子彈，該機立即著火下墜。攻後，由敵群側下方脫離，再反轉擬作第二次攻擊，在轉彎時，見另一架敵機著火下墜。攻擊之友機脫離在我同一方向空域，接近時，見機身編號為二二○四，乃分隊長鄭少愚。我尚在進入第二次攻擊位置前，見另二架敵機，片刻先後為我另三友機分別擊落，均著火墜落於錢塘江中，三友機攻後，在濛濛視野中，向筧橋方向飛去。此一空戰過程，約僅三分鐘，即告結束。

戰鬥後，我即接近二二○四機分隊長鄭少愚（我的駕機編號二二○五）編隊航向筧橋，此時已天曉，在錢塘江北岸，可遙望敵機群，在筧橋附近空域，亦遙見我散落機群，尾隨圍攻，該機群被迫偏離筧橋，並遙見有兩架敵單翼轟炸機先後被擊落，均墜落於半山與臨平山之間地區，餘敵機倉促投彈郊區，潛

入雲層東向而遁。作者（張光明）與鄭少愚二機，由錢塘江北岸採直線東飛，意圖攔截敵機，然飛至臨平又東飛至錢塘江口與金山衛一帶，未能發現敵蹤，無所獲乃飛返筧橋。」

張光明是八一三空戰的見證人，八一四空戰擊落日機記錄的當事人，早在一九九五年發表《八一四空戰經過見證》一文時，就已點出筧橋空戰高志航擊落日機是在八一三黃昏。後經徹夜加油，夜半睡眠中為緊急警報驚醒，匆促起飛，在始曉時分錢塘江口，遭遇四架日本輕轟炸機編隊來襲，不到三分鐘內，四機分別為我方擊落，張擊中首架、鄭少愚第二架，其餘兩架，為另三架友機所擊落，已是八一四的清晨。

張光明在抗日空戰中，戰功輝煌，曾有擊落日機四架、合擊（共同擊落）二十六架，受傷七次，跳傘二次的記錄，獲頒四星星序獎章。他在八一四筧橋空戰與八一五南京空戰中各擊落日本輕、重轟炸機一架，且有官方戰歷、戰功登錄可相互佐證。

光明釋疑　漸露曙光

高志航「八一四」首建奇功，筧橋空戰「六比〇」的戰果，是我空軍官方正式的說法，出自航空委員會政治部，自有其激勵民心士氣的意義，毋庸置疑。但從張光明的正式官方作戰記錄，浮出了蛛絲馬跡，彰顯出不只筧橋空戰「六比〇」擊落六架九六重轟炸機的戰果有問題，就連空戰的時間「八一四」也是存疑的，而後者七十年來一直未為戰史研究者所關切懷疑！

歷史真相應該還原，才能鑑古知今。今逢抗戰七十周年，筧橋空戰仍多誤解，真相未明。高齡九四的張光明將軍，平日身體健朗，思路清晰，行事低調，經筆者力促，才於二〇〇七年再發表《細說八一三、八一四筧橋空戰經過》一文於報端。

現在回過頭來看一九四〇年《空軍抗日戰史》所載，……鄭少愚飛過錢塘江口攔截，並擊落日機一架，也就是官方八一四黃昏筧橋空戰第三架九六轟炸機的戰果；其由來亦非完全空穴來風，只是不是發生在首日的黃昏接戰。由於鄭少愚、張光明在次日（八一四）始曉在錢塘江南各擊落一架日本雙翼輕轟炸

機，後兩人編隊東飛索敵，至錢塘江口與金山衛一帶，無功而返。

是當時的戰報輾轉，將鄭少愚八一四始曉錢塘江邊的戰功誤植到樂以琴與張光明，八一三黃昏的錢塘江口索敵，而有所混淆所致，還是後來航空委員會政治部辦公室人員刻意將八一三黃昏與八一四始曉兩件事，壓縮合成為八一四黃昏的空戰，已無從查考。但從官方記錄鄭少愚錢塘江擊落日機一架的時間，機型上均留下破綻。由於張光明分別參與擔任樂以琴分隊長（八一三黃昏）與鄭少愚分隊長（八一四始曉）錢塘江口索敵的僚機任務。他是歷史的活見證人，故一口否定八一四黃昏筧橋空戰的說法。

以琴驍勇　直落四架

一九三七年八月十九日中央日報三版，報導「全國各團體電慰空軍將士，建功人員及其戰績一欄內　高志航於十四日在杭州擊落重轟炸機一架……樂以琴於十四日在錢塘江擊落重轟炸機四架……何人擊落何機，係據各隊報告，尚待戰鬥詳報之考證，機種及數目亦待詳細之調查。」

一九三七年九月八日中央日報三版報導「兩旬以來被燬敵機達八十餘架，敵海軍航聯幾全軍覆沒，聯隊長石井義江已剖腹自戕。」我空軍自應戰以來，奪勇交綏，殲滅敵機敵艦，為數極眾。擊落敵機達六十餘架，毀沉敵艦達十餘艘，茲將自八月十四日至八月卅一日各戰鬥員所擊落敵機與敵艦之統計，標誌如下：排首兩名為樂以琴、劉粹剛各擊落五架。樂以琴於八月十五日筧橋附近擊落輕轟炸機四架，八月二十一日在滬西擊落一架敵驅逐機。劉粹剛的五架是重轟炸機一、驅逐機一、水上偵察機三，時間分為八月十六日二架，八月十七、二十、二十三各一架，墜機地點分為滬西約廿華里，滬西鐵路北十餘里，一架沿江，一架於上海，一架於瀏河口西。

劉毅夫的《空軍史話》十四節樂以琴、曹娥上空發威打空靶，有段生花妙筆精彩的小說描述：從杭州游擊回來的樂以琴，這位三期畢業的四川哥子，他飛一架霍克，追擊到曹娥，追丟了九四式，卻巧遇八八式，他也是福至心靈，看見了敵機由雲中衝下來檢臭魚，他不打頭雁打尾雁，當敵機群超過他隱藏的雲下時，他由敵後衝下來摘黃瓜，像打地靶一樣的雙槍齊發，先打最後一架。

一槍一個，絕不拖泥帶水，打了一架又一架，當他打落第三架時，驚動了前面的群鬼，哄然分散，一拉進了雲，氣得樂以琴在空中罵街「你個鬼兒嘁，老子還未過癮，郎個兒就溜啦！」

劉毅夫寫的是八月十五日這一天的早晨，空戰勝利的火光，照亮了杭州筧橋，同一時間也照亮了曹娥機場，送給我們勝利之火的燃料，大都是來自日本航空母艦的「八八式爆擊機」。

樂以琴自述擊落四架日本轟炸機，在當時為中外媒體所爭相報導：

Flight in the China Air Space,1910~1950, Malcolm Rosholt，第九章Air Force Day in Shanghai：有兩段描述如下：戰爭初期，中國空軍升空英勇保國，最初也獲致相當的成功。他們奮勇抗戰的精神，受到蔣夫人的獎賞。南京各中隊的人員，都收到了慰勞品，包括有美味的食物、茶葉、香煙，以及留聲機唱片等。當然蔣夫人無法親自逐一送達他們的手中。

參與這次慶祝的外國新聞從業人員，有機會訪晤了樂以琴上尉，一位四川籍的二十三歲青年軍官，他曾經被九架日本轟炸機所困，但是奮勇殺出重圍，並聲稱擊落其中的四架日本轟炸機，唯在他所屬的中隊裡，對這場空戰的勝利，並無任何目擊者。

至於中山雅洋《中國的天空》第十章攻擊機的命日，對樂以琴四架戰績，因找不到對應的日機資料，認為是吹牛、說大話。

筆者個人分析研判，樂以琴應該擊落一架，也就是張光明、鄭少愚擊落四機編隊中，剩餘二機之一。由於始曉天色仍暗，樂若非在錢塘江南現場，當無法目擊或知道有四機被擊落之事實。樂以琴豪爽勇敢，有個性、好抬損，言語常有誇大，不就是川哥的特性。筆者曾就此觀點請教張光明老將軍。將軍笑著說：「你是航空醫官，應該最瞭解飛行人員的身心狀況，有人外向豪放，有人內向收斂，我的兩位分隊長樂以琴、鄭少愚分屬不同的典型。猶記當日返場，樂以琴興沖沖的宣稱擊落四架敵機，我與鄭少愚相對的會心微笑不語，心中想的大概都一樣，飛機都被你一人打光了。」張繼續說道，平心而論，樂以琴是繼高志航之後最驍勇善戰、敢作敢為的飛行員，足堪表率。

筧橋再戰　戰果輝煌

　　張光明在《八一四空戰經過見證》文中敘述道：「戰鬥結束，接近二○○四號分隊長鄭少愚（我駕機編號為二○○五號），編隊折向筧橋。此時天曉，遙望有敵機兩個編隊群，由西南方航向筧橋方向，並遙見我機群尾隨圍攻，敵機群被圍攻，偏離筧橋北方，遙見二架敵機前後被擊落，敵機群倉卒投彈郊區，潛入雲層，向東而遁⋯⋯」。《在細說八一三、八一四筧橋空戰經過》中張光明說：「⋯⋯並遙見有兩架敵單翼轟炸機先後被擊落，均墜落於半山與臨平山之間地區，餘敵機倉促投彈郊區，潛入雲層東向而遁。」

　　張在文中強調，空軍第四大隊在八一四這一天，擊落六架來襲日軍轟炸機的戰果，是確實的紀錄，不容有疑。他在文中說：「我是參戰者，親身所歷，親眼所見，並且是最早發現敵機，最先遭遇敵機、最先攻擊、最先擊落敵機的人，⋯⋯因此有責任，有必要，以負責的心情態度，把八一四空戰戰果，重新作一次見證，存真戰史記錄。」

　　八一四空戰擊落日機六架，並非全是九六式轟炸機，其中有四架是雙翼大型轟炸機（可能是八八式），其中僅兩架是九六式轟炸機。擊落架數無誤，然機型機種不同。（註：應作八九式艦攻機〈爆擊機〉，當時對日方情報欠缺，況八八、八九式外形相似，分屬陸軍、海軍機種。）

　　誤導原因，在筧橋附近空域與地面，僅看見來襲敵機是兩個九六式轟炸機編隊群，亦可能看見擊落敵機的情況，分墜落於筧橋東北、半山的東南方郊區。但很少人看見，當拂曉時分，在錢塘江南岸與江上空，被擊落四架笨重速度不快、紛紛著火墜落的雙翼敵機。這項記錄已誤傳多年，應予更正，回歸真實。

　　還有二比○的說法，可能係當時只看到在筧橋附近被擊落的兩架敵機。但是他看不見，也不知道，在錢塘江南岸，雙方先期遭遇已發生了空戰，在短短數分鐘內，擊落四架來襲的雙翼敵機。才說成是二比○。

　　至於二比一的說法，是日本官方發佈的消息資料，在當時都知道日本這項報導消息，這是必然的事，日方必有所隱瞞真實情形，對其國內、對敵方都有必要隱瞞誤導，至於日本所指擊落我機一架，可能是指「八一三」劉署藩起飛

油盡失事的一架。「八一四」空戰中國沒有損失，僅高志航臂部受傷，人機均安返基地。

八一四當天我戰機冒颱風大雨惡劣天氣，上下午兩梯次轟炸上海日軍陣地與軍艦，計二大隊由廣德起飛諾斯洛普機廿一架（上下午出擊卅七架次）。五大隊由揚州起飛霍克機八架（上下午出擊十四架次）。筧橋上午出擊的暫編卅五隊可塞機三架，於十時十分抵嘉興因天氣惡劣而折返，下午該三機再度出擊。暫編卅四隊霍克機六架於十五：三十分出擊，全日共出擊轟炸日敵達六十架次。另六大隊全日出動偵察機八架次搜集敵情，以供決策。

張光明對作者特別強調，八一四當日始曉遭日機空襲後，全天未再遇日機來襲，何來八一四黃昏筧橋空戰？印證日方資料，鹿屋航空隊與我四大隊高志航在筧橋首日空戰後（十八架九六陸攻機出擊，十四架回返），次日上午七：二十起飛十四架襲南昌；並無再襲筧橋記錄，亦證明了八一四黃昏筧橋之戰，並不存在。

志航傷臂　原因破解

張光明《細說八一三、八一四筧橋空戰經過》，續道：落地後，已知大隊長高志航傷臂，已送往杭州市醫院，其他隊友皆安好無恙。但在相視之下，各個面色蒼白，嘴唇紫黑，有的光腳，有的穿背心，有的僅穿短褲，有的穿睡衣，有的仍穿著已濕透的飛行衣，著實狼狽不堪，令人不勝唏噓。時已是「八一四」清晨六時矣！

中山雅洋《中國的天空》第十章攻擊機的命日，其中一節輕爆對輕爆，敘述高志航追擊八九艦攻機（三人輕轟炸機）時，高機亦被命中二彈，一彈傷及右腕、一彈傷及飛機，僅提及為八九艦攻機後座射手所傷（唯未提及何人擊傷高大隊長座機），高志航咬著牙帶開飛機，用腿固定駕駛桿，取下白綢圍巾，捆上傷臂自行裹傷，再穿回飛行衣，改用左手操縱飛機……。事實上一九七六年，劉毅夫的《空軍史話》，首先對高志航的臂傷處理，連想到刮骨療毒的關雲長。影響所及，一九八一年日人中山雅洋的《中國的天空》在大隊長入院一節中，更引申到名醫華佗，外科手術不用麻醉。高志航臂傷處理，宛如三國名

將關羽，至於新霍克IV-1號（四大隊一號機）機，更被比做赤兔馬。一九九六年日人秦郁彥《第二次大戰航空史話》第卅八章八九式艦攻隊中，八九艦攻對新霍克一節中描述高志航受傷經過與處理，有如三國誌勇將關羽的故事，也是引用自中山雅洋。可見中日航空史研究者，雙方資料交流，都受劉毅夫《航空史話》的影響頗鉅。平心而論這是文學家的手筆，對一位醫生來說，槍傷創傷的處理，洗滌傷口，去除腐肉，檢查有無異物，彈片殘留，最後縫合傷口，事前局部麻醉是必須的！

高志航因臂傷入住廣濟醫院療傷，蔣委員長獲報特發壹萬伍千元獎金以示榮崇。八月十六日中央日報四版刊登蔣委員長嘉獎空軍戰士周庭芳君在杭首建奇勛，前日一役擊落敵機兩架，特獎兩萬元。唯周君自述，對八一四、八一五有功人員五人，蔣委員長於九月八日在武漢召見授獎章，唯未領取任何獎金。殊不知高拿的是受傷慰問金、營養金至於打下一架日機一萬獎金，全悉報派，並無其事。而我空軍健兒，殺敵不落人後，為的是保家衛國，誰又在乎獎金！

開戰月餘，雖我各隊健兒英勇奮戰，屢建奇功，然有限的飛機亦不斷耗損，航委會為保存第四大隊戰力，將殘存霍克、廿一隊三架、廿二隊八架移交毛瀛初的廿三隊以保衛南京。九月下旬廿一、廿二隊員先赴蘭州接受俄製I-15及I-16高性能驅逐機之訓練。

高志航先在杭州廣濟醫院治療，後轉漢口醫院療傷。看到戰情與耗損，心中非常焦急，於十月一日傷癒，先赴南京，後再轉赴蘭州接收自俄國購得的I-15及I-16戰機。

約在十一月上旬的某天，在蘭州機場，高志航大隊長碰到張光明，曾垂詢問道：「八一四拂曉空戰時，我已佔到有利攻擊位置，此時後方並無敵機只有我方飛機，正卻對日本轟炸機痛下殺手，突感右臂彈傷流血。事後在醫院才發現子彈是由後向前貫穿；顯非被鎖定目標的日機後座槍手還擊所致。到底是那個菜鳥，未在有效射程內就亂扣扳機？」

張光明對我提起這段插曲，他說，你是航空醫官，應該瞭解戰場心理學。中日開戰之初，航校幼鷹就上戰場，初遇敵機之緊張、興奮可想而知，老遠看到敵機恨不得立刻把它擊落，哪還記得有效射程距離；至於高志航的飛行技術特優，一下切入飛鑽到前面接近敵機，反為自己人的流彈所傷。

小結

一九三七年八月十三日，日本鹿屋航空隊十八架九六重轟炸機，從台北起飛，越洋偷襲轟炸筧橋，廣德機場，巧遇高志航所率第四大隊健兒，中日首次空戰，日方鎩羽而歸，折損四架。次日上午鹿屋又出動十四架九六重轟炸機空襲南昌青雲浦基地，其中六架迷航未抵目標區，僅八架飛抵南昌，因天候影響，戰果有限。

八一四始曉日方再襲筧橋，首批四架八九艦攻機（三人雙翼輕轟炸機），被殲於錢塘江南岸與江面。另二架九六陸攻機（五人單翼重轟炸機）被擊落於筧橋近郊之半山與臨平山之間。空戰戰果為六比〇。我方立功英雄為鄭少愚，樂以琴，張光明等……。

高志航大隊長於是役中，身先士卒，為流彈傷及右臂，入院療養。次日，八一五航空委員會發布王天祥代理大隊長，第四大隊即刻移防南京大校場，擔負首都南京領空之防衛任務。

八一四黃昏筧橋無空戰。

參考資料

1　八一四空戰經過見證　張光明　傳記文學　台北　1995.09。

2　細說八一三、八一四筧橋空戰經過 張光明　世界日報　美國　2007.08。

3　張光明個人戰歷、戰功登錄表　空軍總部作戰署　1952。

4　空軍抗戰三週年紀念專冊　航空委員會　成都　1940.08。

5　空軍抗日戰史　空軍總部情報署　成都　1940。

6　中央日報　南京　1937.08.19。

7　中央日報　南京　1937.09.08。

8　空軍史話　劉毅夫　黎明文化　台北　1976。

9　Flight in the China Air Space, 1910~1950, Malcolm Rosholt　1984。

10　中國的天空　中山雅洋　日本產經出版社　1981。

11　八一四空戰說明　劉永尚　中華民國航空史研究會　台北　1997。

12　張光明訪談　何邦立　美國洛杉磯 2006.08.14。

13 第二次大戰航空史話（下）秦郁彥第三十八章　八九式艦攻隊　日本中公文庫　1996。

14 葉蓉然女士談高志航　李明鑑　中外雜誌　台北　1987.08。

15 中央日報　南京　1937.08.16。

（本文發表於《中外雜誌》82卷3期，頁59-68，台北，2007.09）

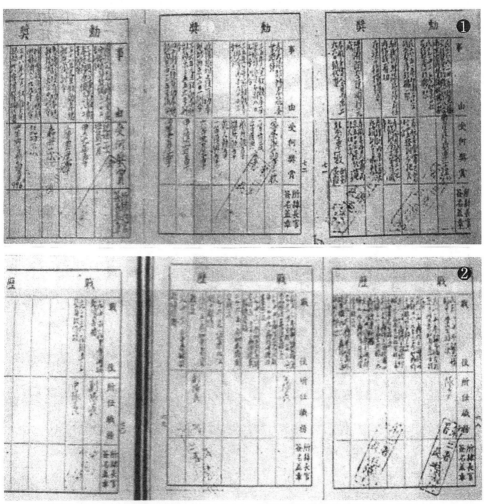

上：張光明將軍的勛獎：民國二十六年八月十四日，參加筧橋空戰擊落敵機一架，八月十五日南京空
　　戰擊落敵機一架，授四星星序獎章一座，有第三署署長毛瀛初核章。

下：張光明將軍的戰歷：民國二十六年八月十四日，參加筧橋空戰一次。八月十五日參加南京空戰一
　　次等。（張光明自述總部資料登記不夠精準詳實，遺漏甚多。且空運部隊三年戰歷未列入）。

左上：八九艦攻機的殘骸；可見其型號與製造年份。
右上：在筧橋上空遭到痛擊的鹿屋航空隊九六陸攻機，
　　　機身上的彈孔清晰可見！（中山雅洋提供）

毛瀛初（右三）、蔣堅忍（中央航校副校長，右四）勘查日本九六重轟炸機殘骸。

上：毛瀛初將軍與夫人鄭秀珍
　　女士，抗戰勝利時攝。
中：作者何邦立採訪高齡九
　　二的毛夫人鄭秀珍女士
　　（2007 年2月）。
下：作者何邦立採訪張光明將
　　軍於美國洛城張寓後合影
　　（2007年7月23日）。

飛行錯覺與馬丁機的噩運

何邦立

　　本文以一位能飛的航空醫學專家，就其四十年飛行事故調查的經驗，為七十餘年前，馬丁機撞山失事剖析解謎。失事原因，非載重過重，非馬力不足，亦非機械故障，乃駕駛員的人為錯誤，更深一步探討，事涉航空生理的眼重力錯覺。本文更重寫了空間迷向事故的航空史記錄！

倉促成軍

　　一九三〇年代，義大利杜黑將軍的大轟炸主義，最為盛行。主張以戰略轟炸，來屈服敵人。當時飛行員依所飛機種，可區分為驅逐機飛行員、偵察機飛行員與轟炸機飛行員，飛轟炸的更是高人一等。而當今世界各國的空軍，均以戰鬥機為主力，此戰略、戰術觀念上的改變，則始於四〇年代陳納德將軍（Claire Lee Chenault）所率飛虎隊在華戰場與日軍的實戰經驗發展而來。[1]

　　一九三一年中國空軍筧橋建軍時，並無重轟炸機隊。一九三六年七月，由於廣東空軍北飛效忠中央，隨後空軍第八大隊——重轟炸機隊，於是年十月二十九日正式成軍。下隸第十隊（六架義製薩弗亞機，SM-72）、第十九隊（六架德製亨克機，He-111A0）。廣東籍的謝莽為大隊長，基地南昌。亨克機因馬力不足，未為德國空軍所採用，該機在華服勤一年後，因零件待補，半數處於停飛狀態。

　　一九三七年春，第三十隊籌組成軍。基地上海，配備六架美製馬丁重轟炸機（Martin 139WC，見圖一）。隊長石友信，副隊長為留德的李忠儂，隊員以中央航校三期為主，輔以四名航校六期飛行員為副駕駛。轟炸員以航炸班三期為主力。通訊員更是從上海國際廣播電台召募具報務經驗者擔任。機務長還是

---

[1]　Chenault, Claire L, *Way of a fighter*. N.Y.: Putnam's Sons, 1949.

留義的高才生。

馬丁重轟炸機的訓練，責成美籍顧問羅蘭（Rowland）負責，上至隊長下至隊員，都須經過他帶飛兩次。但在全隊完訓前，他因合約期滿離華。他在惜別會上特別強調，石友信與佟彥博表現最佳，具帶飛教官的能力。但也指出方長裕分隊長的飛行技術，是全隊最差的。

馬丁重轟炸機隊的戰力，備受航空委員會的重視，空軍當局基於指揮上的便利，將第三十隊歸併到空軍第八大隊名下。至七七盧溝橋事變次日，馬丁機為免遭受襲擊，轉往南昌。此時兩個轟炸中隊，均常駐南昌基地，但彼此間因歷史淵源不同，相互間甚少往來接觸，即使謝莽大隊長，也從不過問第三十隊的隊務。空軍作戰指揮命令，也分別發給第八大隊及第三十隊。因此體制上第三十隊隸屬第八大隊，但實質上有如獨立中隊。

話說淞滬戰起，一九三七年八月二十五日，第八大隊由謝莽大隊長率領，第十九隊亨克機三架、第三十隊馬丁機二架，由南京起飛，聯合出擊位於吳淞口外之敵艦，十七隊由句容起飛五架波音281型機護航。此次馬丁機雖完成轟炸任務，但二架亨克機卻遭擊落。蔣委員長聞訊，相當震怒。次日，召集全體空勤軍官訓話，指責石友信隊長：「你的勝仗也是敗仗，因你掩護的飛機被打掉了！」這間接反映出，蔣介石對空軍作戰指揮的不夠內行，都是轟炸機，那有相互掩護之責！石友信被錯怪。但結局為，謝莽大隊長及石友信隊長，均遭降級、撤職處分。同時在漢口成立轟炸學校，並由李懷民接任大隊長，十一隊隊長黃正裕接任第三十隊隊長，第三十隊重新整訓，此時原第三十隊幹部，只剩張琪分隊長一人，隊上人心惶惶。馬丁成軍甫半載，臨時陣前易將，直接影響到未來該機隊的命運！

禍不單行

一九三七年十月十四日，兩架馬丁重轟炸機，首次擔任夜炸任務，暗夜全載重起飛，不幸雙雙編隊撞山墜地。《空軍抗日戰史》原始記錄中，有段第三十隊馬丁機記載如下：

一九三七年十月十四日，本日由漢口抵京後，下午因受敵機空襲之妨礙，未能出發。入夜，天氣惡劣、黑暗頗甚。隊長黃正裕、分隊長方長裕，分駕馬丁機3003、3004兩架，勉強起飛赴滬轟炸，起飛後未五分鐘，在機場之東失事墜地，炸彈爆發，人機粉碎。[2]

《空軍忠烈錄》中，也有兩段記載馬丁機事故如下：

十月十四日該隊自漢口抵京，赴滬轟炸敵軍，因受敵機空襲之影響，未能出發。午夜以後，天氣惡劣，黑暗特甚，烈士黃正裕與副隊長方長裕，分駕馬丁3003、3004號機各一架，勉強起飛赴滬。在機場之東，撞山墜地，炸彈爆發，同殉。同機還有航炸員趙庸。[3]

十月十四日夜，烈士魏國志與隊員李嶽龍，自南京駕機赴滬轟炸敵艦，敵誤為己機返航，未加戒備，因予重創。次晨天未明，再往，因載重過重，飛機起飛墜地，與李隊員、蔡通訊員振東，同殉。[4]

《空軍忠烈錄》中記載是否有誤？究竟是兩機撞山，還是三機失事，似有未明。

中央航校六期的李懋寅，時為第三十隊馬丁機組少尉隊員，親歷該次事件。半世紀後，他親校並更正《馬丁機隊覆滅記一文》[5]文中披露當日詳情如後：

十月十四日馬丁三機3003機（方長裕、黃正裕）、3004機（張琪、魏國志）、3005機（佟彥博、李懷民）由漢口起飛，下午抵達南京大校場機場。午後十六點五十分，日本四架轟炸機、六架戰鬥機，正向南京而來。馬丁、亨克機則把握最後時機，起飛升空避敵，直到夜暗後才陸續歸降。但總指揮部諭令，二大隊、八大隊轟炸機，必須於午夜再度出擊，以摧毀正堆積在上海匯

2　《空軍抗日戰史》第一冊，頁237，成都：空軍總部情報署，1940。
3　《空軍忠烈錄》第二輯，頁95-98，台北：空軍總部情報署，1959。
4　《空軍忠烈錄》第二輯，頁100-101，台北：空軍總部情報署，1959。
5　劉文孝，《中國之翼》第二輯，頁70-103，台北：中國之翼出版社，1991。

山碼頭的日軍物質。過去夜炸任務，一直由六大隊新可塞V-92C機及道格拉斯
O-2MC機擔任。這次打破慣例，首次啟用重轟炸機Martin 139WC，夜襲敵陣。

佟彥博的3005機，此時副駕駛改為胡蓉第。在開俥啟動時，左發動機又犯
上老毛病，就是發不動，不得不放棄任務。但3003、3004兩架馬丁機，仍於午
夜準時起飛升空。

兩個巨大機影，隱入夜空之後，大校場上照明燈也立即熄滅，以免暴露了
本身的位置，而全場的人仍然在黑暗中穿梭著。其中石邦藩總站長，望著馬丁
機影，不禁喃喃自語：他們起飛後為什麼還不爬高？怪哉！好像高度反而降低
啦。不出五分鐘，紫金山下黑沉沉的地面，突然閃出一陣強光，緊接著是驚天
動地的巨響。石邦藩趕緊跑上總站部小樓瞭望，臉上立即浮現難以形容的悲悽
之色。長嘆一聲，太壞啦！兩架馬丁機，都碰地出事啦。大校場上所有能用的
車輛，都飛奔趕赴失事現場，只見當地殘骸遍佈，火光衝天！[6]

根據當時在場的佟彥博判斷：方長裕忽略南京東南的丘陵區，起飛後在無
燈光的情況下，看不清楚天地線的確切位置，在推平機頭時，卻多推一些，以
致於飛機就這樣越飛越低而撞毀，而緊跟在後面的張琪，因為個性保守，在發
覺情形不對時，卻未能提出示警，連帶地，也遭到池魚之殃！[7]

兩架馬丁機共有八位機組人員，經過作者考證查據，發現真相如後：3003
號機組員，正駕駛為中央航校二期的方長裕副隊長，副駕駛為中央航校一期的
黃正裕隊長，轟炸員為航炸班二期的趙庸，通訊員為曹春芹技副。至於3004號
機組員，正駕駛為中央航校三期的張琪分隊長，副駕駛為中央航校六期的魏國
志，轟炸員為航偵班二期的李嶽龍，通訊員為蔡振東技副。

兩機編隊起飛，先後撞山，八位機組人員中，僅3003號機組通訊員曹春
芹，在飛機撞山前以極低的高度，幸運的跳傘生還，七死一生可謂奇蹟！

6　劉文孝，《中國之翼》第二輯，頁93，台北：中國之翼出版社，1991。
7　劉文孝，《中國之翼》第二輯，頁96，台北：中國之翼出版社，1991。

飛行錯覺

　　一九四六年間，英國皇家空軍，對一連串夜間起飛失事進行調查，發現起飛時向前的加速力，導致機頭仰角過高的錯覺，因相信感覺，推平機頭改正而出事。這些事故通常發生在暗夜起飛、前方無任何燈火、無水平參考，駕駛低著頭企圖看地面（目視飛行），而未飛儀表（儀器飛行）。[8]

　　一九五四年韓戰期間，一連串F-86噴射機失事，都有共同的特性，都在夜間飛起落航線時，都是在進離場、轉彎飛行時，都在轉換無線電頻道通話時，多屬年輕、經驗不足者，失事現場殘骸多屬機腹朝上。最後發現原因為，當飛機轉彎離場時，駕駛員正低頭轉換無線電頻道，此時頭部三個半規管涉及角加速度變化，導致極為嚴重的柯利爾氏錯覺（Coriolis illusion）。[9]

　　從航空生理學及航空醫學方面，對各種飛行錯覺做進一步的研究瞭解，是二次世界大戰後之事。角加速度的錯覺研究始於一九四六年Graybiel & Hupp的「眼旋轉錯覺」。直線加速度的錯覺研究，始於一九四九年Clark & Graybiel的「體重力錯覺」和一九五二年Graybiel的「眼重力錯覺」。

　　當飛機在起飛（降落）時，由於加（減）速度的變化，改變了重力的方向，吾人內耳負責平衡的耳石器，會產生錯誤的爬升感，此時外界若無視覺參考物，駕駛員將會產生飛機仰角過高的感覺，因而下意識推機頭改正，常造成飛機墜毀於跑道頭的悲劇！此稱之為眼重力錯覺（oculo-gravic illusion）（見圖二）。[10]

　　全球民航空難，據事故的調查分析，涉及眼重力錯覺的，亦偶有所聞。我們自己的經驗，中華航空B1870（波音737-200）機，於一九八六年二月十六日夜間，由台北飛往馬公的春節加班機（CI-2265），重落地、重飛時墜海。造成六名乘客及七名機組員，全數罹難的慘劇，依航空醫學的專業研判，乃眼重力錯覺之故！

---

[8]　Collar, A.R., On an aspect of the accident history of aircraft taking off at night, R.A.F, Reports & Memoranda, No 2277, 1946.

[9]　何邦立，《空間迷向——柯利爾氏錯覺》，（尖端科技）第8期頁119-122，1985.02。

[10]　何邦立，《航空生理學》中正理工學院航空安全管理進修班，1986。

1937年春在中國空域飛行的馬丁機（Martin 139WC）

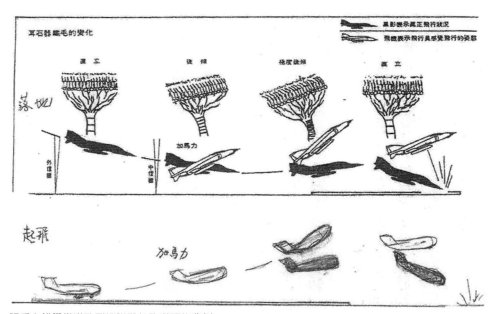

眼重力錯覺常導致飛機墜毀於跑道頭的悲劇

　　至於普通航空（General Aviation）飛私人小飛機之事故中，涉及空間迷向的更是常見。最著名的案例是，一九九九年七月十六日小約翰甘迺迪（J.F.K. Kennedy美國前總統甘迺迪長子）墜機事件。美國運輸安全委員會（NTSB），調查報告結論為：該機暗夜海面上飛行，下降中失控，最可能的原因是空間迷向。若依航空醫學的專業研判，這種錯覺稱之為死亡螺旋（Graveyard Spin）。起因於半規管對定角加速度刺激，憑感覺改正後之結果。[11]

　　在三度空間裡，眼睛提供了最可靠的定位訊息，但是憑本體感覺飛行，不但會導致可怕的錯覺，也極為危險！瞭解認知視覺與本體感受間矛盾的機轉，此時飛行人員，唯有信賴儀表，對儀器飛行有信心，方可在任何環境中，輕鬆裕如地安全飛行。[12]

　　根據石邦藩總站長的陳述，「他們起飛後為什麼還不爬高？怪哉！好像高度反而降低啦」，加上佟彥博研判的證詞：「起飛後在無燈光的情況下，看不清楚天地線的確切位置，在推平機頭時，卻多推一些，以致於飛機就這樣越飛越低而撞毀」，兩架馬丁機失事的原因，就是眼重力錯覺惹的禍！

　　因眼重力錯覺而導致失事最早的文獻，當推一九四六年間，英國皇家空軍Collar氏，對一連串夜間起飛失事進行的調查。但馬丁3003、3004兩機編隊失事，發生於一九三七年十月十四日的中國，整整早於世界航空記錄九年！落筆至此，令人不禁扼腕！

結語

　　馬丁機隊成軍倉促，未及半載，中日就開仗了，戰技與訓練難免不足。更不幸的是，開戰才兩週，就更換隊長，陣前易將兵家大忌。加上任務派遣不佳，組員搭配不當，當然更談不上座艙資源管理（CRM）。由於無夜戰經驗，全載重、全馬力起飛時，早已陷入暗夜錯覺的情境而不自知。令人擲筆長嘆！

[11]　NTSB Identification NYC 99 MA178, Fatal aircraft accident involving John F. Kennedy, Jr. 2000, 08, 08.
[12]　何邦立，《中國空軍飛行錯覺之調查研究》，台北，空軍總醫院，1987。

馬丁健兒士氣昂　怎奈身陷錯覺境
出師未捷身先死　常使英雄淚滿襟

　　僅以本文向維護中華民族生存的抗日英烈致敬，並慶祝中華民國建國百年
的光輝歷史。

馬丁重轟炸機Martin 139-WC性能一覽表

引擎	R-1820-G2 X2
動力	875馬力
翼展	70.5呎
機身	44.75呎
機高	11.5呎
翼面	678平方呎
空重	9727磅
載重	14995磅
最大	16455磅
燃油	452加侖
航速	230哩（8700呎）
巡速	200哩
落速	65哩／時
限高	24300呎
爬升	10000呎／6.6分
航程	1350哩

中國空軍於1937.3.5-4.26獲6架馬丁機，1937.12再獲3架。

致謝

　　感謝溫德生教授與黃慧君主任的協助，在空軍官校圖書館檔案室中，找到
塵封已久的原始資料，本文才能順利完成！

（本文發表於《傳記文學》594號，第99卷5期，頁116-120，台北，2011.11）

後記（馬丁成軍與覆滅）

1936年，蔣公五秩壽辰，全國發起獻機祝壽運動，共募集捐款約達650萬元，10月25日，航空委員會主任周至柔電呈蔣公，略以「擬在這批捐款中，提出287萬5千元，作為本會與資源委員會，合辦之飛機發動機製造廠之配合款外，餘款擬購馬丁式轟炸機及其他類型戰機」等語。（註：馬丁40萬法幣1架，採購6架）

首批馬丁機6架，於民國26年2月運抵上海，在虹橋機場組裝後由30隊接收，隊長石友三、副隊長李忠儂率員，在馬丁廠派遣隨機來華教練亨利‧羅蘭先生帶飛施教下成軍。未幾「七七事變」爆發，部隊移防江西南昌改隸第八大隊，與19中隊之德製亨克爾He-111 A0，及第10隊之義製薩弗亞SM.72型轟炸機共同備戰。七月，李忠儂3002號馬丁機，在一次訓練中重落地失事損毀。

「八一三」淞戰爆發，次日全大隊奉令北調，馬丁機分由南昌、吉安兩地出發，3006號機，由馬興武、張錫祐駕駛前赴南京夜航途中，天氣驟變在臨川上空失事墜毀，機員殉難。因此僅有四架馬丁機抵達南京大校場機場報到，加油掛彈後首次出擊上海日軍成功。8月16日移防漢口，預定次日再赴南京整備後，轟炸上海虹口日軍司令部，復又奉令改攻日艦，旋經偵察機回報未見敵蹤，是乃決定以單機掛彈，分兩批自漢口出發，經南京過鹽城出東海南至花鳥山，再折返上海之威力偵巡，未料仍未尋獲目標。8月20日再赴上海轟炸敵艦，曾遭遇地面砲火，另有六架敵機前來攔截，我3003號機中彈數發但平安歸來。8月25日，八大隊謝莽大隊長率領亨機3架、馬丁機2架，由17隊波音281驅逐機護航，出擊吳淞外海敵艦及登陸部隊，亨機在前，馬丁機繼後，重層配置高度為亨機2500米、馬丁機3500米、波機4000米，經南通、鎮江，不久密雲遮蔽航路，馬丁機準備爬升作雲上飛行，奈亨機及波機均無法跟進，遂準備折返，曾回航至句容時，馬丁機發現北岸天氣轉晴，乃繞道前往，波機五架亦追隨在後，前往目標達成任務返航，途經崑山，見有敵機4架攻擊亨機機隊，波機立即前往馳援，馬丁機則加速返航，途中未再見敵機攔截，但見我九大隊許萊克機隊正趕赴川沙攻擊登陸敵軍。

　　此役我亨機2架遭敵擊落，大隊長座機傷痕纍纍鎩羽而歸，九大隊許機亦遭慘敗；役後檢討處置，九大隊撤消，26中隊併入27中隊，大隊長降階去職，八大隊調轟炸學校整訓，30中隊長石友三亦降階去職。整訓工作由八大隊新任大隊長李懷民少校主持，美顧問巴爾先生負責訓練，10月訓練期間楊季豪所駕3001號馬丁機失事損壞。10月13日，八大隊奉令出擊轟炸上海敵軍機場及軍事設施，是日下午亨機、馬丁機各3架飛抵南京大校場機場，加油掛彈後午夜出擊，行前一架馬丁機故障，30隊新任隊長黃正裕3003率領僚機3004張琪深夜起飛，因對地形不熟判斷錯誤，雙雙撞山機毀人亡。22日亨機兩架偕僅存一架之馬丁機3005號，再次出擊上海崑山機場，馬丁機遭地面砲火擊傷，返京迫降在孝陵衛山丘，觸地機毀人傷。致此馬丁機傷亡殆盡，30中隊徹裁，餘一架3005號機，轉納外員隊。

　　第二批馬丁機3架，於26年8月運達，12月組裝完成，交甫經成立不久之外員隊（後改為14隊）接收，27年3月一架在漢口遭敵機炸傷，此時我國正計畫「人道遠征日本」之威懾行動，以顯示我抗戰絕不屈服之決心。惟因我空軍欠缺無線電導航訓練，對海洋長途之遠征難以達成，因之不得不求諸外員，殊料彼等不但不寄予同情，反而藉機要脅，最後在陳納德總顧問安排下，遂與航委會祕書長蔣夫人宋美齡女士面談，不僅要求不合理之報酬，且詆毀我空軍健兒不稱職及缺乏勇氣，造成我方對彼等之惡劣印象。

註：原廣東空軍先訂購馬丁機3架，後中央航空再訂6架。第一批6架、第二批3架運抵華。

航空生理訓練攸關飛行安全，作者在錯覺模擬訓練儀中留影。

馬丁雙機人道遠征日本始末

何邦立

在世界航空史上，中國空軍馬丁雙機編隊「人道」遠征、投擲「紙彈」之舉，堪稱絕無僅有，可謂氣壯山河！

由於當時中、日雙方在國際法上並未正式宣戰，層峰認為遠征機隊最主要的任務，是向國際與日本宣誓中國抗戰到底的決心，並且喚起日本民眾的厭戰情緒，決定空襲投擲「紙彈」，以對比日本在華針對一般平民濫肆轟炸的野蠻行徑，跨海遠征，投下了六種宣傳品計各十餘萬份，我國空軍如斯宣告：「我們大中華民國的空軍，現在飛到貴國的上空了。我們的目的，不是要傷害貴國人民的生命財產。我們的使命，是向日本國民說明貴國的軍閥，在中國領土上做著怎樣的罪惡」。

此時的中國，抗戰局面越來越艱難，國內外有不少人認為，抗戰已無勝利的希望，主張放棄抵抗向日本投降。為挽回頹勢，蔣介石覺得需要有一次重大軍事行動，來鼓舞民眾的抗日士氣，同時也讓國際社會認識到中國還在抵抗。於是，遠征日本的計劃，再次被提上日程。而在中國空軍裝備的轟炸機中，只有馬丁139WC堪擔此重任。

1938年5月19日深夜，浙江寧波櫟社機場上，兩架空軍馬丁139-WC型重轟炸機的機組人員，正整裝待發。在航空史上這一奇特的空襲，當綱的是時任空軍第十四隊隊長徐煥昇和八大隊第十九隊副隊長佟彥博。

徐煥昇（1906-1984）上海市崇明人。江蘇醫學院肄業，黃埔軍校第四期、中央航空學校航空班第一期畢業，曾赴德、意航空學校深造，在德航（Lufthansa）實習長途飛行與海洋飛行。回國後初任筧橋中央航校教官、後任委員長侍從室專機駕駛員、時任空軍第十四隊隊長，堪稱執行此項任務的最佳人選。

空襲日本的構想

1936年，美製馬丁139型機獲准外銷，共有192架之多。除中國外，阿根廷、泰國、菲律賓、土耳其等國，其中以荷屬東印度（今之印尼）購得120架，並在二次大戰初期對抗日軍之南侵。徐煥昇訓練時駕駛的兩架飛機，是1937年8月抵華、12月裝配完成，馬丁139WC型全金屬重轟炸機，速度與當時的戰鬥機相仿，具全天候作戰的能力。該機是一種具雙發動機（R-1820-G3）的單翼轟炸機，每具發動機的功率為840馬力，機長13.63米，翼展21.49米，起飛重量達7430公斤，最大時速為343公里，最高飛行高度為7300米，航程達1900公里。飛機上還裝備有0.3吋口徑機槍4挺，炸彈酬載量為1800公斤，乘員4人。

抗戰爆發三個月內，中國空軍在轟炸上海日本海軍艦艇的作戰中傷亡慘重，其中能夠飛抵日本本土的薩伏亞S-72和馬丁-139WC等兩種遠程重轟炸機，損失殆盡。

早在1937年8月20日《中蘇互不侵犯條約》簽定前一日，時任中國駐蘇大使蔣廷黻便接到蔣介石密電：「沈德燮處長想已到莫，請兄介紹其與俄政府洽商飛機交涉，現最需用者為驅逐機200架與雙發重轟炸機100架。」此「超重遠程轟炸機100架」即為擬用於轟炸日本的遠征任務。

1937年9月，中國軍事代表團赴蘇聯洽談軍事援華問題時，收到蔣介石密令：務必購買可以用於轟炸日本的重型遠程轟炸機。但在之後的會談中，蘇方始終對中國購買重型轟炸機的要求避而不談、一再推延，最後此事不了了之。10月，蘇聯對華軍事援助協議中的6架TB-3中型轟炸機按計劃飛抵蘭州。11月30日，其中的5架飛機由蘭州經漢口飛南昌進行對日轟炸前的臨戰訓練。不幸的是，日方早就得到南昌有中國重型轟炸機的情報。12月13日，日機空襲南昌機場，當場炸毀2架，炸傷3架，剩下的轟炸機被迫飛返蘭州躲避空襲。由於該機數量有限且缺備件，TB-3在中國戰場只作為運輸機使用，再也沒有擔當任何戰略轟炸任務。

智取外員隊馬丁機

　　自從中日戰爭爆發後，陸續有美、英、法、荷等國的7名飛行員、4名機械員，來到中國志願參戰，1937年10月間在漢口組織編隊，稱之為外員隊。迄1938年1月，原空軍第14隊人機，多以調撥承接該隊原有番號，此時編制118人。所用的飛機為新出廠的伏爾梯V-11輕轟炸機7架，和剛剛從歐美淘汰的諾斯洛普G2E輕轟炸機數架，以及新進交貨的第二批馬丁-139WC重轟炸機3架。但外籍飛行員卻稱執行這項任務風險太大，提出了讓國民黨政府無法接受的天價酬金。針對此情況，國府航委會決定由中方飛行員來執行這一任務。這時，編在委員長侍從室的專機飛行員徐煥昇上尉，自告奮勇地提出由他負責重新組建轟炸隊的具體事宜。

　　但此時若想自外員手中調出馬丁機，除非施以非常手段，否則恐非易事。2月17日航委會下令，為避免日機轟炸，各部隊除警戒機外，均應飛赴安全地區疏散，這兩架馬丁機亦在疏散之列，某日發出警報，這兩架飛機分由洋員艾力生及吉本駕駛，搭載其他人員飛往成都，起飛前他們被告知，到達後等候通知行動，但落地後他們卻囑咐地勤人員加滿油料後離去，次日返場地勤人員告知，奉指揮官令，不僅未能加油就連機內餘油也一併漏光，吉本聞後大為光火，要求去見指揮官立即加油，未料出現的指揮官，即同機而來的十四隊同儕徐煥昇先生，徐氏告稱渠已奉令接管此隊，並要求吉本聽令行動，吉本氣憤地掏出配槍，朝向徐氏腳前地上射擊，為避免傷害徐氏走避，吉本當場拘押，19日所有搭乘馬丁機前來之外員，全部乘當日歐亞航空公司班機返回漢口，稍後外員隊裁撤，洋員全部遣散。

　　徐氏取得此機後，立即著手進行遠征計畫，首在機腹彈艙內加裝長程油箱，再洽歐亞航空公司在此機上加裝德製無線電定向儀，此外並在漢口、南昌、衢州至寧波四處架設主線電臺四座，另在長沙、溫州至麗水架設輔線電臺三座，各臺均派專業人員進駐，配合運用。另又將原十九中隊惟一的一架亨克機調來，作為聯絡及後勤支援使用！

　　在1938年3月間，徐煥昇從容不迫的，將飛機智取收回，並且制訂了「空

軍對敵國內地襲擊計畫」，選定日本佐世保軍港和八幡市為轟炸目標。為了保證任務的順利完成，人員方面則以原三十隊人員及航校四期畢業生組成，航委會又從飛行第8大隊第19中隊調來以副隊長佟彥博為首的數名優秀飛行員，與先前14隊到達成都的飛行員會合，成立特別轟炸中隊，并對馬丁機的性能進行摸索和適應。他們在成都鳳凰山基地，展開了一個多月的祕密訓練。

特別轟炸中隊在訓練過程中，徐煥昇發現：馬丁139WC雖然性能良好，威力巨大，但返航途中極可能遭到日本人的追擊，不一定能在沿海機場加油。而且，僅靠眼下這兩架飛機投擲炸彈難以取得震懾效果。於是，特別轟炸中隊請示航委會，修改原定計劃，以兩架轟炸機攜帶傳單空襲日本，宣揚我國抗戰意志，警告日本當局。并且為了縮短航程，將目標改為九州島的長崎、福岡和北九州，獲得航委會的同意。

空軍對敵內地襲擊計畫

執行上述的戰略轟炸空襲任務，事前需要周密的準備與演練，才能克奏其功，空軍機組人員先集中於漢口，熟悉無線電定向航行、越洋飛行儀器，又自行編制了一套密碼，準備用於跨海遠征；當時前線的寧波、諸暨機場已告損壞，空軍陸續加以修復，針對長程飛行最迫切所需的陸空聯繫，在機上加裝無線電定向儀與短波通報機。並設置了由漢口經南昌與衢州至寧波的主要通信線，並以由長沙經溫州至麗水，為輔助通信線，共計七座的對空電台，彼此亦密切銜接，以便利作戰指揮。為增加馬丁機的航程，又改裝炸彈艙做為大型油箱使用。

蔣委員長在5月8日的日記中寫道：「空軍飛倭示威之宣傳，須早實施，使倭人民知所警惕。蓋倭人夜郎自大，自以為三島神洲，斷不被人侵入，此等迷夢，吾必促之覺醒也」。蔣委員長與夫人航空委員會秘書長蔣宋美齡女士，又於5月13日親自到武漢南湖機場，召集隊員點名，勉勵他們「死有重如泰山，輕如鴻毛，身為空軍應當為國奉獻，國家必不辜負」。

空軍預備遠征日本當時，日軍調集十個師團又兩個混成旅團進攻徐州，並且連日空襲徐州、武漢（四二九武漢大空戰）；五月正值華南梅雨季節，適

宜飛行的日子不多，5月19日，徐煥昇認為如果再不執行，進入下弦月光更難成行，經與隊員商議後決心冒險。周密準備與大膽出擊的壯舉，正如徐煥昇所言：「任何艱險，身為革命軍人，義不容辭」，氣魄令人動容。

空軍前敵總指揮部決定把寧波作為遠征空襲的前進基地。把這次遠征日本定為雙機編隊，馬丁1403號為長機，由隊長徐煥昇任正駕駛，蘇光華任副駕駛，劉榮光為領航員，吳積沖為通信員。1404號為僚機，由副隊長佟彥博任正駕駛，蔣紹禹任副駕駛，雷天眷為領航員、陳光斗為通信員。

1938年5月19日15時23分，兩架飛機在裝滿各種宣傳傳單後，從漢口王家墩機場祕密起飛，按照預先的計劃，先向南直飛避開長江沿岸日軍的耳目，並且開始陸空通訊聯繫，各電台先後獲取飛機訊號，並通知機場與防空單位；經過兩個半小時的飛行，兩架飛機分別經過江西南昌和玉山機場後，17時55分，飛抵寧波的櫟社機場，在稍微歇息，完成添加燃油和檢視裝備後，一切準備就緒待命中。

當夜天氣很不好，月光不大明亮，雲又太高，徐煥昇深知此行任務極其艱難，但在層峰徵詢意向時，仍展現出義無反顧的軍人本色，在遠征機隊升空出海之際，徐煥昇向蔣委員長上呈了不成功即成仁的決心。電文如下：「職謹率全體出征人員，向最高領袖蔣委員長及諸位長官行最敬禮，以示參與此項工作之榮幸，並誓各以犧牲決心，盡最大努力，完成此非常之使命」。

23時20分，徐煥昇、佟彥博等機組人員來到起飛線。黑暗中八個人整齊地排成一列，遙對西方發出莊嚴地宣誓：「為吾中華，抗日救國，飛渡重洋，遠征三島。以吾神鷹，警告日寇，喚醒人民，制止戰爭」。八名勇士、八顆熾熱的心緊緊地合而為一。

跨海東征直搗九州

23時48分，徐煥昇和佟彥博駕駛兩架雄鷹呼嘯著騰空而起，消失在夜空。機隊自寧波出海後先轉向南，然後航向日本九州島，橫跨東海，飛向800多公里外遙遠的日本本土。

5月20日凌晨1時至2時，徐煥昇先後發回電訊「雲太高不見月光，完全用

盲目飛行」、「現在成隊飛行，一切平安」、「一切仍平安，飛在雲上面」，前此飛經定海上空時，日本海軍艦艇曾聽聞機聲以探照燈照射，但因我機飛行高度在雲層之上，無從發現行蹤。

凌晨2時40分，機隊目視見日本海岸，發回專電「已達日本上空，準備擲傳單」。馬丁機以5000米高度飛臨日本上空，從空中鳥瞰夜幕下的九州列島，誠如一隻張牙舞爪的鱷魚。

凌晨2時45分，攜帶有100多萬份傳單的飛機到達日本九州島上空，飛行員查證航圖，推定底下的城市就是長崎，於是飛機開始降低高度。機組的通信員陳光斗和吳積沖立刻將各自尾艙內裝滿傳單的麻袋搬出，當飛機高度降至3500米時，一份份傳單像白色的炸彈一樣從艙板下的方形射擊孔投出，飄向日本的領土。

2時45分，撒下了第一批傳單。此時發現長崎地面並未實施燈火管制。長崎是發動侵華戰爭的前哨城市，也是日本空軍重要的出擊基地。市內設有多處軍火工廠，同時也是日本海軍基地。隨後雙機向北做大圓弧飛行，下一目標是福岡。

3時25分，兩機相互策應編隊飛達九州北部的福岡上空，在照明彈的映照下，隱藏在黑暗中的福岡城暴露無遺。佟彥博報告長機：「目標到達」，隨之傳來了一聲清晰的命令：「投彈」！傳單像雪片一般飛撒下去。機上報務員向國內發回電報：「空中沒有阻攔，無數探照燈柱直插雲霄，高射炮火密集，我機安全飛離……」。

3時55分，雙機按預定目標依次飛臨久留米、佐賀等地時，下面均已是一片漆黑，在回程中，偶爾會看到一些像星光般的燈火，但很快就被弄滅。

於2時50分至3時32分之間，兩機各自飛行，在熊本及九州上空各處投下傳單，此期間，並未遭遇任何高砲射擊或攔劫機。

在日本本土上空飛行近2小時後。雙機掉頭向西沿原路返航。

4點時，兩機已脫離日本領土。在返回中國的途中，天氣變壞，由於雲層太密，兩機彼此失去連絡，看不見對方，也無法通話。因為飛機上的無線電波太過微弱，無法收聽。

長沙與漢口兩地的無線電台，分別在4時52分與5時50分開始連續的廣播。

編號1403號任務機於6時15分時，已可看到中國的海岸線。編號1404號任務機於6時16分時接近海岸。此時，1403號機由於廣播信號微弱而難以確定方向，位於衢州的廣播電台立即發出長波信號，請求防空司令部指示該機位置。

7時12分，兩機抵達三門灣，遭到該處停泊的幾艘敵艦高射砲擊，很幸運因距離甚遠未受損傷。

7時42分，據報5分鐘前，有重型轟炸機帶著隆隆聲響，通過臨海上空，向西南方飛去。8時48分，1404號佟彥博機首先飛抵寧波降落在玉山機場；9時24分，1403號徐煥昇機通過臨海上空，並在南昌機場落地。兩機均於加油之後各自起飛，於11時13分，在武漢上空會合，再降落於漢口空軍基地。

機場上鼓號齊鳴，掌聲雷動，行政院院長孔祥熙、軍政部部長何應欽、航空委員會主任錢大鈞等政府要員，與數千位民眾均在場歡迎勇士勝利歸來。至此首次遠征順利完成，也是日本本土首次遭受外國飛機襲擊。

5月22日，周恩來、王明、吳玉章代表中共中央和八路軍辦事處，親自到國府空軍前進指揮部，對凱旋的英雄們敬獻錦旗一面，上面寫著八個大字：「德威並用，智勇雙全」。

根據軍事委員會的命令，全體機組人員均受到晉升一級並獲受勛嘉獎。

影響所及與歷史評價

這一夜，九州各地亂成一團，中國飛機每到一地都投放照明彈并撒下傳單。一時間，空中紙片紛飛，地上人聲嘈雜，各地燈光全都熄滅，探照燈往空中亂照，高射炮瞎打一氣。不待日軍殲擊機起飛，中國飛機早已飄然而去。

1938年5月20日清晨，長崎市民走出屋外，驚異地發現散落在地的無數紙片，這是中國轟炸機上撒下的傳單。上面用日文醒目的印著：《中華民國全國民眾告日本國民書》、《中華民國總工會告日本工人書》。也有警告日本軍閥的傳單，上面寫著：「爾國侵略中國，罪惡深重。爾再不馴，則百萬傳單一變而為萬噸炸藥矣，爾其戒之！」

當天，同在九州島的福岡市和北九州市也發現了大量中國警告日本的傳單。

日本安保部門立即在轄區內進行搜索，並要民眾將傳單上交。消息傳出，

當地民眾十分恐慌,也對當局所稱「日本本土防衛固若金湯」表示懷疑。

中國空軍「轟炸」日本本土極大地鼓舞了全國人民的士氣。全國各大媒體紛紛對此進行報道。著名的《抗戰》三日刊在5月23日第74期上刊出了鄒韜奮的《空軍遠征日本與新的抗戰力量》文章,該刊著名評論家余仲華在同期的「戰局動向」欄目中也指出:傳單給日本一個警告,百萬張傳單可以變成百萬噸炸彈!《大公報》也於5月21日在頭版刊出《空軍夜襲日本》的社論。

英國《新聞記事報》社論稱:「中國空軍日前飛往日本散發傳單,喚醒日本人民推翻軍閥,此事意義重大,亦饒有趣味。」蘇聯《莫斯科新聞》也不吝贊美之詞:「中國空軍在抗戰中占重要地位,在未來無疑將充當更為重要的角色。」其他世界主流媒體也認為,中國空軍夜襲日本本土,澈底打破了「大日本神聖領空不可入襲」的妄言,狠狠地滅了日本帝國主義的囂張氣焰,極大地鼓舞了世界人民的反法西斯鬥爭。

徐煥昇率機遠征日本之際,正值日軍行將攻陷徐州,遠征壯舉對於提振軍民抗戰士氣功不可沒,英國新聞紀事報報導認為,中國空軍以宣傳方式喚起敵人民眾,更勝於投彈;日本也承認領空遭到我空軍侵入,中央日報在社論中特別指出「我空軍將士,不摧殘非戰鬥員的精神,與敵閥在我國各地殘殺婦孺轟炸平民的卑劣獸行,比較起來,分外發揮出我們仁愛和平的民族美德」。

儘管這次被人們稱作紙片轟炸和人道遠征的空襲,並沒有改變日本軍國主義侵略中國的法西斯行徑,但這次成功的空襲震驚了世界,對打擊日本侵略者的囂張氣焰,和增強中國人民抗日的志氣起到了巨大作用,在國內外引起巨大反響。

馬丁機最終的命運

1938年6月,日海軍利用長江水漲時期,溯流而上企圖突破我長江封鎖線,陸、空軍則協同掠奪我沿江要點,及馬當要塞,冀占領九江後直取武漢,另路則奪取孝感、咸寧,截斷平漢、粵漢兩線,復再循南潯線直指南昌,我空軍洞悉日方企圖,決以空軍主力殲滅長江敵艦,及登陸部隊以解武漢之圍,故在漢口、南昌兩地集中兵力轟炸長江敵艦,及蕪湖、安慶兩地日軍機場,除俄

援SB新機及德製亨克爾123型俯衝轟炸機，小北美、霍克、馬丁均參與此役，6月底僅有之兩架馬丁機會同友機連袂出擊，連續三日出動曾遭日機攔截，但均能完成任務安全歸來，為防範日軍進窺皖東，7月4日，馬丁機進駐南昌，5日拂曉長程出擊上海，返航時1404號機油罄敵前迫降安徽宿松，緊臨日軍佔領區。至此十四隊僅剩1403號機一架，而這架飛機又奉令飛往漢口，預定次日北飛洛陽執行「七七事變」周年紀念，前往北平盧溝橋投撒傳單，未料飛機在洛陽落地時，打了地轉右翼觸地損壞任務取消。

隨著戰局吃緊，十四隊人員暨前在作戰受傷或迫降之馬丁機，經拆卸亦轉運入川，在我機械人員克難努力搶修下完成兩架，這兩架飛機因陋就簡，裝備不齊，僅能供作訓練，在一次空襲疏散中一架失事，另架不久也告封存，1945年間在成都機校，尚見此機之機頭砲塔及一些軍械裝備，在軍械教室充作教學器材。

徐煥昇率領機隊遠征後，繼續率部參戰。空軍撤遷來臺，徐煥昇先後擔任空軍總部參謀長、空軍副總司令、1963年接任空軍總司令等要職，為空軍由螺旋槳時代進入噴射機時代奠定了基礎。空軍在戰鬥、偵照、運輸、反潛等方面充分發揮戰力，形成臺海很長時間的空優狀態。1967年7月，徐煥昇由空軍總司令退役，轉任中華航空公司董事長。1984年3月4日病逝於台北。

機組成員的後來發展

與徐煥昇比翼飛往日本的機組夥伴中，有四位於抗戰的砲火中，英年早逝為國捐軀。生存的四人，後來一位升上將，兩位升中將。

蘇光華烈士，航校四期畢業，後升任中隊長，空軍第八大隊參謀主任，參加抗戰諸役，著有功勳。1940年12月11日，因使用高壓氧氣不當，肺部受傷，誘發肋膜炎致死。

吳積沖烈士，後升第八大隊通信長，第三路司令部科長等職。1942年3月10日，由重慶隨第一路丁炎副司令，試飛至浙江衢縣之航線，並視察各對空之電台聯絡狀況，於任務完成回航時，在四川陪陵白菓樹西三十里山中，失事殉職。

雷天眷烈士，中央航校航炸班二期，歷任空軍第八大隊第十九隊，第十四隊轟炸員，轟炸總隊教官。1942年11月1日，烈士隨大隊長鄭長庚所駕之C-53大達機，送款至敵後蘇魯戰區于學忠總部。當到達指定之空投地點上空時，遍尋目標無著，回至蘭州，適電廠停電，機場夜航設備改用燈號，因燈光不足，至飛機降落時失事，殉職。生前因功奉頒二等宣威獎章，叁等復興榮譽勳章。

佟彥博烈士，航校三期畢業。後升第十四中隊中隊長，空軍第二大隊大隊長，曾參加抗戰各役，勳績卓著。1943年1月4日，自四川溫江駕機儀器飛行時失事，機墜新繁縣境殉職。

劉榮光領航官，廣東台山人，1914年出生香港，戰後1949去台灣，後來長期住美國。曾於1992,1995,1997回鄉探親，於1999年逝世，享壽85。

蔣紹禹中將，來台之後，曾升任國防部常務次長（1968.02-1969.07）。

陳光斗中將，曾任國防部通信電子局局長。當年征日八勇士，迄今碩果僅存的僅有陳光斗老將軍，今年已一百零一歲高齡，除了耳背外，身體健朗。說到長壽之祕訣，陳將軍爽朗的說，就是不多想、知足常樂而已。

老將軍談起當年往事，還是記憶猶新歷歷如繪，還記得出發前，5月13日，委員長及蔣夫人曾親臨南湖機場訓話慰勉，期望至殷，勉勵大家「為國而死，重於泰山」，語重意深，字字打入他們的心弦。陳光斗說，大家聆訓之後，士氣如虹，恨不得馬上完成任務。他和吳積沖過去同在國際電台服務過，出任務前，特別設計了一套連鎖陸空通信網，且完成了一個定向電臺連鎖網。

出任務時，有風蕭蕭兮易水寒，壯士一去兮不復還之感覺，更本沒想到會活著回來。我們不是去投炸彈的，投的那上百萬張的心戰傳單，那時還沒有投彈器（dispenser），一綑綑的傳單都是我親手投下的。這是中國武裝力量有史以來第一次到達日本，撒散反戰傳單，旨在喚醒日本民族良知，他為自己能投身當時偉大的抗日救亡戰爭而自豪。

由於油量限制，在日本上空盤旋了大約兩個小時，投完了馬丁機上所有的紙彈傳單後，這時陳光斗聽到隊長徐煥昇笑著說，我們投下去的是正義之火，是正義之聲，是促使日本軍民及早悔悟前非，停止侵略，現在回家吧；於是兩架飛機再度爬上雲端，順利完成任務歸航。能成功達成任務的因素，組員一致看法是由於領袖的精神感召，和領隊的勇敢與決心。

　　陳光斗認為，自己身為出征者之一，冒險犯難與犧牲奉獻，置生死於度外，是軍人天職，無論成功成仁，都是無上光榮，能夠獲得掌聲和肯定，更是莫大的榮幸，但是它的重要性在突破戰爭的形式，開啟現代戰爭的新觀念，那麼個人得失就微不足道了。

轟炸東京的杜立德

　　1941年12月7日，日本偷襲珍珠港，太平洋戰爭爆發。12月8日，美國對日宣戰。1942年4月18日，由杜立德（James Doolittle）中校，奉命率領16架美國B-25中型轟炸機，從美國海軍大黃蜂號（USS Hornet）航空母艦上起飛，對日本東京等城市進行轟炸。此為美軍對日本的戰略轟炸開啟先端，也成為珍珠港事變後，美國軍民心中的英雄人物，再度顛覆了日本領土固若金湯的神話，在美國強大的空中戰略轟炸下，日本主要的軍事與工業設施紛遭摧毀，更在1945年8月的兩枚原子彈攻勢下，宣布對盟國無條件投降。

　　日本偷襲珍珠港，美國損失慘重，在南太平洋的海軍主力幾乎完全喪失，美國決定空襲日本。陸軍航空隊的杜立德中校，其飛行技術和過人膽識，被視為最合適人選。1942年4月15日，杜立德率領的80名陸軍航空人員和16架B-25轟炸機組成的空襲隊在美國西海岸登上海軍航空母艦「黃蜂號」，由兩艘驅逐艦祕密護航，直駛日本。杜立德計劃在4月18日晚間抵達距日本四百浬的海上，便起飛向日本進襲，而「黃蜂號」航艦立刻回航，不必等待飛機返向航艦，當他們轟炸完畢後，便飛往中國。

　　杜立德所率陸軍航空隊16架飛機，距日本海岸650浬時，被一艘日本監視漁船發現，被迫提早從航空母艦上起飛，雖順利完成轟炸任務，但回航途中因油量不足，且提早2小時飛回，與地面連絡脫節，無法迫降在國軍控制區。除1架迷航海參崴外，其他15架飛機在中國浙江、安徽、江蘇等地油盡跳傘墜毀。75名飛行員中，除5人喪生、和8人落入日軍手中外，其餘62人都被中國百姓所救助，安全脫險獲救，並被送到重慶，受到蔣介石及夫人宋美齡的接待和授勳。

　　中國軍民幫助拯救與掩護迫降的美軍飛行員回到大後方，但這個代價是非常高昂的，隨後日軍動用九個師的兵力搜剿美軍，發起瘋狂的報復。自浙江沿

海320英里以西的村莊進行大屠殺，不僅施用化學武器、細菌戰、還燒掉很多村莊，慘遭殺害的有中國軍人、平民、婦女和兒童，估計人數多達25萬。這次鮮血的付出，僅次於南京三十萬人的大屠殺。

結語

在戰術上，杜立德空襲不算成功，取得實質轟炸戰果有限，且全軍覆沒。在計畫上，還發生不可原諒的錯誤，未考慮到國際換日線的因素，所以提前到達了一天。但戰略上，中型轟炸機從航空母艦上起飛出擊，這是史上空前絕後的一次；挽回了當時美國在珍珠港事件後，低沉的民心和頹喪的士氣。隨後美國在中途島的海戰大勝利，一舉殲滅日本航空母艦群，成為扭轉二次世界大戰戰局的轉戾點。此次戰略空襲，杜立德一戰成名。

日本在海軍航空方面的發展，在當時領先於美英各國。反觀我國國力遠遠落後於人，而徐煥昇和佟彥博的跨海東征日本，更早於杜立德四年，其困難度皆數倍於後者，但計劃的週延，執行的完美，令人嘆為觀止。為弱勢空軍，奇襲致勝的精典範例。

難怪六年後美國《生活》雜誌，評選刊登世界著名的12位飛行員的照片，徐煥昇位列其中。照片上標明：「徐煥昇是先於美軍杜立德將軍轟炸日本本土的第一人」。

上：徐煥昇座機馬丁1403號
下：馬丁「人道遠征」航線圖，1938年5月19-20日。

一九三七年的中國空軍

何邦立

　　1932年（民國21）6月建立筧橋中央航空學校，蔣介石兼校長，毛邦初為副校長，聘美國空軍上校裘偉特（J.H.JOUETT）為顧問。（民國23年由周至柔接任校長）每年招收學員一期，全國只招生百名。報考資格－年齡限十八至二十四歲，學歷限高中畢業或大學學歷，且必須有合格的航空體格。分為初、中、高級三階段飛行訓練。由民國21年－民國26年「七七」抗戰，在此五年間，完成培訓的飛行員有七個班次，即二、三、四期，五、六期各兩個班次，約有五百餘人（其中包括原中央陸軍軍官學校航空班畢業生被列為筧橋中央航空學校第一期生），此為我空軍當時有限之人力資源。

　　1934年（民國23年），將原航空署改為航空委員會，設在南昌，主任為陳慶雲。爾後遷至南京，仍由蔣介石兼委員長，周至柔為主任，宋美齡為秘書長。戰前，空軍擴建成為九個大隊，總兵力各式飛機為346架。在這346架飛機中，適於作戰的僅有霍克III、波音281、諾斯羅普2E、雪萊克A12、馬丁139WC、亨格爾IIIA，共166架而已。

　　在抗戰初期，日本用於侵華的航空兵力，日本陸軍有29個戰隊，約有飛機350架；日本海軍有七個航空隊，三艘航空母艦，五艘水上飛機母艦，約有飛機550架，合計各式飛機九百架。日本顯然在飛機數量上、質量上、性能上、裝備上、作戰指揮上，有絕對優勢，日本有自造飛機工業基礎，在作戰上有持續戰力。反觀中國空軍在各方面均居劣勢，相形見絀。

蔣委員長發表告空軍將士書

　　中國空軍兵力，七七事變之時，計有九個大隊（三十一個中隊），第一、第二、第八為轟炸大隊；第三、第四、第五為驅逐大隊；第六、第七為偵察大隊；第九為攻擊大隊。另有直屬第十三隊、第十八隊、第二十隊與第二十九

隊。各大隊與直屬隊，分佈於南昌、句容、南京、西安、蚌埠、襄陽、廣州與孝感各基地。

一九三七年八月六日蔣委員長發表告空軍將士書，全文如下：

此次倭軍入寇，卑劣詐騙，巧取我平津，燒殺奸淫，蹂躪我同胞：天津化為灰燼，北平變成賊巢；此為我民族莫大之奇恥，實亦中國歷史上未有之慘變。凡我同胞自認為黃帝之子孫者，未有不義憤填胸，誓與此倭寇早決生死，期盡我國民之天職。況我空軍將士，為今日國防最新之武力，亦抗戰唯一之先驅，受國家培養之深，人民期望之切，其必及時奮發，以死報國。惟空軍參戰，此為我第一次民族戰爭之緒戰，其成也，則造民族萬世之福利；其敗也，即為國家千古之罪人。我空軍緒戰之結果，實為全民族全戰爭存亡生死之關鍵，責任之重，無可與比。凡我將士，能不察乎？深信我將士必能竭盡其職責，完成其任務，以建立我空軍第一頁光榮歷史之基礎也，民族興亡，全在此舉，期共勉之。

初建成軍的中國空軍，抗戰初期，竟能在杭京滬奮戰三月，擊毀敵機二百餘架，擊沉敵艦艇數十艘，炸射斃敵約萬人，譜寫了中國空軍在八年抗戰中最英勇、最壯烈的篇章。

蔣介石在一九三七年八月十四日的日記中寫下：十四日倭寇重轟炸機十三架，由台灣經溫州偷襲筧橋，演成劇烈空戰，大挫倭機，竟以零比六之奇跡，造成輝煌之戰果。

筧橋英烈

一九三七年八月十四日高志航率領空軍第四大隊，寫下筧橋空戰大捷，締造八一四空軍勝利紀念日。參與該戰役的全部27位成員（＊不在內），序列於後，僅誌追思與表揚。

第四大隊長　　高志航　　　　（1937/11/21　周家口被炸身亡）

第二十一中隊長　李桂丹　2101機（1938/02/18　武漢空戰陣亡）
　　*副隊長　　劉志漢
　　分隊長　　譚　文　2104機（1937/09/03　上海空戰陣亡）
　　分隊長　　王遠波　2107機（1939/08/20　梁山試飛失事）
　　隊員　　　劉署藩　2105機（1937/08/13　筧橋空戰陣亡）
　　*隊員　　　張效賢　　　　（1938/05/31　長嶺崗空戰陣亡）
　　*隊員　　　張明生　　　　（1939/05/03　重慶空戰陣亡）
　　隊員　　　苑金涵　2108機
　　隊員　　　柳哲生　2102機
　　隊員　　　王文驊　2103機
　　隊員　　　金安一　2106機
　　隊員　　　冀業悌　2109機
第二十二中隊長　黃光漢　2201機
　　*副隊長　　賴名湯
　　分隊長　　樂以琴　2203機（1937/12/03　南京空戰陣亡）
　　分隊長　　鄭少愚　2204機（1942/04/22　P-43空中起火殉職）
　　*隊員　　　吳可強　　　　（1937/08/20　廣德空戰陣亡）
　　隊員　　　李有幹　2207機（1937/09/18　上海高砲擊中陣亡）
　　*隊員　　　李鵬翔　　　　（1938/02/18　武漢空戰陣亡）
　　隊員　　　巴清正　2202機（1938/02/18　武漢空戰陣亡）
　　*隊員　　　王　怡　　　　（1938/02/18　武漢空戰陣亡）
　　隊員　　　馮汝和　2206機（1938/05/20　儀封空戰陣亡）
　　*隊員　　　趙茂生　　　　（1938/05/20　儀封空戰陣亡）
　　隊員　　　梁添成　2209機（1939/06/11　成都空戰陣亡）
　　隊員　　　張光明　2205機
　　隊員　　　吳鼎臣　2208機

第二十三中隊長　毛瀛初　2301機
　　*副隊長　　李克元　　　　（1938/08/21　武漢空戰陣亡）

分隊長　　　呂基淳　　2303機（1938/02/18　武漢空戰陣亡）

*分隊長　　　王玉琨

　隊員　　　戴廣進　　2302機（1937/09/19　南京空戰陣亡）

　隊員　　　敖居賢　　2306機（1937/12/01　溧水空戰陣亡）

　隊員　　　陳懷民　　2307機（1938/04/29　武漢空戰陣亡）

*隊員　　　孫金鑑　　　　　 （1938/04/29　歸德空戰陣亡）

　隊員　　　信壽巽　　2309機（1938/07/04　南昌空戰陣亡）

　隊員　　　楊孟清　　2304機（1940/09/13　璧山空戰陣亡）

　隊員　　　王蔭華　　2305機

*隊員　　　王殿弼

　隊員　　　曹世榮　　IV-1機（高志航座機）

　　四大隊八年抗戰期間，共犧牲了四位大隊長：王天祥（1937/08/22）、高志航（1937/11/21）、李桂丹（1938/02/18）、鄭少愚（1942/04/22）。

　　1938年四大隊又被戲稱之為「中尉大隊」，蓋分隊長、副隊長、中隊長、大隊長皆為中尉編階，亦可見戰鬥犧牲之慘烈！

空軍英烈典範

　　中國空軍在總體上，雖然屬於劣勢，但中國空軍的青年勇士們，目睹國家淪喪，同胞作亡國奴的苦難悲慘，在長空征戰中，不畏強敵，勇於浴血奮戰，且能以少勝多，以寡敵眾，屢有出人意表的空戰勝利，其最大憑恃，乃國仇家恨的強烈愛國心所使然。

　　然在長空征戰中，亦有空軍諸多菁英他們用生命捍衛中華民族的尊嚴與生存，血灑碧空為國犧牲。僅將抗戰初期犧牲的先烈，耳熟能詳的數位，特予寫出以供國人追悼。

閻海文烈士

閻烈士海文，遼寧北鎮人，航校六期畢業，待人誠懇和藹，秉賦聰穎。九一八事變之後負笈北平，轉學東北中學，因目睹日本侵略，救國心切乃投效空軍，勤習飛行。烈士反應靈敏，飛行技術高超，且善於射擊，亟得同仁稱道。

二十六年八月十七日，烈士隨同其所屬五大隊隊友，飛炸上海北四川路日軍陸軍司令部時，遭敵人高射炮擊中，機身著火，跳傘落入敵陣，數十名日軍圍捕與勸降，不為所動並持槍擊斃五名日軍，以最後一彈自戕成仁。日人感佩，特為之埋葬，立碑刻文曰：「支那空軍勇士之墓」，並行禮致敬。

烈士殺身成仁，義不受辱的節操，敵人亦深為敬仰。日本大阪每日新聞報，揭載烈士壯烈殉國的報導，並盛加讚譽，文尾結論謂：「中國已非昔日之支那」。

沈崇誨烈士

沈烈士崇誨，江蘇江寧人，畢業清華大學，志切報國抗敵，乃轉習飛行，航校三期畢業。烈士聰慧絕頂，品學兼優，第一名畢業，留校任教官，後調至第二大隊九中隊擔任分隊長，熱衷杜黑空權理論（轟炸至上論）。

二十六年八月十九日出任務，烈士隨謝郁青隊長出擊，所駕駛之諾斯羅普904機在飛過南匯上空時突然故障，尾部冒煙漸脫離隊形。在白龍潭上空，烈士對準敵艦，自二千呎高空俯衝而下，期與日艦同歸於盡，未中，壯烈成仁，時年二十七歲。與沈同機成仁的尚有五期甲班轟炸科畢業的陳錫純烈士。

抗戰時，清華三傑投筆從戎，被譽為美談。空軍有航校二期的林文奎、三期的沈崇誨、陸軍則是後來揚威緬甸、仁安姜大捷的孫立人將軍。

王天祥烈士

王烈士天祥，浙江黃巖人，幼聰穎有禮，喜讀革命先烈故事，立救國救民之大志。先入中央黃埔軍校、後改習航空，為航空班一期畢業生。成績優異，留校任教官，後升驅逐組組長。

二十一年淞滬戰役，烈士於空戰中負傷，後調升第八中隊長。二十六年抗

戰爆發，第四大隊長高志航負傷期間，烈士奉命兼代第四大隊長。同年八月二十二日，烈士率第四、第五大隊飛機18架，轟炸上海瀏河一帶敵登陸部隊，遭遇敵機，展開激烈空戰，烈士擊落日機兩架，不幸座機亦遭重創墜地，壯烈成仁。

劉粹剛烈士

劉烈士粹剛，遼寧昌國人，航校二期畢業。烈士學術兼優，飛行暨射擊技藝卓越。抗戰爆發，烈士英勇迎擊日機，擊落敵機多架，戰績輝煌，名聞中外，生前因功獲頒七星星序（擊落日機七架）及二等宣威獎章（出擊轟炸敵陣任務逾二十次）。

民國二十六年十月二十六日奉命飛山西協助陸軍作戰。是日抵太原時天色已暮，乃轉飛洛陽，烈士座機用油將盡，投照明彈協助僚機覓地降落。自己於迫降時不幸撞上城南魁星樓殉難。政府勉懷忠烈，特予厚卹，並追贈空軍少校。航空委員會於昆明空軍官校內附設粹剛小學，已資紀念烈士。

烈士飛行戰技卓絕，非官方紀錄，擊落日機11架，被譽為中國空軍的「紅武士」。

高志航烈士

高烈士志航，遼寧通化人，生於民國前四年五月十四日，乃翁高煥章為虔誠天主教徒，生育子女六人，高烈士居長。烈士秉性聰穎好學，剛毅好勝。生長於東北，親睹日、俄兩國在其家鄉爭逐地盤，肆行侵略，早已蘊育了強烈的民族意識，而萌從軍報國之志。

民國十三年，烈士十七歲，考入東北陸軍軍官教育班，研習砲科。不久，東北為發展航空，甄選兩批學生赴法國，烈士積極爭取，終獲考選合格。十八歲負笈法國研習航空。牟特拉民航學校肄業。再轉入伊斯特陸軍航空學校。畢業後在法國空軍見習。並取得特技飛行資格。民國十六年，返國任東北航空處飛鷹隊員。十八年調任東北航校飛行教官。

民國二十年，九一八事變爆發，東北淪陷。烈士辭別雙親，南下投奔祖國。經摯友邢劌非之介紹，加入中央航空署所屬之航空隊任隊員。民國二十一

年,中央航校成立於杭州筧橋。除聘請美國顧問外,亦成立高級班,飛行制度採用美式。烈士第一期研習,結業旋任筧橋飛行教官。民國二十四年,烈士奉派赴義大利考察,翌年五月返國,任教導總隊副總隊長,及第四大隊大隊長。

民國二十六年,抗戰軍興。八一三淞滬戰役爆發,次日,四大隊奉命由周家口調防杭州筧橋。八一四當天,四大隊人員甫抵筧橋,即聞警報。日軍鹿屋航空隊九六式重轟炸機來襲。烈士率機起飛迎擊,首開記錄,擊落一架。其他隊員亦在空中英勇奮戰。此役為中國空軍八年抗戰打開勝利之門。

烈士於空戰結束後,提示全隊加油整備,翌日敵機必來報復。果如所料,八一五晨七時,日機來犯,烈士身先士卒,奮勇殺敵,擊落日機一架。不幸左臂中彈,烈士忍痛以右手駕機,安返機場。旋赴盧山療傷,並蒙委員長召見。烈士志切殺敵報國,傷未痊癒,急返南京保衛國都。十月十二日,敵機入侵南京,烈士率機迎擊,勇挫敵機一架。而舊傷發作,忍痛駕機,安抵涑水後昏迷。十月初,升任空軍驅逐司令,仍兼四大隊大隊長。

十一月,烈士率四大隊赴蘭州接收俄機。初次試飛即使俄人驚服。十五日,率俄製飛機I-16等十三架,飛抵周家口,因天候不佳留場待命。至二十一日,天氣轉晴,正準備當日飛回南京,忽傳警報。日機自長城方向來襲,同行俄籍飛行員及機場人員,急於疏散,日機已臨空投彈。烈士奮不顧身,冒險登機。惟因北地風寒,而俄製飛機發動遲鈍,開車三次均告失敗,而烈士同軍械長馮幹卿被炸中,壯烈成仁!追贈少將。

高志航飛行技術卓越,又勇猛善戰,被譽為中國空軍軍神。

樂以琴烈士

樂烈士以琴,四川蘆山縣人,先祖為岳飛後裔為避秦檜加害,避難入川,改姓樂。幼承庭訓盡忠報國,九一八事變後,烈士棄醫習武。烈士原名樂以忠,投效空軍時不足齡,改用兄長以琴證件報考而得名,航校三期畢業,後編入第四大隊二十二隊分隊長、後升副隊長。其兄後亦投校空軍,官校八期畢業的為樂以純,至兄弟對調名字,一時傳為美談,亦反映當時熱血男兒,保家衛國不顧身的情操。

二十六年抗戰軍興,在八一五杭州空戰,烈士以高超戰技,個人獨創擊

落敵機四架之輝煌紀錄。同月二十一日，又於滬西上空擊落日機一架，再建佳績。十二月三日，日機又大編隊進犯南京，烈士與二十一隊董明德隊長雙機迎敵，展開激戰，終因眾寡懸殊，壯烈成仁，時年二十四歲。生前因功獲頒五星星序獎，追升少校。

烈士川娃兒個性，熱情直率勇敢善戰，有常山趙子龍之美譽，與劉粹剛同為二虎將。

李桂丹烈士

李烈士桂丹，遼寧新民縣人，其父早逝，由母周太夫人撫育成人。烈士聰穎健朗，事母至孝。九一八事變眼見日人橫行，乃矢志從軍報國。報考陸軍官校，再轉入中央航校，二期畢業品學兼優，飛行技藝高超，高志航教官特別激賞並予推薦留校任教官。二十五年獻機祝壽，購得新機編為「中正隊」，烈士沈毅機敏，擔任隊長。

後來編入四大隊二十一中隊，參與八一四空戰與同仁合擊日機一架，其後屢建戰功，接替高志航任大隊長。二十七年二一八武漢空戰，日機傾巢來犯，烈士率部迎戰，於空戰中李大隊長殉國，時年二十四歲。此役犧牲的還有呂基淳隊長、李鵬翔分隊長、隊員巴清正、王怡，戰況慘烈。

呂基淳烈士

呂烈士基淳，河北景縣人，航校三期畢業，聰穎好學，幼年喜讀歷史故事，心儀革命事業投效空軍，任四大隊二十三隊副隊長。

二十六年抗戰軍興，烈士所屬第四大隊奉命拱衛首都，無役弗與，戰果輝煌。八月二十四日於南京上空擊落日機一架，同月二十六日在天長再擊落兩架，九月四日及七日分別又在上海、太湖各擊落一架，戰果輝煌，獲頒四星星序。

二十七年二月十八日，武漢空戰，日機大舉進犯，遭我四大隊鬥士英勇迎擊，敵機損失慘重。但呂烈士亦於是役中英勇奮戰，不幸被敵擊中殉難。

陳懷民烈士

　　陳烈士懷民，原籍山東，寄居江蘇鎮江。航校五期畢業，天賦聰敏，英姿煥發。抗戰軍興，駐防南京，九月十九日敵機三十餘架空襲首都，烈士起飛迎戰，擊落日機一架。二十七年二月十八日武漢空戰，烈士參戰協力擊敗日機。後飛平路助戰而受傷。又在棗莊上撞毀一架日機後安全跳傘。

　　四月二十九日空戰，日本海軍佐世保航空戰鬥機，三十六架掩護九六重轟炸機十八架來犯武漢。其時烈士舊創未癒，仍升空迎戰，擊落敵機一架後再衝入敵陣，座機遭擊中後失靈，乃加足馬力撞擊日機，同歸於盡，壯烈殉國，時年二十二歲。

武漢四二九空戰，陳懷民撞向敵機同歸於盡。（梁又銘油畫，收錄於中國空軍抗戰史畫，1947年）

上：①劉粹剛②高志航③樂以琴
中：④閻海文⑤沈崇誨⑥王天祥
下：⑦李桂丹⑧呂基淳⑨陳懷民

附錄：一九三七年抗日空軍英烈名冊

七月

李永發	廣東	1915.01.	中央航校6期乙	6大隊4中隊准尉見習員	道格拉斯407	714飛杭州校正機槍途中遇雨氣候惡劣觸廣德牛山失事殉職。
蒙術	廣西	1912.12.	中央航校5期	廣州分校少尉飛行教官	霍克II	729廣州訓練飛行因天候不佳雲中兩機互撞殉職。
徐先定	湖南	1915.	中央航校6期	廣州分校少尉飛行教官	霍克II	729廣州訓練飛行因天候不佳雲中兩機互撞殉職。
容兆明	廣東	1912.12.	旅美華僑飛行員	廣州分校少尉		1937年廣東飛行失事殉職。
劉文耀	廣東		廣東航校7期	少尉		1937年咸陽飛行失事殉職。
葉毓靈	廣東		廣東航校7期	少尉		1937年咸陽飛行失事同殉。

1937年7月份，合計犧牲飛行員6人。

八月

劉署藩	山東	1916.11.	中央航校5期	4大隊21中隊少尉隊員	霍克III2105	813日機筧橋空襲油盡觸樹；頭部撞擊傷重致死。
梁鴻雲	山東	1913.09.	中央航校2期	5大隊24中隊上尉副隊長	霍克III2410	814上海炸敵艦遭日機奇襲人機俱毀陣亡。
任雲閣	河北	1913.12.	中央航校6期乙	2大隊9中隊准尉見習員	諾斯羅普輕轟907	814上海炸敵艦後座中彈陣亡。前座祝鴻信分隊長傷臂安返。
李傳謀	湖南	1914.01.	中央航校6期	2大隊14中隊少尉隊	諾斯羅普輕轟1408	814上海炸敵艦座機中彈返航於常州墜機殉國。
馬興武	山東	1912.02.	中央航校3期	8大隊30中隊中尉隊員	馬丁重轟3006	814夜航惡劣天氣墜於江西臨川，正駕駛。
張錫祜	天津	1911.04.	中央航校3期	8大隊30中隊中尉隊員	馬丁重轟3006	814夜航惡劣天氣墜於江西臨川，副駕駛。另載組員機械士四人同殉。

聶盛友	廣東	1912.10.	廣東航校6期	7大隊16中隊少尉隊員	可塞偵察3102	815上海炸敵司令部頭部中彈陣亡。副駕駛汪漢淹駕機回溧縣。
劉維權	河北	1915.09.	中央航校6期乙	9大隊26中隊准尉見習員	許萊克攻擊2603	815曹娥空戰後座重傷陣亡。前座張光蘊輕傷迫降安返。
黃保珊	江蘇	1912.08.	中央航校3期	暫編32隊中尉分隊長	道格拉斯118	816曹娥空戰空中起火陣亡。
吳紀權	安徽	1912.09.	中央航校4期	暫編32隊少尉隊員	道格拉斯118	816曹娥空戰空中起火後座同殉。
桂運光	江西	1915.	中央航校6期	6大隊3中隊少尉隊員	道格拉斯303	816轟炸上海虹口敵司令部，遭高砲擊中陣亡。
黃文謨	安徽	1914.02.	中央航校6期乙	6大隊3中隊准尉見習員	道格拉斯303	816轟炸上海敵司令部遭高砲擊中迫降，後座傷重最後不治陣亡。
盧敏	大連	1916.02.	中央航校6期	9大隊27中隊少尉隊員	許萊克攻擊機	816蚌埠起飛發動機故障墜機殉職。
李潔塵	瀋陽	1914.06.	中央航校6期乙	9大隊27中隊准尉見習員	許萊克攻擊機	816蚌埠起飛發動機故障墜機後座殉職。
閻海文	遼寧	1916.06.	中央航校6期	5大隊25中隊少尉隊員	霍克III2510	817轟炸上海虹口兵營遭高砲擊中跳傘，斃敵數人後自戕殉國。
沈崇誨	江蘇	1911.06.	中央航校3期	2大隊9中隊中尉分隊長	諾斯羅普904	819炸長江口外敵艦座機故障人機同撞敵艦未中殉國。
陳錫純	湖南	1916.	中央航校5期	2大隊9中隊少尉隊員	諾斯羅普904	819後座人機同撞敵艦未中殉國。遺體後被發現浮於江面。
吳可強	陝西	1913.09.	中央航校5期	4大隊22中隊少尉隊員	霍克III	820安徽廣德空戰中彈著火機毀人殉陣亡。
滕茂松	安徽	1917.12.	中央航校6期	5大隊25中隊少尉隊員	霍克III	821楊州遭襲不及起飛被炸傷重殉國。
王天祥	浙江	1909.11.	中央航校1期	4大隊上尉大隊長	霍克III	822上海空戰座機遭敵擊中墜地殉國。
秦家柱	湖北	1912.08.	中央航校4期	3大隊17中隊少尉分隊長	波音281 1702	823上海吳淞口上空激戰陣亡。
高謨	江蘇	1912.	中央航校5期	6大隊15中隊少尉隊員	費亞特	825炸虹口楊樹浦敵陣地遭高砲擊中，臨安迫降傷重不治殉國。

王志愷	河北	1916.02.	中央航校5期	暫編34隊中尉分隊長	霍克II2304	825寶山南翔空戰遭敵擊中著火跳傘，墜敵陣地殉國。
張俊才	湖南	1913.10.	中央航校4期	9大隊26中隊少尉分隊長	許萊克2607	825攻擊羅店敵登陸部隊座機受傷歸航，天黑觸山機焚殉國。
洪冠民	廣東	1914.12.	中央航校6期乙	9大隊26中隊准尉見習員	許萊克2607	825攻擊羅店敵登陸部隊座機受傷歸航，天黑觸山，後座機焚同殉。
任松齡	河北	1915.05.	中央航校6期乙	9大隊27中隊准尉見習員	許萊克2702	825攻擊敵艦登陸部隊後座中彈陣亡。前座張旭副隊長迫降敵陣重傷歸隊。
李文韶	吉林	1913.08.	中央航校6期乙	9大隊27中隊准尉見習員	許萊克2708	825攻擊敵艦登陸部隊後座中彈陣亡。飛機中彈累累前座楊道古歸降杭州。
許算炳	安徽	1914.02.	中央航校5期	2大隊11中隊少尉隊員	諾斯羅普904	826廣德起飛夜炸敵艦時誤觸棚廠失事。後座6期乙　楊壽之翻身而出平安。
彭仁忭	山東	1913.06.	中央航校6期	6大隊3中隊少尉隊員	道格拉斯410	826赴上海炸日軍返航遇襲陣亡於臨安。
汪雨亭	江西	1913.02.	中央航校2期	2大隊11中隊中尉副隊長	諾斯羅普	829廣德起飛夜炸敵艦起飛機翼觸地失事。炸彈爆炸殉國。
侯耀先	黑江	1912.09.	中央航校5期	2大隊11中隊少尉隊員	諾斯羅普	829廣德起飛夜炸敵艦起飛機翼觸地失事。炸彈爆炸後座殉職。

1937年8月份，合計犧牲飛行員31人。其他烈士計9人。

備註：8月25日，馬丁、亨克機聯合出擊轟炸日艦，回航時1905號亨克機遭日機偷襲機重傷迫降常州。
　　　1903號機被敵擊中著火，正副駕駛薛炳坤、劉煥迫降虹橋機場生還，日機追蹤投彈機焚毀。隨機爆擊士（射手）准尉劉雄基、雲逢增中彈陣亡。機械士茹康忤同殉。
　　　8月31日，日機空襲廣州，空軍第5大隊29中隊機械長黃揚祥冒險發動飛機，被炸中殉國。
　　　8月31日，日機空襲廣州，空軍第18中隊機械士何榮，仍冒險發動飛機，被敵彈炸中殉國。

九月

黃祖武	廣西	1916.11.	廣東航校6期	教導大隊4中隊中尉隊員	道格拉斯	901赴廣州增援機械故障迫降殉職。
譚文	山東	1912.05.	中央航校3期	4大隊21中隊中尉分隊長	霍克III2310	903上海瀏河空戰油箱中彈著火陣亡。

趙乃俊	福建	1913.12.	中央航校5期	9大隊26中隊少尉隊員	許萊克	903由南陽赴許昌大霧觸山失事殉職。
蔡志昌	廣東	1913.02.	廣東航校6期	3大隊8中隊中尉隊員	諾斯羅普	911南京上空俯衝投彈訓練失事殉職。
陳慶柏	廣東	1909.03.	廣東航校4期	6大隊5中隊中尉分隊長	道格拉斯	912赴上海炸敵機故障失事殉國。
黃波	廣東	1909	美國航校中航高級班	6大隊5中隊少尉隊員	道格拉斯	912赴上海炸敵機故障失事後座同殉。（華僑飛行員）
戴用章	江西	1915	中央航校6期乙	6大隊5中隊准尉見習員	道格拉斯	915周家口移防蕪湖起飛失事殉職。
李有幹	四川	1913.11.	中央航校5期	4大隊22中隊少尉隊員	霍克III2506	918炸匯山碼頭敵陣遭高砲擊中殉國。
黃居谷	廣東	1914.12.	廣東航校6期	3大隊8中隊中尉分隊長	飛亞特CR-32	919南京青龍山上空激戰陣亡。
劉熾徽	廣東	1911.07.	美華航校中央航校3	3大隊8中隊中尉分隊長	飛亞特CR-32	919句容上空與敵激戰陣亡。（又名劉龍光）
劉蘭清	廣東	1914.11.	廣東航校5期	3大隊17中隊少尉隊員	波音281	919句容上空與敵激戰跳傘遭擊陣亡。
戴廣進	安徽	1914.12.	中央航校6期	4大隊23中隊少尉隊員	霍克III2709	919句容上空與敵激戰中彈起火陣亡。
梁國朋	廣東	1913.11.	廣東航校3期	暫編18中隊中尉分隊長	舊可塞機4341	921廣州上空敵衆我寡激戰中陣亡。
譚伯勤	廣東	1910.08.	廣東航校3期	暫編29中隊中尉分隊長	霍克III5239	921廣州上空為敵包圍油箱中彈起火陣亡。
梁定苑	廣東	1911.07.	廣東航校6期	5大隊28中隊少尉隊員	霍克III2801	921太原上空敵衆我寡激戰中陣亡。
吳志程	江西	1915.05.	廣東航校6期	7大隊12中隊少尉隊員	可塞機	921太原空戰為敵機包圍擊中墜於城西陣亡。
雷國來	廣東	1912.07.	美僑航校	7大隊12中隊少尉隊員	可塞機	921太原空戰為敵機包圍擊中兩機同墜於城西陣亡。
關孟祝	廣東	1914.01.	廣東航校7期	暫編29中隊中尉分隊長	霍克III5240	922廣州空戰突圍中彈起火跳傘重傷不治，十月五日逝世殉國。
李立強	安徽	1915.08.	中央航校6期	9大隊27中隊少尉隊員	許萊克2703	923飛返安慶，天候惡劣，迫降失事殉職。
齊清源	河北	1914.07.	中央航校5期	9大隊27中隊少尉隊員	許萊克2706	927偵炸平漢路鐵橋為高砲擊中起火墜地殉國。

傅嘯宇	福建	1915.04.	中央航校4期	5大隊24中隊少尉分隊長	霍克III新4號機	928南京空戰中彈墜地重傷不治殉國，十月五日逝世。

1937年9月份，合計犧牲飛行員21人。

十月

周蓮如	廣東	1911.02.	廣東航校3期	8大隊19中隊少校副隊長	亨克機1902	1001漢口警報升空警戒落地時遭友機誤擊，失事墜於臨川殉國。
張吉輝	廣東	1911.01.	廣東航校4期	8大隊19中隊中尉分隊長	亨克機1902	1001漢口警報升空警戒落地時遭友機誤擊，失事墜於臨川殉國（副駕駛）。另載爆擊士（射手）鍾景城、唐級，機械士黃廣利、余秋4人同殉。
喬個	山西	1913.12.	中央航校6期	9大隊27中隊少尉隊員	許萊克2707	1006平型關遇敵機攻擊定縣遭高砲射中殉國。另後座槍手麥振雄同殉。
馬金鐘	河北	1914.11.	中央航校6期乙	5大隊24中隊准尉隊員	霍克III2203	1006南京空戰被敵擊落於青龍山東陣亡。
陳順南	廣東	1911.12.	廣東航校3期	暫編29中隊中尉分隊長	霍克III5250	1007韶關空戰油箱被擊中起火陣亡。
黃元波	廣東	1907.03.	美國航校中航高級班	5大隊28中隊少尉隊員	霍克III2807	1007韶關空戰遭敵圍攻起火中彈陣亡。（華僑飛行員）
曹芳震	湖南	1913.05.	中央航校6期	5大隊24中隊少尉隊員	霍克III2107	1012南京空戰人機重傷墜於江中殉國。
張韜良	河北	1913.	中央航校6期	3大隊8中隊少尉隊員	霍克III2102	1014南京空戰被擊落於六合陣亡。
范濤	吉林	1914.01.	中央航校6期乙	3大隊7中隊准尉隊員	霍克III2207	1014南京空戰被敵擊落於來安陣亡。
蘇英祥	廣東	1913.02.	美僑航校	5大隊28中隊中尉分隊長	霍克III2805	1015山西欣縣空戰遭擊落陣亡。
廖兆瓊	廣東	1911.10.	美僑航校	7大隊31中隊中尉分隊長	霍克II 8號機	1015山西欣縣空戰重傷延至1021傷重不治陣亡。

惲逸安	江蘇	1914.10.	中央航校2期	7大隊12中隊少尉隊員	可塞機3105	1015山西霍縣出擊返航迷途迫降霍縣，加油再起飛不幸觸山失事殉職。
宴文莊	貴州	1914.	中央航校6期乙	7大隊12中隊准尉隊員	可塞機3105	1015山西霍縣出擊返航迷途迫降霍縣，加油再起飛不幸觸山失事後座同殉。
黃正裕	浙江	1910.	中央航校1期	8大隊30中隊上尉隊長	馬丁重轟3003	1014惡劣天氣滿載炸彈夜航上海炸敵，不幸南京起飛撞山，副駕駛。
方長裕	浙江	1909.10.	中央航校2期	8大隊30中隊中尉副隊長	馬丁重轟3003	1014惡劣天氣滿載炸彈夜航上海炸敵，南京起飛不幸撞山，正駕駛。
趙庸	遼寧	1910.	中央航校航炸2期	8大隊30中隊少尉隊員	馬丁重轟3003	1014南京起飛飛滬夜炸天氣惡劣黑暗特甚不幸撞山，航炸員。另通訊員曹春芹跳傘逃生。
張琪	山東	1912.	中央航校3期	8大隊30中隊中尉分隊長	馬丁重轟3004	1014南京飛滬夜炸天氣惡劣黑暗特甚不幸起飛撞山殉國。
魏國志	浙江	1913.06.	中央航校6期	8大隊30中隊少尉隊員	馬丁重轟3004	1014南京飛滬夜炸天氣惡劣黑暗特甚不幸起飛撞山殉國，副駕駛。
李嶽龍	貴州	1913.06.	中央航校航偵2期	8大隊30中隊少尉隊員	馬丁重轟3004	1014南京飛滬夜炸天氣惡劣黑暗特甚不幸起飛撞山殉國，航炸員。另通訊員蔡振東技副同殉。
楊季豪	上海	1914.	中央航校3期	8大隊30中隊中尉隊員	馬丁重轟3005	1023漢口飛滬夜炸右發動機遭敵彈擊傷，單發動機回南京落地機頭下墜起火殉國。
吳範	安徽	1915.	中央航校航炸2期	8大隊30中隊少尉隊員	馬丁重轟3005	1023單發動機落地失事同殉，航炸員。另通訊員袁汝丞技副同殉。副駕駛李懋寅少尉跳傘逃生後截肢。
全正熹	貴州	1912.11.	中央航校2期	2大隊14中隊中尉隊長	諾斯羅普902	1024南京上空遇敵五機襲擊中彈墜地陣亡。
游雲章	湖北	1913.08.	中央航校6期	2大隊14中隊少尉隊員	諾斯羅普902	1024南京上空遇敵五機襲擊中彈墜地後座同殉。

王幹	廣東	1908.02.	中央航校4期	7大隊16中隊中尉副隊長	可塞機602	1025安陽上空遇敵三機襲擊中彈起火墜地陣亡。
王文秀	遼寧	1913.08.	中央航校偵照3期	7大隊16中隊少尉隊員	可塞機602	1025南京上空遇敵五機襲擊中彈起火墜地後座同殉。
丁嘉賢	河北	1913.04.	中央航校6期	7大隊16中隊少尉隊員	可塞機1205	1025安陽偵察遇敵機被擊落於太平崗機毀人陣亡。
韓師愈	江蘇	1912.01.	中央航校6期	7大隊16中隊少尉隊員	可塞機1205	1025安陽偵察遇敵機被擊落於太平崗後座同殉。
劉粹剛	遼寧	1913.	中央航校2期	5大隊24中隊上尉隊長	霍克III2401	1026赴太原夜航油罄觸城樓人機俱焚殉國。

1937年10月份，合計犧牲飛行員28人。其他烈士計7人。

十一月

馮海濤	遼寧	1914.02.	中央航校5期	洛陽分校少尉教官	道格拉斯	1109蘭州上空訓練飛行失事殉職。
柳平亮	湖南	1915.09.	中央航校6期	6大隊3中隊少尉隊員	道格拉斯309	1109宜昌上空練習射擊機故障墜江。後座射手學生張春福同殉。
宋以敬	河北	1914.01.	中央航校5期	2大隊14中隊少尉隊員	諾斯羅普輕轟1405	1111飛東海炸敵艦回航遭敵擊墜海中殉國。
李錫永	河北	1912.10.	中央航校6期	2大隊14中隊少尉隊員	諾斯羅普輕轟1405	1111飛東海炸敵艦回航遭敵擊墜海中後座同殉。
李恆傑	山東	1914.10.	中央航校6期	2大隊14中隊少尉隊員	諾斯羅普輕轟1402	1111飛東海炸敵艦回航遭敵擊墜海中殉國。
彭德明	四川	1914.	中央航校6期	2大隊14中隊少尉隊員	諾斯羅普輕轟1402	1111飛東海炸敵艦回航遭敵擊墜海中，後座同殉。
張益民	廣東		美僑習飛	7大隊12中隊少尉隊員	可塞機605	1111二十餘敵機襲洛陽起飛疏散為敵擊中撞山人機俱毀陣亡。
高志航	遼寧	1908.05.	法國習飛	4大隊少校大隊長	伊-15	1121周家口遇襲情報貽誤不及起機被炸殉國。敵機臨空投彈軍械長馮幹卿仍發動飛機同殉。

1937年11月份，合計犧牲飛行員8人。其他烈士計3人。

備註：11月13日防砲中校營長封成林，在戰事緊急時赴太倉防地視察，於崑山六里橋遭亂兵殺害。

十二月

熬居賢	遼寧	1914.10.	中央航校5期	4大隊23中隊少尉隊員	霍克機	1201敵機空襲江蘇溧水被敵彈擊中陣亡。
樂以琴	四川	1915.11.	中央航校3期	4大隊21中隊中尉副隊長	霍克機	1203敵機襲南京敵衆我寡仍奮勇升空作戰，殉國。
張偉倫	廣西	1912.12.	中央航校6期	6大隊3中隊少尉隊員	道格拉斯	1204湖北宜昌訓練飛行中撞山失事殉職。
林覺天	廣東	1911.12.	中央航校3期	暫編第29中隊中尉隊長	新霍克機2604	1209南昌空戰陣亡。
周光彝	湖南		湖南航訓	第26中隊中尉股長	新霍克機2604	1209南昌空戰後座同殉。
關中傑	遼寧	1913.03.	中央航校5期	第26中隊少尉隊員	新霍克機2606	1209南昌空戰殉國。
楊晴舫	湖南	1916.03.	中央航校6期	5大隊26中隊少尉隊員	霍克III2309	1214南昌遇襲衆寡懸殊機被擊中墜落南昌城南機毀人殉國。
喬志雲	山東	1914.09.	中央航校5期	4大隊23中隊少尉隊員	霍克III2808	1216洛陽飛赴漢中途中遇霧孝義碰山失事人機均落黃河殉職。
涂長安	漢口	1917.01.	中央航校6期	5大隊25中隊少尉隊員	I-15	1225韶關接新機突遇警報冒險起飛在柳州車站為防軍誤為敵機遭擊落殉國。

1937年12月份，合計犧牲飛行員9人。

1937年抗日戰爭初期五個月內，總計犧牲飛行員103人。其他人員（機械士、爆擊士、航炸員、通訊員）計19人。此期間所有可作戰的飛機，幾幾乎消耗殆盡。隨後蘇聯援華的I-15、I-16扮演起重要的角色。中國空軍慘烈的犧牲換取了時間與空間，也粉碎了日本三月亡華的痴夢！

註：《空軍忠烈錄》，空軍總司令部情報署編印，台北，1959.11，何邦立以此為藍本並加考證修正

航空烈士公墓：「捍國騁長空，偉績光照青史冊；凱旋埋烈骨，豐碑美媲黃花崗」。何應欽書。

精忠報國：「英名萬古傳飛將，正氣千秋壯國魂」。蔣介石書。

武漢「二一八」空戰考證
──兼記李桂丹殉國始末

何邦立

史料是死的，人卻是活的，
如何從過往死文字中，發現活的祕密；
經過抽絲剝繭、推論印證的過程，
才能挖掘出歷史背後的真相。
這是史學工作者應有的責任！

蘇聯援華助戰　日俄戰機競爭鋒

一九三七年八月十三日，中日淞滬戰事起，至十二月十三日南京淪陷。四個月內經歷了筧橋、南京、揚州等空戰，及上海、海上等轟炸，初期予日敵以重創，然我空軍原始裝備力量，幾乎亦消耗殆盡，飛行員傷亡也上百，戰況慘烈！此時蘇聯為免遭德日兩面夾攻，為其自身利益，八月二十一日與我國政府簽訂了《中蘇互不侵犯條約》，同意援助I-15（伊-十五）、I-16（伊-十六）戰機數百架，並派志願隊來華助戰，我方則以物質原料來交換。

我國四大隊第二十二中隊、二十三中隊、二十一中隊，亦於九至十二月間分梯隊赴蘭州接受俄製I-15雙翼、I-16單翼機的換裝訓練。面對戰事急速擴張，中國空軍只能一面訓練一面應戰。次年二月初整訓完畢，中旬四大隊奉令移防武漢。

一九三八年初，日方將戰場沿江北上移至武漢，其空中戰力也不斷增強。並改變了戰術、戰略，以九六式艦戰A5M機掩護九六式陸攻G3M轟炸機群，混合編隊成為作戰主體，並將攻擊力量置於各前進指揮基地，對重要目標施以不間斷的轟炸，以期澈底摧毀我方民心士氣，使我空軍疲於奔命，雙方劍拔弩張，空戰一觸即發。

俄機性能是否能抵擋住新九六式艦戰機的威脅，不幸中國領空卻成為日俄雙方武器的競技場。中國空軍健兒的鬥志高昂，忍辱負重，為祖國的存亡，隨時準備碧血灑長空！

空軍重要戰役專冊　錯誤百出不忍睹

《中華民國空軍重要戰役專冊》於二〇〇三年，由空軍總司令部在台北發行，是最新的一本官方出版物。其中有關抗日空戰的部分，因未曾考證與修訂，事過一甲子後再出版，更易誤導大眾，以為就是戰史真相。就以二一八武漢空戰為例，其簡化程度與錯誤百出，更是令人匪夷所思，茲略舉數點分析如後。[1]

一、我方參戰人員達二十九位，但重要人物的遺漏與不翔實，則不可原諒。為什麼第二十二中隊劉志漢隊長跳傘一事，隻字未提？為什麼張光明在纏鬥中遭擊重傷返場，未置一詞？明明雙方戰機纏鬥，怎麼跑出個張明生打下一架輕轟炸機？

二、五百餘字的戰報，敘述架構上未依起飛先後，或接戰的時序來寫，僅是依第二十一中隊、第二十二中隊、第二十三中隊的順序表達，且其中第二十一中隊又是最後加入戰鬥序列的部隊，實屬不合邏輯！

三、武漢大空戰，這等重大戰役，為何戰報中連雙方接戰的高度均無？

四、書中對二一八武漢空戰的戰果敘述為：「本次戰役計擊落日軍驅逐機十一架，轟炸機一架。我軍亦損失慘重，計摧毀戰機五架，受傷二架。大隊長李桂丹、隊長呂基淳、隊員巴清正、王怡、李鵬翔陣亡，分隊長王玉琨負傷。」此次空戰中，明明劉志漢、吳鼎臣兩人跳傘，王玉琨迫降著陸時翻覆，外加我方犧牲五人，也就是說，起碼我方飛機損失超過八架，這是顯而易見的道理，絕非戰果中所說的五架，為何如此離譜？

五、戰報中「大隊長李桂丹率伊-15式機十一架於十三時自漢口機場起飛，在機場西南角，遇敵機十二架，第一編隊戰鬥後，即發生單機格鬥」。全文僅此一句提到大隊長，究竟李桂丹如何犧牲，更是啟人疑竇？

---

[1]　《中華民國空軍重要戰役專冊》，頁47-48，台北：空軍總司令部，2003年。

　　抗戰初期，宋美齡任航空委員會秘書長，經常到南京明故宮機場宣慰出生入死的空軍飛行員，當時勵志社的劉毅夫，相當隨軍記者的身分，除安排照顧宋美齡女士之外，常為文報導空軍英勇殺敵的故事於各大報，以鼓舞民心士氣。來台後將之彙集成《空軍史話》上中下三輯，近百萬言，於一九七五年在台北出書。劉毅夫與高志航、李桂丹、董明德、劉志漢等均為東北人，相互均極為熟稔。《空軍史話》從四大隊成軍，筧橋空戰寫起，唯獨對二一八武漢空戰，如此關鍵之空戰，及李桂丹大隊長的犧牲殉國，僅以「可惜我不在漢口」[2]七字，就一筆帶過，完全不合情理！

空軍抗日戰史　官方原始作戰檔案

　　《空軍抗日戰史》是空軍總部於一九四〇年在成都出版的，空總情報署每日將空軍各部隊，重要的戰情、戰報、戰果資料彙編成輯，直至抗日勝利為止，前後共出版十一輯。這是目前有檔可查，空軍作戰最原始資料，第二輯記載的是一九三八年之戰鬥經過，其中二月十八日武漢空戰的記載如後[3]：

一、十八日司令官張廷孟口授命令要旨如左：（節略）

二、同日五時五十分，據報敵機五架，經株洲向衡陽進襲，第二十八隊副隊長雷炎均領隊，率一式霍機三架，於六時自衡陽起飛，成戰鬥隊形，高度三千公尺〔約九千八百呎〕，在機場上空警戒，我機升空後天尚未明，敵機將至機場，已為我機發現，見敵機八架，分為兩隊，成兩機梯形，係單翼雙發動機之轟炸機，高度八千呎，我機乃開始俯衝，敵尚未知覺，經我機射擊，始倉皇投彈，避入雲中而遁，我機無損，僅毀屋舍一棟，我機因油量關係，未行追擊，七時許三機安全降落機場。

　　該隊格機均奉命暫在南昌警戒，此次應戰乃係衡廠修妥之霍機奉令於學校未派員接收前暫由該隊在衡陽警戒。

2　《空軍抗日戰史》（第二輯），頁96-98，成都：空軍總部情報署，1940年。

3　劉毅夫《空軍史話》（上），頁386，台北：黎明文化，1976年。

三、同日十二時四十分，據報敵驅逐機二十六架，轟炸機十二架，聯合向武漢來襲，我駐武漢空軍第四大隊，大隊長李桂丹，率全大隊E-15、E-16二十九架起飛迎戰，其經過如左：

第二十一隊隊長董明德，率E-16式機十架，於十三時十分自漢口機場起飛，成V字隊形，高度三千五百公尺，至機場西北方，遇敵驅逐機十餘架，成V字隊形，高約四千公尺，當即發生戰鬥，結果擊落敵驅逐機四架，計柳哲生擊落一架，董明德、楊孤帆、柳哲生、二十三隊副隊長劉宗武，共擊落一架。李文庫、楊孤帆、王特謙、韓參共擊落一架。王遠波、龔業悌、王特謙共擊落一架。第二十二隊，由李大隊長率E-15式機十一架，於十三時，自漢口機場起飛，成V字隊形，高度三千公尺，在機場西南角遇敵機十二架，成V字隊形，高約四千公尺以上，敵機之前六架，即攻擊我之前六架，其後六架，則攻我之後五架。第一次編隊戰鬥後，即發生單機格鬥，隊長劉志漢擊落敵驅逐機一架後，因發動機爆炸，乃跳傘，安全落地。副隊長鄭少愚飛機受傷，迫降機場，人無恙。隊員張光明與敵驅逐機格鬥，飛機被敵擊中二十九彈，安全回場。隊員馮汝和擊落敵驅逐機二架，隊員張明生擊落敵輕轟炸機一架，吳鼎臣擊落敵驅逐機一架後，因見我機一架為敵驅逐機攻擊，即行往援，適前方一機轉頭，遂致相撞，乃跳傘，機毀人安。

第二十三隊隊長呂基淳、率E-15式機八架，於十二時四十五分，由孝感起機，飛漢應戰，我機成V字隊形，高度三千公尺，至漢口機場之北，見敵驅逐機五、六架，與我二十二隊數機酣戰中，當即赴援，發生混戰，結果副隊長劉宗武、隊員信壽巽，各擊落敵驅逐機一架，分隊長王玉琨，擊落敵驅逐機二架後，旋因受敵三驅逐機圍攻，致方向舵及操縱索悉遭擊毀，機身失所控制，迫降漢市東北隅田野間，其時敵機復追蹤圍射，幸未擊中，惟著陸時因機身顛覆，致右腿撞傷，人昏迷，我各機戰鬥後，於十三時三十分，始罷戰回降機場。

是役大隊長李桂丹、隊長呂基淳，隊員巴清正、王怡、李鵬翔陣亡，分隊長王玉琨負傷。

　　《空軍忠烈錄》中有關李桂丹烈士武漢空戰記載同《空軍抗日戰史》，但仍缺起飛時間與作戰高度[4]。

在中國空域飛行　武漢空戰外文報導

　　《飛翔在中國上空1910-1950》（*Flight in the China Air Space 1910-1950*），於一九八四年在美出書，作者饒世和（Malcolm Rosholt）於一九三一年間任職上海《大陸報》（*China Press*），為英文日報的記者與編輯，他曾兩度採訪（一九三二及一九三七）淞滬戰事，後回美服務陸軍航空隊，一九四三年飛越駝峰再度回到中國，任十四航空隊的戰地情報官，一九四九年加入陳納德將軍的民航空運隊擔任公關工作。由於其工作經歷及特殊人脈背景，在華期間收集了諸多航空史料，戰後更多方走訪美國各大航空博物館，軍方檔案庫，並與中國航空發展重要關鍵人物及家屬求證，此書圖文並茂，前後涵蓋四十年，對中國早期航空發展，做了翔實客觀的歷史見證。

　　書中第十二章，武漢空戰，詳細記錄了二一八、四二九、五三一，三次大空戰，茲節錄二一八空戰中兩小節文字，以饗讀者如下：

The 22nd Squadron, led by Captain Li Kwei-tan, the group commander with 11 E-15s in V formation took off from Hankow airfield at 1300 hours. When they got to a height of 3,000 meters they spotted 12 enemy planes on the southwest also in V formation about over 4,000 meters high. The first 6 enemy planes in the formation attacked the first 6 planes in our own formation and the other 6 enemy planes attacked on our flank. After the formation was broken off, individual dog-fight followed. As a result, Lt Liu Tse-han, the squadron leader, shot down one enemy fighter but owing to engine trouble he bailed out and safely landed. The machine of Lt Tseng Shao-yu, the deputy commander was hit and was force-landed, but the pilot was unhurt.

In the dog fight with enemy fighters, Lt. Chang Kwang-ming, pilot officers plane, was hit by 29 bullets but he returned to his base safely. Lt. Feng Ju-ho, pilot officer, shot down

---

[4]　《空軍忠烈錄》（上），頁138-141，台北：空軍總部情報署，1959年。

two enemy fighters while Lt. Chang Ming-sheng, pilot officer, shot down one. After having shot one enemy fighter, Lt. Wu Ting-cheng, discovered that one of our own fighters was attacked by enemy planes and he went to the help. Unfortunately the plane in front of him made a sudden turn. The collision crashed his plane, but he bailed out unhurt. [5]

　　若比對《飛翔在中國上空1910-1950》與《空軍抗日戰史》兩書，則可發現這兩段一模一樣，只是一是中文，一是英文。換言之，饒世和的武漢空戰，取材自最原始的中方作戰記錄，經英譯而成。其中記錄了第二十二隊隊長劉志漢在二一八空戰中，擊落二敵機後，引擎故障，跳傘人安。副隊長鄭少愚被擊，迫降人安。隊員張光明與敵纏鬥，挨了二十九彈仍安全返場。馮汝和擊落敵機二架。張明生擊落敵機一架（但並未提及輕轟炸機）。吳鼎臣的——撞機跳傘人安。唯對李桂丹大隊長與敵接戰情況，則完全沒有提到！

　　《飛翔在中國上空1910-1950》英文原著出版三年後，中譯本由空軍總司令部以《中國航空史話》[6]為書名發行，該書並經曾任中美航空混合聯隊中方第三大隊副大隊長徐華江先生審定之。

劉志漢跳傘落水　空中遭射

　　《空軍建軍史話》作者盧克彰，此書於一九七四年在台北出版，書中所描述的武漢「二一八」空戰，引用的原始資料仍是《空軍抗日戰史》，兩者幾無不同。唯補充了兩段，一是地面多人目擊李桂丹犧牲經過，二是詳述劉志漢空中跳傘經歷，茲摘錄如後[7]：

　　二十二隊隊長劉志漢眼明手快，一個小轉彎，找到一個好位置，就把跟他「纏」在一塊兒的鬼子機兒打了下去。但是他的發動機也給命中爆了炸，他當即跳傘，想不到另外還有兩架敵機跟著降落傘在他四周轉，子彈像電子似的落

5　Malcolm Rosholt, *Flight in The China Air Space 1910-1950* Rosholt, WI: Rosholt House, pp. 93-94. 1984.

6　《中國航空史話》（台北：空軍總司令部譯印，1989），頁190-192。

7　盧克彰，《空軍建軍史話》（台北：空軍總司令部政戰部，1974年），頁195-200。

在他身邊，他們那種以射殺降落中飛行員為樂的卑鄙殘酷行為，在戰場上已是屢見不鮮，劉志漢身不由己的吊在降落傘下面，本來還可以苦中作樂欣賞一下敵機「空爆」的奇觀，但見到兩架敵機在對他開火時，他當時靈機一動，敵機三番兩次的兜著他射擊，不過是叫他死，那麼就裝死吧。於是他低下頭，垂下手，任著風向飄蕩；敵人還不肯相信，飛得很近，它那漆著醜惡的紅膏藥的翅膀幾乎碰到了他身體，仔細的察看了一番，才放心地飛去挨我在上面等候著的飛機的揍了。劉志漢吉人天相，九死中得一生，他落在城郊的一片水池裡，幸虧水深只及膝部，僅僅受到一點微傷。

大隊長李桂丹的飛機和他自己也受了傷，他很鎮靜的駕機迫降，機場邊壕溝中躲著的機械人員，都看到他的飛機降落得很正常，也沒有人知道他是否負了傷，大家認為即使負傷的話，也不會太厲害，因為從他操縱飛機的情況上判斷，他的身心，都在常態中。但是出人意料的，他的飛機在離地還不到二百公尺時，突然爆炸焚燒了起來，根據推測，他的飛機一定是被擊中要害，如果再遲幾分鐘，等飛機落地，他離開飛機後，再爆炸的話，就不會有問題了。

中國空軍一位最年輕，最勇敢的大隊長，二十五歲的李桂丹，就這樣壯烈的成仁了。

二十三中隊的隊長呂基淳，隊員巴清正、王怡、李鵬翔，也同在這一役中陣亡。在短短十二分鐘的空戰中，擊落了敵驅逐機十三架，轟炸機一架，這是世界空戰史上沒有前例的。敵空軍王牌飛行員金子隆司大尉，也在這一役中，乘「火機」進入了長江。

《空軍建軍史話》是空軍總部政戰部的出版物，作者調整修改了第二十一隊的起飛時間，及接戰的順序；第二十一隊十架E-16在上午十時三十分由武漢起飛，二十二隊由李桂丹大隊長率領的E-15則仍是下午十三時由武漢起飛迎敵，二十三隊的E-15午後十二時四十分由孝感南飛迎戰，其餘戰情戰果與《空軍抗日戰史》無異。

如此看來，好像上下午兩場空戰，中間且間隔二個半小時，不合情理。此其中最大的自我矛盾，則是二十三隊副隊長劉宗武與第二十一隊的董明德、楊孤帆、柳哲生共同擊落一架日機，為什麼會如此時空錯亂？究竟有何隱情？

　　成都版的《空軍抗日戰史》是依戰情的第一手資料匯編而成，但大隊長李桂丹的犧牲全無著墨，本就令人起疑。三十餘年後的《空軍建軍史話》卻出現多位目擊證人，看到大隊長座機低空被擊爆炸，機毀人亡；是否這才是真相？此外明明第二十一隊十機最後到場，收拾清理殘局，卻改寫成上午十時三十分起飛，其動機何在？這些欲蓋彌彰、畫蛇添ww足之舉，更突顯出事實真相有待釐清。

　　一九九〇至一九九二年間，劉文孝編輯的《中國之翼》[8]出版三輯，他面談訪問曾參與抗日空軍的前輩，佐以查證，使這段爭民族存續的中日空戰史，片片段段更翔實的記錄流傳下來。五十年後，老兵逐漸凋零之際，該書在此緊要關頭做了些去蕪存菁的補正工作，實功不可沒。書中對抗日戰爭早期空戰著筆甚多，唯對關鍵的三次武漢大空戰，可能是找不到參戰對象訪談，而完全空白，實屬遺憾！但間接地也反映出當時我方犧牲的慘重。

　　個人曾於二〇〇七年，打電話到舊金山，訪談劉志漢有關其武漢空戰跳傘的經過，曾遭兩架敵機射擊無誤[9]；亦見日寇違反日內瓦公約之卑鄙行徑！

李桂丹才剛起飛　　低空遇襲

　　在武漢空戰六十年後，張光明以參戰老兵身分，將其親身經歷空戰的一手資料，以〈抗日空戰拾粹〉為文，於一九九八年發表於美國《世界周刊》專題[10]，其中「漢口空戰巧事一籮筐」一節，有如下的敘述：

　　一九三八年二月十七日午後四時許，空軍第四大隊李桂丹大隊長突奉命飛離老河口訓練駐地，第二十一中隊（中隊長董明德，俄製E-16機），第二十二中隊（中隊長劉志漢，俄製E-15機）進駐漢口王家墩機場。第二十三中隊（中隊長呂基淳，E-15機）進駐漢口北方的孝感機場。

　　十八日凌晨三時餘，傳來敵機空襲漢口情報，全體即刻整裝進入機場，由

8　劉文孝，《中國之翼》（台北：中國之翼出版社，1990）。
9　劉志漢將軍電話訪談，何邦立於美國舊金山，2007.08.14。
10　張光明，〈抗日空戰拾粹〉，美國洛杉磯《世界周刊》，1998.08.09。

大隊長作戰指示與作戰編組。總領隊大隊長編組為四架E-15型飛機，二號機為副隊長鄭少愚，我是三號機，四號機為巴清正，為第一編組群，第二十二中隊為第二編組群，第二十一中隊為第三編組群，任支援掩護。高度為六千～八千公尺。第二十三中隊為第四編組群，由孝感飛來加入戰鬥行列。

　　至當日午時餘，在緊急警報中起飛，總領隊四架編組群，起飛不及三分鐘，高度僅千餘呎，（其餘編組群尚在陸續起飛中）。我即發現後上方高空有敵機群，乃迅速靠近總領隊機，以手勢示警。此時四機編組，仍以大仰角搶升高度，在此同時，敵機十餘架已由後上方衝下，接近近射距位置。情況如此，十分不利，立即作側滑飛行以避中彈。遭第一次攻擊，即見總領隊即刻著火下墜，二號與四號機，同時均成螺旋狀態而下墜，我未中彈，隨即陷入敵圍攻中，展開單機與敵多機的生死戰鬥。在遭輪攻的情況下，沒有還擊餘地，乃採連續性的大動作特技翻滾飛行，冀求避免在圍攻中彈，以待友機支援解圍。

張光明中彈上百　幸運返場

　　被圍攻十餘次後，環視周圍空際，僅剩有三架敵機，居高仍輪攻不捨。此時相戰高度，僅有百餘呎，無法再作大動作飛行，只有繼續多變化飛行，使飛機每秒均不在直線軌跡上運動，以閃避攻擊，並向敵機反擊。（按E-15速度雖慢，其靈敏性尚優越，火力亦強），相互纏鬥正在機場與漢水之間上空，當時心想，沒有友機解圍，也無地面火力支援，即使不被打下來，恐亦會被三敵機逼至地面，乃決心採對頭攻擊。（上海南京諸多空戰，每次遭遇，均是敵眾我寡，由於日本九六式機性能佳，速度快，火力亦強，空戰中予取予求，絕不採用「機會均等」的對頭戰法），當稍作平直飛行取得速度時，果由後上方衝下一敵機，我在適當距離，猛然反轉作仰角對戰，敵機升高脫離，我加大速度隨之升高，作有效的一擊，敵機冒出白色煙霧，顯被擊中。在攻擊之同時，我未能察覺，有一敵機由後下方跟蹤偷襲，我機左下翼與座艙下前方子彈箱頓時「開花」，飛機有失去平衡態勢，此時冒煙敵機搖擺機翼集合另二敵機，迅沿江東去。（後來消息，該三機其中一架，迫降於馬當北岸），我的左下機翼，有斷裂危險，立即減小速度傾傾斜斜的迫降於機場。

　　經檢查，飛機中彈二百一十九發，中彈部位均在下翼與機腹部，最危險的三枚子彈，仍留在保險傘座墊內，若再高半吋，我的臀部即將「開花」。尤其令人驚奇的，在雙腳中間前面的子彈箱開了花，和機腹兩側中彈多發，而雙腳及腿，竟未中彈損傷，如此情況，除了幸運還是幸運了。

　　四機編組中的二號機鄭少愚，在敵機第一波攻擊時，即中彈翻滾而下墜，緊急迫降在機場，經檢查後，僅中一彈，竟打斷方向舵的操縱索，飛機立即失去操縱作用，其「巧」真令人稱奇。

　　另有第四編組群，第二十三中隊由孝感飛來參加戰鬥，出敵不意的來了一股奇兵，先期空戰中，敵機已失去高度，被這股奇兵擊落數架。其中有關二十三中隊信壽巽，在空戰中緊迫追擊敵機，因距離過近，擊中敵機後，敵機漏出滑油，塗滿信機的風檔，而失去視界，終致無法繼續戰鬥，亦屬空戰中少有的鮮事。

　　二〇〇六年北京出版的《浴血長空》一書中有關二一八空戰，李桂丹的領隊機群，在起飛三分鐘，高度一五〇〇呎繼續爬升中，遭日機從後上方偷襲……李因而犧牲。至於鄭少愚座機中彈螺旋下墜，他拉起飛機與敵周旋，遭三架日機圍攻反復十二次，最後他擊傷一架，駕著中彈二一〇多發的座機，迫降漢口。文中把張光明誤做鄭少愚！[11]

　　《空軍抗日戰史》、《空軍建軍史話》、《飛翔在中國上空一九一〇～一九五〇》三書所載，張光明座機中彈數皆二十九發，這應是筆誤。作者親訪張光明查證，以二一九發為準。[12]

李桂丹殉國始末

　　在「二一八」武漢空戰中，張光明是李桂丹領隊機組的三號機，漢口機場第一批起飛迎敵，因此他也是空戰現場的當事人及目擊證人。在六十年後，張光明為文詳述當時的遭遇細節，終使李大隊長的犧牲，得以水落石出，真相大白。

---

[11] 陳應明、廖新華，《浴血長空——中國空軍抗日戰史》頁76-81，北京：北京航空工業出版社，2006年。

[12] 張光明將軍訪談，何邦立於美國洛杉磯，2008.08.14。

　　李大隊長為第一梯隊的領隊機組長機，二號機鄭少愚副隊長、三號機張光明、四號機巴清正，於十三時甫從漢口王家墩機場起飛，三分鐘後高度一五〇〇呎在機場東北角，突遇日機多架從後上方奇襲，僅一回合，三機均被擊中，長機起火，二號、四號機螺旋下墜，三號機張光明踩舵向左側滑逸出，幸運的未中彈，躲過第一波攻勢。

　　李桂丹的犧牲，不禁令人憶起三個月前，高志航大隊長在周家口不及起飛，被炸殉國的往事，相較之下，李桂丹不過多爭取了三分鐘、一五〇〇呎高度，以身殉國的結局，則無兩樣！究竟孰令致之？這反映在《空軍抗日戰史》的原始檔案，就已語焉不詳。至於《中華民國空軍重要戰役專冊》更刪除重要當事人，就是不欲人知真相！

　　張光明在抗戰期間，七次受傷二度跳傘，他用鮮血在藍天寫戰史，他參與了「八一四」筧橋空戰、「八一五」南京空戰、「二一八」武漢空戰、「四一〇」台兒莊空戰、「五三」重慶空戰等所有的重大戰役。但他卻感嘆的說：「為何官方戰史記錄，與他的親身經歷，有著如此大的差距？」此時我才體會到張老將軍心中的痛！

　　歷史必須存真，還原真相刻不容緩！

（作者為航空史研究、美國航空太空醫學專家）

　　該期580號編輯室手記，成嘉玲社長寫道：「戰史當然也記載著各種可歌可泣的英勇事蹟。但戰史若記載不全、謬誤、甚至有意曲解，只會教先賢先烈的奉獻湮沒在故紙堆裡。當年，中國空軍以劣勢裝備，抗擊亞洲的海空第一強權。根據何邦立先生的考證，國軍官方的戰史記載部分語焉不詳及錯誤；而那些戰史沒提到的地方，則充斥著外行領導內行的疏失」。

　　成社長真是史家之筆，一針見血，「戰史沒提到的地方，充斥著外行領導內行的疏失」；由於是雛鷹初翔，個人實不忍苛責，亦深感無奈！又及。

（本文發表於《傳記文學》580號，第97卷3期，頁17-24，台北，2010.09）

武漢「二一八」空戰考證

──誰擊落了金子隆司？

何邦立

中日雙方戰果，難免為士氣宣傳而灌水，

應以實際犧牲人員，逆向交互檢查雙方戰報，

佐以參戰者證據，逐步還原歷史真相，使之水落石出。

此民航客機失事調查中，必用之交替檢查驗證法，

對戰史真相的還原，有其意想不到的效果！

二一八武漢空戰日方檔案記錄

據日本防衛廳研修所戰史室檔案資料[1]披露如後：一九三八年二月十八日武漢空襲任務，由日本第三空襲部隊負責，其下海軍第一聯合航空隊所屬木更津航空隊及鹿屋航空隊，由南京起飛十五架中攻G3M1型機（九六式陸基中型轟炸機）執行。同時由日本第一空襲部隊，所隸海軍第二聯合航空隊，抽調其第十二航空隊、十三航空隊，各六架艦攻A5M1（九六式艦戰機）由南京大校場機場起飛，擔任轟炸護航任務。

依戰鬥機出勤時間（日本時間）記錄顯示如下：

九時十五分：十二架艦戰機從南京基地（代號P）起飛。十時〇〇分：蚌埠練兵場機場落地加油待命，其中一架（十二空）因故障中止任務。

十二時十五分：十一架A5M1戰鬥機與十五架G3M1轟炸機空中會合，目標直奔武漢。

十三時五十分：全抵漢口上空。

十三時五十二分：與中方I-15、I-16在漢口機場以西二浬，三〇〇〇米高空交戰。後各機自戰線脫離返航。

---

[1] 「二一八武漢空戰檔案資料」，東京：日本防衛廳研修所戰史室。

十四時二十五分：武湖上空與敵五架I-15、六架I-16遭遇。

十六時二十分：七架A5M1返航南京基地，其中三架途中曾落蕪湖基地。

（注：中日時差一小時，接戰時間相當於中國時間十二時五十二分）

日方戰果：共擊落敵機十四架，犧牲四人，重傷一人。詳見附表。

日本海軍十二、十三航空隊二一八武漢空戰戰果表

編組	機員		擊落	合擊	射擊（發）	備註
D1-1	金子	大尉				失蹤
-2	橋本	二空曹	2	1	700	
-3	早川	三空曹				失蹤
D2-1	宮本	一空曹				失蹤
-2	相曽	二空曹	1		200	人重傷　機輕傷
D3-1	森	一空曹	3		450	油箱遭擊中　二架I-15互撞
-2	金子	二空曹	2		250	油箱遭擊中
-3	濱田	一空兵				失蹤
D4-1	小林	二空曹	2*	1	600	機輕傷　轟炸機
-2	南	三空曹	2井	1	600	井　一架I-16
-3	井芹	一空兵	1	1	800	

另武漢空襲空戰經過略圖。[2]

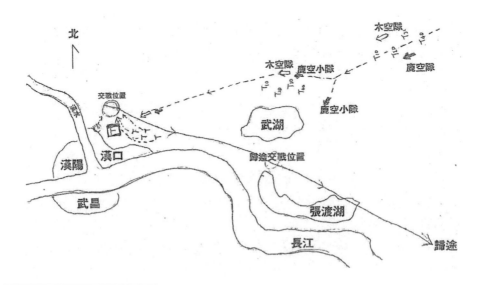

2　昭和十三年二月十八日武漢空戰經過略圖，張文，2008.10.20.電傳。

日本海軍十二航空隊歸航戰報[3]

第一小隊二號機橋本（Hashimoto）二空曹報告：

十三時五十二分瞥見中國飛機編隊從機場起飛，在環顧無追擊者狀況後，俯衝而下攻擊，僅一回合，在一五〇〇米高度擊落一架I-15機，也衝散了對方隊形，隨後進入個別纏鬥。我追擊另一I-15機至四〇〇米高度，接近至二〇米距離，正要開槍射擊時，見敵機墜向揚子江。我接著又爬升回一五〇〇米高度，見機尾4-133編號的四小隊二號機南義美會合，航向機場東北方，這時看到中國飛行員的降落傘飄降中，並射擊之。回航時發現右上方有一友機與兩架I-15纏鬥，我也加入戰鬥，此時目視四小隊長機小林擊中一架I-15，冒出白煙，高速下墜，這架I-15試圖迫降，但在觸地瞬間翻覆。

歸途路過武漢，見三架I-15及一架I-16敵機，因油量不足又缺子彈，急避之。最後於十五時四十五分落南京基地。

橋本自述中，未提及其長機總領隊金子隆司大尉（Lt Kaneko Takashi）及三號機早川廣治（Hayakawa Hiroji）二空曹的下落。

第二小隊二號機相曾幸夫（Aiso Yukio）二空曹的報告：

十三時五十二分看到一架I-15在機場西北角，他對著該機猛衝過去時，瞥見右側有兩架I-15爬升中，即刻轉向，向其中一架拉近距離，並攻擊之，射了兩百發子彈將之擊落。隨後發現有敵機自後追蹤，在緊急爬升左轉時，胸、臀遭槍傷，並失去知覺，飛機進入俯衝狀態，幸運的在一五〇〇米處恢復知覺，將飛機拉平改出後，勉強的操控飛機，飛回蕪湖基地，於十五時三十分落地。

檢查3-159號機發現：左翼尖及機尾各被擊中兩彈。機身中彈三發。二發

---

[3] "Verification of historical accounts"（歸航戰報），張文，2008.09.13.電傳。

在右側機身，其中一彈射入座艙罩。左側一發射穿座艙罩留下二彈孔。顯然的兩顆子彈從後方入艙，造成相曾的槍傷，一顆傷及左大腿臀側，顯然當時相曾上身正做右轉動作，另一顆子彈穿擊機身時，動能已低嵌入右胸。

相曾亦從未提及其長機宮本繁夫（Miyamoto Shigeo）一空曹被擊落情形。

總結：十二航空隊參戰五人，失蹤三人，重傷一人。

日本海軍十三航空隊歸航戰報[4]

第三小隊長機森貢（Mori Mitsugu）一空曹的報告：

在飛機場北方三浬、三五〇〇米處，瞥見一群敵機，正準備掉頭去追，隨後看到一架 I-16 在右側爬升，即刻轉頭追趕射了五十多發子彈。再繼續爬升攔截空中一群敵機。當追擊一架I-15時，另一架I-16向我對頭開火。在空中轉了兩圈，瞥見一友機追擊其右下方之I-15機，我俯衝向I-15開火後，急速拉升，此時聽到一聲巨響，兩架I-15互撞。

爬升後遇兩架I-16，一從右上方，一從對頭來的攻擊，而周遭全是敵機。混戰中，我在爬升轉彎動作追逐一架I-15時，瞥見另一I-15在追擊友機，我立刻放棄原目標趕來相助，突然眼前一架I-15正在爬升，即刻開火，但見該機冒著黑煙而逝。交戰五－六分鐘後，發現座機遭擊中，左翼油箱漏油，此時十四時〇二分我即刻調頭，過武湖時左油箱已空，勉強落在蕪湖（代號Q）基地時，右油箱亦將盡。

森貢並未報告其三號僚機濱田稻雄（Hamada Inao）一空兵的下落。

檢查4-122號機發現：左翼中二彈，一彈穿油箱。機身二彈，從左前方射入，貫穿機身。

第三小隊二號機金子（Kaneko）二空曹報告：

---

[4]　"Verification of historical accounts"（歸航戰報），張文，2008.09.13.電傳。

看到在漢口機場西北方二浬處，高度三〇〇〇米，有六架I-16正在爬升中，我即刻拋棄副油箱備戰，但未能成功，反落在三號僚機濱田之後；隨後一架敵機I-15迎面而來，兩人進入纏鬥，在做觔斗時，咬到敵機尾巴，射了八十發子彈，I-15被擊中後，向右滑逸逃走。我又爬升從新取得作戰高度，再遇另一I-15追纏，三個觔斗後，在非常接近的距離下開火將之擊落。此時我感覺到座機遭後方敵機擊中，漏油入機艙，幾無法飛行，勉強回南京P基地，落地時只剩十升汽油。

檢查4-125號機發現：被擊中三處，二發子彈近機尾，貫穿傷，但未打斷尾舵操控索，一發擊中右翼內油箱，散片殘留油箱內。

第四小隊長機小林（Kobayashi）二空曹報告：

十三時五十分瞥見漢口機場二浬處有十二架I-15，再遠處另有六架I-15，滿天敵機，但我機高度略高一〇〇米。在十分鐘激戰中，擊落兩架I-15，此時移光見西方一〇〇〇米處兩機對打，我向西方追敵五分鐘，突見九架敵重轟炸機向東飛，我由下方攻擊，射了一五〇發，轟炸機逃逸，又補了二〇－三〇發子彈，好像擊中敵機，腹艙門脫落，由於轟炸機群密集火網，我被迫離開。隨後加入一小隊的橋本，擊中一架I-15，該機似失動力滑降，我一直追擊至子彈打光為止，但見該機於著陸翻覆後才返航。回程過武湖上空時，見六敵機避開之，回到南京基地（P）已十六時。

檢查4-119機發現：左翼尖兩處彈傷。

二號機南義美（Minami Yoshimi）三空曹報告：

十三時五十二分見敵編隊，協助長機擊落一架I-15，然後在武湖上空與二架I-15接戰，在三號僚機井芹的協助下擊落一敵機，隨後兩人加入橋本，追擊一架I-15。連追五分鐘無法追近。回程在張渡湖上空碰上I-15及I-16各一架，並擊落該I-16機。此時右機槍卡彈，左機槍彈盡。歸途中後遭I-15及I-16各一追擊十分鐘，回到南京基地落地時已十六時。

三號機井芹（Izeri）一空兵報告：

十三時五十二分見敵機編隊，隨長機與二架I-15纏鬥，一機漸失高度墜毀，一機逃走。此時瞥見漢口機場北方，兩機交手。遂亦加入戰鬥，在機場東邊二浬處，一五〇〇米高將該I-15擊落。隨後看到降落傘，與橋本追射之。後看到南義美在機場西南方三浬處與二架I-15格鬥，就趕往支援，合力擊落一架，子彈射光後才回航。在張渡湖西南一浬處，被三架I-15及I-16追打，我以佯攻方式脫身，十六時三十分落南京，最後回上海基地加油。

總結：十三航空隊參戰六人，失蹤一人。

交互檢查雙方戰果見真章

日方戰果顯示，共擊落十四架I-15，另一架可能擊落兩架I-16和一架CB-2轟炸機，自己犧牲四人，重傷一人。比對中方戰果，是役擊落日軍驅逐機十二架，轟炸機一架，我方損毀戰機五架，受傷二架，犧牲五人，負傷一人。為何雙方數字如此南轅北轍？

排除戰時雙方刻意擴大戰果，以鼓舞民心士氣因素外，當時科技水平，並無照相槍等設備，要查證實屬困難，因此多憑當事人證詞，外加友機佐證，唯其客觀性較差。有時擊中敵機，冒出黑煙或白煙，或見敵機下墜，進入螺旋狀均被認定擊落。事實上可能僅是擊傷，卻能僥倖生還。理論上應以飛機殘骸來確認，然實務上亦有其限制，諸如擊中後最終墜入叢山或落水（海）或找不到殘骸……

因此雙方戰果分析，應以雙方實際犧牲人數為準，逆向交互檢查雙方戰報，佐以參戰者證據，逐步還原真相，做法有如民航客機失事調查中之交替檢查驗證（Cross examination）[5]，使真相終能水落石出！

5　何邦立，〈南非航空SA-295之失事調查聽證經驗〉《中華民國航空醫學會刊》9：1，頁57-60，1995。

　　從日方二一八武漢空襲空戰經過略圖中，各小隊成三機戰鬥隊形（僅二小隊兩機編隊），十二空的一、二小隊前後護衛木更津轟炸大編隊在前，十三空的三、四小隊在後護衛鹿屋空轟炸機編隊。四個小隊呈菱形編組，但前後間距因轟炸機群編組而拉大。此可從十二空及十三空歸航戰報中，十三時五十二分看到我方戰機位置、高度、爬升狀態中得知。雖然《空軍抗日戰史》記載不夠完整，但印證了參戰者張光明的第一手資料，雙方接戰狀況可釐清如下：

　　第一小隊三機於十三時五十二分在機場東北角俯衝而下，突襲我第一梯次剛起飛爬升中的四機，二號機橋本以為擊落了我方二號機（鄭少愚），只一回合，後就改為個別纏鬥。相對應的我方三號機張光明最早發現日機由後上方突襲（從停機坪開車滑行起飛三分鐘，高度一五〇〇呎），並目擊領隊機李桂丹被（金子大尉）擊中，冒黑煙起火。同時看到二號機鄭少愚被（橋本）擊中失控下墜，四號機巴清正被（早川）擊中，飛機呈螺旋狀墜落。張光明在第一時間蹬左舵滑出，感到子彈在右機翼外側劃過，隨後遭三機不斷的追逐……。由於剛起飛三分鐘，對照《空軍建軍史話》中，多位機場維修地面目擊證人，看到大隊長（第一架領隊機）被擊中起火的敘述相符，與張光明所述不謀而合。

　　張光明敘述：我方第二梯次起飛的是二十二中隊長劉志漢隨後率七機起飛（《空軍抗日戰史》則是記為李桂丹率二十二中隊十一機迎戰），由於日方第二小隊二機，在相關位置，距離上在第一小隊之後（接戰時間亦略晚），此可從二號機相曾敘述看到一架I-15（張光明遭擊後），向機場西北方向飛去，同時看到二架I-15正在爬升中（對應《空軍抗日戰史》，這是劉志漢與王怡），相曾擊落了王怡，隨後亦遭擊重傷，而攻擊劉志漢的應是長機宮本，《空軍抗日戰史》中敘述兩人纏鬥中，劉志漢藉著斛斗，咬住敵人尾巴將宮本擊落（日方記錄宮本失蹤未歸），此同時劉志漢亦為另一日機（第三小隊長機森）擊中跳傘。

　　《空軍抗日戰史》中強調，敵機之前六架攻擊我機六架，其後六架攻擊我機之後五架。印證日方資料，第十二空五機奇襲我前六機，其中一小隊三機攻擊我前四機、二小隊二機攻擊我隨後爬升之二機。在第一波攻擊後，我方損失李桂丹、巴清正、王怡，劉志漢被擊中跳傘，鄭少愚遭擊，操縱索故障迫降，張光明飛機中彈二一九發重傷，幸運返場迫降，可謂損失慘重！

吳鼎臣救援不慎撞落友機

在後護衛鹿屋空轟炸機編隊的十三空第三小隊，十三時五十二分看到機場北方三浬三千五百米處一群敵機（此是由孝感南飛的二十三中隊八架I-15），機場西北方二浬三千米處有六架I-16正在爬升中（二十一中隊）。據長機森的證詞：「瞥見友機追逐右下方之I-15（李鵬翔），我亦俯衝而下向I-15開火，因感覺後有追機，遂急速拉升，但聽一聲巨響，兩架I-15互撞（吳鼎臣、李鵬翔）……」，此時高度三千米，日方第三小隊接戰的是二十二中隊後五機。森寫下擊落二架I-15的戰果。

《空軍抗日戰史》中有一段：「……吳鼎臣擊落敵驅除機一架後，因見我機一架為敵驅逐機攻擊，即行往援，適前方一機轉頭，遂至相撞，乃跳傘，機毀人安。」文字內容曖昧，好似吳鼎臣與日機相撞。

在〈憶抗日悲壯歲月〉一文中，吳鼎臣回憶保衛大武漢[6]：

……我猛然看見一架敵機正在緊追我的友機，十分危急，我趕快追到敵機之後，準備向它襲擊，說時遲那時快，我的飛機左翼突然被另一敵機所撞擊，飛機已無法控制，頭朝下向左旋轉，我無法可想，只好用降落傘了，我跳出飛機後，在空中頭朝下腳朝上往下掉，掉到離地面五、六百米的高度時，把傘拉開，平安地降到了地面。

依吳文中所敘，撞的是日機。

在《浴血長空》一書的「武漢大空戰」一節中，則是[7]：

李鵬翔中尉在與日第十三航空隊的一架九六式艦戰的格鬥中處於危險境地，他的隊友武亭純中尉趕來救他，武亭純加足馬力俯衝下來，一下子佔據了敵機的尾後位置，就在武亭純四槍齊發的同時，敵機卻翻身脫離，原來敵機早

---

[6] 吳鼎臣，〈憶抗日悲壯歲月〉，《碧血長空義薄雲天》頁11-16，北京航空聯誼會，2007。

[7] 陳應明、廖新華，《浴血長空》，頁77，北京：2006。

已發現背後的襲擊者，武亭純提防不及，撞上了李鵬翔的飛機，他只好棄機跳傘，而李鵬翔則因為受傷過重，隨座機墜毀犧牲。

此段敘述，不知何故，用的是「武亭純」。是「吳鼎臣」的錯誤音譯？或另有隱情？

十三空三小隊先接戰的是二十二中隊的後五機，由於纏鬥而失去高度，隨後二十三中隊八架I-15趕到加入戰鬥，雙方展開激戰。從二號機金子的證詞，混戰中呂基淳隊長可能遭其毒手。至於三號機濱田失蹤未歸，應是被信壽巽擊落的。《空軍抗日戰史》中僅提及信壽巽擊落敵驅逐機一架，但張光明在〈抗日空戰拾粹〉中有如下記載：「二十三中隊飛行員信壽巽，在空戰中……敵機漏出滑油，塗滿信機的風檔，而失去視界，致無法繼續戰鬥，亦屬空戰中少有的鮮事！」

十三空四小隊長機小林及三號機井芹的證詞，印證我方資料，二十三中隊分隊長王玉琨遭受三機追擊圍攻（小林、井芹、橋本），致使方向舵及操索系遭擊毀，機身失所控制，迫降漢口市東北隅田野間，其時敵機追擊圍射，幸未擊中，著陸時因機身顛覆，致王玉琨右腳撞傷人昏迷。也反映出十三空第四小隊的三機由於殿後，最後進入戰場，接戰的對象已是二十三中隊，此時二十二中隊餘機已脫離戰場。

日方檔案資料披露，四小隊的南義美與一小隊的橋本，曾聯手對中彈跳傘的劉志漢實施空中射擊。無獨有偶的是，四小隊的井芹與一小隊的橋本，也對撞機跳傘逃生的吳鼎臣打空靶掃射。這種違反國際公約，不人道的可恥行為，在日軍可謂司空見慣。雖然我《空軍抗日戰史》在這方面並未著墨，但日軍的罪行可謂是鐵證如山！

總之，二一八武漢空戰，我方前兩梯次起飛的I-15戰機，李桂丹的四架領隊機，及二十二中隊長率的七機，先遭十二空一、二小隊的突襲，後遭十三空第三小隊的攻擊，我機因無高度，被打得抬不起頭來，幾至全軍覆沒，此時由孝感趕來的二十三中隊八架I-15機進場解圍；由於先前戰鬥，至日機亦失高度，遂遭我二十三中隊生力軍的痛擊，一場混戰，雙方互有傷亡，空戰歷時十分鐘，日機迅速脫離戰場。

蘇聯志願隊在二一八當天

　　約十分鐘激烈空戰，日機陸續脫離戰場，回航途中至武湖與張渡湖之間，時間為十四時二十五分，再度遇到數架I-15及I-16機，因限於油量及彈罄，日機能避戰則避之。四小隊的戰報在此有擊落一架I-16的記錄，但中方記錄十三時三十分（日方十四時三十分）全數飛機已落地，那武湖接戰的真相又如何？

　　《浴血長空》一書中，有關蘇聯志願隊在二一八空戰的敘述，解開了事實真相如後。這些俄機是從南昌起飛的，按照志願隊飛行員阿利克謝・德留申（Aleksey Dushin）的回憶[8]：

　　當他們接到警報起飛後，爬升到四五〇〇米高度上，這時他發現機群進入了連綿的積雲，大約十分鐘後，帶隊長機示意掉頭往回飛，當轉彎回來後，他們發現自己下方一五〇〇－二〇〇〇米有三個九機編隊的日本轟炸機，按照日本慣用的高度密集隊形朝武漢方向飛去。幾乎是同時，日本戰鬥機出現在雲上，他們也發現了蘇聯志願隊，立即俯衝下來進行攻擊。三架日機圍住德留申準備下手，他不等敵機開火，搶先一邊掉轉機頭一邊射擊。帶扇面的彈雨命中了其中一架敵機，但這種保命的威脅性射擊命中率不夠，這架日機沒有起火。剩餘的二架九六式艦戰開始向他進逼，德留申操縱飛機左右躲閃卻難以甩掉它們，無奈間德留申只好俯衝下去，試圖以此脫離敵機的追擊，不料剛才他擊中的那架日機已經在下面等著他了，一道流彈直奔他而來，打在飛機後機身上。就在此時，一架I-16突然殺出，這是他的大隊長布拉戈申維斯基，德留申趁著日機和大隊長盤旋之際，猛推桿切半徑插進去，直逼敵機，貼近到二十五米距離上開火，可是沒打幾發後德留申的機槍便沒有彈藥了。不過這架日機顯然還是受了傷，不規則地向地上竄去。隨後搖晃著從德留申的視野中消失了。

　　幾天後，中國軍民報告在當天空戰區域發現了一架日本九六式艦戰，估計就是德留申擊中的。在這次戰鬥中，蘇聯志願隊伊-152中隊指揮官斯米諾夫（N. A. Smirnov）犧牲，他也是在中國犧牲的第二位志願隊員。金加耶夫（A. S.

---

[8]　陳應明、廖新華，《浴血長空》，頁78，北京：2006。

Zingaev）接替了他的指揮。

誰擊落了金子隆司大尉

開戰之初十三時五十二分，第三小隊看到六架I-16（二十一中隊）在漢口機場西北方二浬三千米爬升中，另機場北方三浬，三千五百米有一群I-15機（二十三隊）。第四小隊看到的則是機場北方二浬處十二架I-15（二十二中隊）及更遠處六架I-15（二十三中隊）。整體上中日雙方交戰，是十一架艦戰對上十九架俄制I-15機。在日方記錄，漢口機場上空只有零星I-16的接觸，並無主要格鬥。二十一中隊較二十二中隊晚數分鐘起飛，空戰約十分鐘結束，也就是說二十一中隊十架I-16的六機編隊，在爬升爭取高度中（由機場向東北方向起飛、爬升、左轉，至西北方二浬處），由於並未注意其後下方交戰的二十二、二十三中隊，也錯失了殺敵機會！

二十三中隊較二十二中隊早十五分鐘，從孝感機場起飛，南奔到武漢，約二十分鐘後，剛好抵達加入戰鬥，經過二十二中隊、二十三中隊浴血奮戰，日方亦損失四機、一人重傷、二機油箱被擊漏油，因而不敢戀戰，陸續急速脫離戰場，應該說是第二十三中隊擊退了日機。至於《浴血長空》一書中，同《空軍抗日戰史》所述最後由二十一中隊收拾殘局，結束了戰鬥的敘述是不正確的。倒是二十一中隊是最後返場落地，總共停空時間二十分鐘，全隊並無任何損傷，主力未參與戰鬥，是間接證明。

從日方檔案對應我相關空軍抗日史，由接戰單位與時間先後，可判別出日本失蹤未歸四機中，二小隊的宮本應是被劉志漢擊落的。而三小隊的濱田則是遭二十三中隊隊員信壽異擊中無疑。

至於張光明在〈抗日空戰拾粹〉中回憶：當日本第一小隊三機第一波攻擊後，我方領隊四機中三機應聲下墜，僅張機向左逸出，隨後遭受三機（一小隊）尾隨追擊，幾至高度全失……張光明絕處求生，改採對頭戰……後上方一架敵機衝下，張猛然反轉仰角對戰，當日機升高脫離時，作有效一擊，「敵機冒出白色煙霧，顯被擊中」，同時張機亦受另一敵機從後下方攻擊，左下翼及座艙下方頓時開花，飛機有失去平衡態勢。「此時冒煙敵機搖擺機翼集合另二

敵機，迅沿江東去。」張光明擊傷的敵機，由於搖擺機翼動作氣勢的印證，必是日方的總領隊金子大尉無疑，據後來情報消息，該機迫降於馬當北方。

　　一小隊的兩僚機橋本、早川後又接戰的對象已是二十二中隊後五機，由於早川失蹤未歸，若用時間位置及排除法推論，最可能是被二十二隊隊員馮汝和所擊落。

　　又是誰將三小隊的森與金子空曹油箱擊破，令二機差點無法脫身返場？應是二十三中隊分隊長王玉琨擊傷的。對應《空軍抗日戰史》中記載，王玉琨擊落兩日機後，才遭受三敵機追擊圍攻。混戰中，誰將二小隊的相曾擊成重傷，已無從查證，整體而言，應是二十三中隊的戰功。

雙翼機最後的一位王牌

　　日海軍航空隊隊長大佐職（相當聯隊長），下轄艦戰機分隊與陸攻（轟炸）機分隊，分隊長為大尉職（相當大隊長），十二航空隊完整的編制為九六式艦戰機四十五架、九六式陸攻機十八架。此次空襲武漢，擔任護航的總領隊，十二航空隊的金子隆司大尉（日本王牌飛行員），空戰中遭二十二中隊張光明擊傷，後中途墜落喪命。是役，中日雙方大隊長均殞命，可謂戰況慘烈。

　　此役張光明擊傷日機，但並未列入中方記錄（官方只承認擊落或共同擊落日機）。抗日空戰中，他先飛霍克III機，後飛I-15II及I-15III，均是雙翼戰鬥機。張光明先後參與了八一四筧橋空戰、八一五南京空戰、二一八武漢空戰、四一〇台兒莊空戰、五三重慶空戰等重大戰役，出生入死，贏得一等宣威獎章（出入敵陣三十次以上轟炸任務），及四星星序獎章（擊落日機四架半戰績）[9]，可謂實至名歸。

　　若再加上考證後的金子隆司大尉這一架，則張光明真正戰績應是五架半，所謂的空戰王牌（Ace）飛行員[10]。他可說是二戰前雙翼戰機最後的一位王牌飛行員，卻在戰後七十二年才被認定，也算平添一段佳話。（老將軍今年高壽九十七，身體健朗，祝其執人瑞之冠）

---

[9]　「張光明個人戰歷、戰功登錄表」，台北：空軍總部作戰署，1952年。
[10]　傅鏡暉，〈中國空軍空戰王牌榜〉，《戰史入門》，頁379，台北：麥田，2003年。

（致謝：感謝張文（Raymond Cheung）先生親赴日本東京防衛廳研修所戰史室，抄錄得二一八武漢空戰日方檔案，本文才得以順利完成！）

（本文發表於581號《傳記文學》97卷4期，頁94-102，台北，2010.10）

　　傳記文學讀者蕭文投書於582號「讀者書簡」，他手頭李桂丹殉職的的資料有三版本。一、「在武漢上空的較量－抗戰時期的武漢空中保衛戰」，大隊長李桂丹在掩護戰友攻擊日機時，不幸被一架從後面偷偷摸過來的日機擊中，當場陣亡。二、1994年，北京中國檔案出版社，林成西、許蓉生撰寫的《國民黨空軍抗戰實錄》169頁記載：「大隊長在敵殲擊機群中，左衝右突，勇不可當，幾分鐘內就擊落日機三架，但李桂丹卻不幸陷入敵機火網之中，壯烈犧牲」。三、1946.08《中國的空軍》94期，指李桂丹是在凱旋返航時遭擊落。另當時的新聞報導也很簡略，未能詳述經過，附1938.2.19大公報的報導。（蕭文）

　　蕭君手邊三版本，第一則是網路傳聞、第二則是大陸方面編撰的故事，第三則是抗戰勝利次年，為慶祝空軍節內部發表的文章；三者均不正確，特予補充說明。又及。

張光明駕駛蘇聯製造I-15式
飛機起飛前留影

武漢「二一八」空戰考證
──指揮系統的缺失與責任

何邦立

> 被忽略的一些歷史細節、常會否定一段歷史的真實性，
> 掩飾和誤導，經常為苦難歷史，埋下重演的禍根。
> 還原歷史的真相、是走向正義的第一步，
> 打仗靠戰術、戰略思想，和卓越的領導指揮才能，
> 抗日空軍成軍未久、雛鷹初翔，所以悲劇在所難免！

武漢空戰的參戰人員

　　《空軍抗日戰史》中記載，二一八武漢空戰，空軍四大隊李桂丹大隊長率二十二中隊十人、二十三中隊八人、二十一中隊十人，我方參戰共計二十九員。書中提及有名姓者僅二十二人，計二十二隊九人、二十三隊四人、二十一隊九人。[1] 經查證《空軍忠烈錄》，查出二十二隊趙茂生、二十三隊陳懷民與孫金鑑、二十一隊張效賢，四人均曾參戰[2]，但仍差三人姓名不詳。

　　當時中日雙方交戰已半載，空軍作戰部隊指揮級的期別，大隊長、中隊長為中央筧橋航校二期生，到副隊長為航校三期生，分隊長為航校四期生。航校五期一班在隊上屬資深隊員，至於航校五期二班生，原採義大利不淘汰制訓練，後改為美式嚴格訓練，因改制關係而晚了一年，與航校六期一班生同時畢業，投入戰鬥。航校六期二班生，當時才剛畢業月餘，正接受部隊戰術訓練中。[3]

　　時任二十二中隊隊員、航校五期一班的張光明特別指出：他們隊上的分

1　《空軍抗日戰史》（二），頁96-98。
2　《空軍忠烈錄》（第二輯）頁157、166、177、179，台北：空軍總部情報署，1959年。
3　《中央航空學校同學錄》（筧橋：1938年）。

隊長是楊慎賢與李文庠；至於李鵬翔與王玉琨則是二十三中隊的分隊長。同班同學張明生，隸屬二十一中隊，飛的是伊-16而非伊-15，而軍中袍澤經常將兩人混淆，兩人不同隊，飛的機種也不一樣。只是張光明、張明生一字之差而矣！[4]

《空軍抗日戰史》中，將二十二隊的李文庠與二十一隊的張明生，隊別相互誤植。至於航校四期的李鵬翔明明是分隊長，卻寫成隊員，且未載名隊別。[5]《空軍忠烈錄》中記載：「李鵬翔烈士亦以機毀負重創，流血遍體，殉國」[6]，一筆帶過。事實真相，是遭友機吳鼎臣不慎撞落。連隊別、職別都記載不實的戰史，難怪張光明感嘆地說：「這是為何他不願意看空軍正式檔案資料的原因！」

談到二十二中隊的長官，張光明特別指出，樂以琴豪氣干雲，勇敢善戰，在高志航之後，不作第二人想。同學李有幹在淞滬戰爭中犧牲得早。巴清正與梁添成是他最欽佩的同僚，平時沉默寡言，戰時奮勇殺敵，編隊作戰中絕不脫隊，幾乎無役不與，雖無顯赫戰功，卻是真正的空中勇士。梁添成參加了二一八武漢空戰。次年，在重慶夜間空戰中不幸殉國。

武漢二一八空戰參戰人員一覽表

22中隊	職務期別	23中隊	職務	21中隊	職務
×李桂丹	大隊長2期	×呂基淳	中隊長3期	董明德	中隊長2期
△鄭少愚	副隊長3期	劉宗武	副隊長3期	楊孤帆	5期1班
#張光明	5期1班	△王玉琨	分隊長4期	柳哲生	5期2班
×巴清正	5期2班	×李鵬翔	分隊長4期	王遠波	分隊長4期
♀劉志漢	中隊長2期	陳懷民	5期1班	張明生	5期1班
×王　怡	6期2班	王蔭華	5期1班	張效賢	5期1班
李文庠	分隊長4期	信壽巽	6期1班	龔業悌	6期1班
♀吳鼎臣	5期2班	孫金鑑	6期1班	王特謙	6期1班
趙茂生	6期1班			王文驊	6期1班
馮汝和	5期1班			韓　參	6期2班
梁添成	6期1班				

註：×陣亡　♀跳傘　△迫降　#遭擊傷

4　張光明將軍訪談，何邦立於美國洛杉磯，2010.02.18。

5　《空軍抗日戰史》（二），頁96-98。

6　《空軍忠烈錄》（第二輯）頁157、166、177、179，台北：空軍總部情報署，1959年。

　　至此武漢二一八空戰的參戰人員，仍差二十三中隊、二十一中隊各一人。當時二十三中隊成員中，還有航校第五期一班的王蔭華與五期二班的王殿弼、曹世榮三人。二十一中隊的成員中還有六期一班的王文驊與金安一兩人。若依各期班參與作戰編組的研判，最可能的是二十三隊的王殿弼與二十一隊的王文驊參與此役。但王殿弼週前襄陽之戰跳傘受傷，故二十三中隊出擊成員應為王蔭華。

漢口機場的跑道走向

　　根據《飛翔在中國上空1910-1950》一書，西比·史密斯（Sebie Smith）時為十四志願轟炸中隊的修護官，有關一九三七年冬天漢口機場的情形，有如下的描述[7]：

　　漢口機場的跑道長約一萬呎出頭，係用粘土碎石與砂子等築成，相當寬廣，尤其是道肩，均鋪上足夠的碎石緊密的壓實，可供飛機滑行而不致陷於泥中，因此我們將飛機沿著道肩，面向跑道停放，以免當機場泥濘不堪時，飛機陷入泥中，我們也遭遇到滯留不去的大雪，天氣酷寒而惱人，地上的積水盈寸，我們必須在惡劣情況下將飛機滑出。

　　張光明更進一步，親自手繪漢口王家墩機場平面圖，機場長八〇〇米、寬五〇〇米（見附圖）。萬呎跑道，東北－西南走向，由於修護廠棚座落在機場西南角，因此飛機發動，滑入跑道，當時向東北方向起飛。這也說明瞭，中方第一梯次四架領隊機組，緊急起飛三分鐘，爬升中，在機場東北角遇襲，這方面與日本海軍第十二航空隊的歸航戰報中所述完全一致。也間接印證在《空軍建軍史話》中，地面修護人員所見，在約二〇〇公尺高度，大隊長飛機被擊起火爆炸，並非空穴來風！

　　張光明特別指出，《空軍抗日戰史》雖屬官方原始作戰檔案，其含混的記載，給人的印象是，李大隊長第一批起飛接戰的高度是三千公尺，地點是在武

7　Flight in The China Air Space 1910-1950, Rosholt House, p.105, 1984.

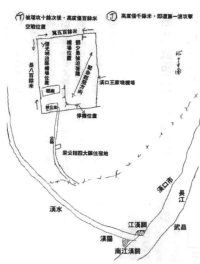

張光明手繪漢口王家墩機場相關位置圖

漢機場西南方的上空；但事實的真相是在機場東北方，高度約一五〇〇呎（約五百公尺）。《空軍抗日戰史》中蓄意的的將接戰地點帶向反方向，高度又提升了二千五百公尺，所圖何為？這才是戰史研究者，值得深入探討的關鍵問題。

天候狀態與交戰高度

《空軍抗日戰史》中，對二一八當天武漢上空，天候狀況未加敘述。但印證蘇聯志願隊的戰報，「當他們接到警報起飛後，爬升至四五〇〇米高度上，這時發現機群進入了連續的積雲。」張光明亦回憶道，當日天氣晴朗，天氣很好！

真正交戰的高度，戰報中記載的單位，究竟是公尺（米）或是呎，亦有待進一步釐清。

中日交戰之初，我主力戰機為霍克III、諾斯羅普輕轟炸機等美式裝備[8]，其高度表刻度均為英制，使用的是以呎為單位。半年後，我方主力戰機改為俄製I-15、I-16，其高度表用的是公制，以公尺（米）為單位。至於日機亦採用公制。故研究戰史高度時，不可不慎！

8　Ray Wagner, American Combat Planes of the 20th Century（Jack Bacon& company）. pp.188, 446-449. 2004.

　　莧橋空戰時因颱風天的影響，雲層很低，日海軍九六式陸基中型攻擊轟炸機，低空投彈，吃了大虧。隨後日軍在戰略、戰術上有所改變。改由戰鬥機護航，執行轟炸任務。一般轟炸機的巡航高度為八千呎至一萬二千呎，水平投彈高度為八千呎，因此戰鬥機的掩護高度在一萬二千呎（約四千米）左右。[9]

　　《空軍抗日戰史》中，二月十八日之戰鬥，其中六時許，天尚未明，衡陽機場上空發現敵轟炸機，高度為八千呎，只此一處用的是呎。至於漢口空戰，所有記載的高度，用的均是公尺。

　　張光明在〈抗日空戰拾粹〉中指出，我機在緊急警報中，倉皇起飛迎敵，領隊機組原計劃作戰高度六千公尺。但事實上是，第一編組群四機離地才四○○公尺，被襲中彈，長機起火爆炸。至於第二編組群前兩機，劉志漢被擊時高度約二五○○公尺，後五機高度達三○○○公尺，第三編組群二十三中隊，進入戰鬥空域的高度為三五○○公尺，剛好解除了二十二中隊的危境！

　　日方記錄全是用米為單位，依照前述一小隊橋本的報告：「僅一回合，在一五○○米高度擊落一架I-15機，也衝散了對方隊形，隨後進入個別纏鬥。」對照張光明的說法，從開車、滑行、起飛點加大馬力，加速離地起飛、至被襲，前後只有三分鐘，不可能爬升到一五○○公尺的高度。比對雙方資料，張光明的敘述才是正確的。也就是說李桂丹四機，是在一五○○呎的高度被襲，而非一五○○公尺！

戰機性能與戰術應用

　　俄文驅逐機或戰鬥機發音為「lstrebit」，英文的書寫法是以字首縮寫「I」作為戰鬥機的代號，如I-15、I-16，但其念法則為伊-15、伊-16，國人誤將念法變成寫法E-15、E-16，這是錯誤的！

　　蘇聯援華的I-15有II型及III型之別。第II型為I-15 bis，常誤寫為I-152，第III型為改良型，常被寫為I-153。I-15是最後一代的雙翼戰鬥機，速度慢，動作靈活，水平盤旋半徑小，其特性為利於纏鬥。至於援華的I-16，早期的為五型

---

[9]　何邦立，〈莧橋空戰的考證〉，《中外雜誌》，83：2，頁35-45，2007。

及六型，及後期改良的十型（I-16-10），少數十八型的則為帶炮機。I-16為下單翼、全金屬的戰鬥機，速度快。I-15及I-16均配備四挺七點六二毫米的機關槍，帶彈二千發，火力極強。

俄機的來到，剛好填補了半年以來中國空軍消耗殆盡的美式裝備，外加俄志願隊連機帶人的援華作戰，讓中國空軍恢復了元氣，為爭取武漢制空權，燃起再戰的決心！

三菱九六式艦載戰鬥機，為日本第一架單翼、全金屬的戰鬥機，問世之初，創下一萬呎高度四百五十公里時速的世界記錄。配備兩挺七點六二毫米的機槍，八百發子彈，其性能較美式霍克III及波音P-26佳。至於俄製I-15、I-16，均非其對手。甚至在太平洋戰爭初期，與美英各型戰機交鋒，仍略佔優勢。後為日本海軍的零式戰機所取代。

日本九六式艦戰機性能上佔優勢，在空戰中若取得空優高度，每次採取俯衝攻擊，打帶跑的戰術，則我方完全處於挨打的地位，幾無還手之力。但中國空軍在裝配了I-15、I-16飛機後，利用兩機性能上的特性，相互截長補短，發展出搭配戰術：以慢速雙翼的I-15纏住九六式艦戰機不放，再以高速的I-16，伺機偷襲，打帶跑的戰術，也獲得不錯的戰果。

九六式艦戰機，由於油量航程的限制，無法對遠程陸攻轟炸機進行全程的護航任務，因此與就近起飛攔截的中國飛機遭遇纏鬥時，其留空時間就備受限制，一般來講僅二十分鐘上下。為奪取空中的優勢，日機常放棄其原先護航的任務，改變為空戰格鬥的局面，所以九六艦戰機，雖有整體性能上的優勢，但日方轟炸機的損失率，並未因護航任務，而有顯著的改變。

防空預警與空優高度

一九三七年九月二十一日起，空軍第四大隊二十二中隊，二十三中隊陸續將殘餘霍克III機，先交二十一中隊，最後全部移交給五大隊接收，並分梯次赴蘭州，接收剛入境的俄製I-15機（二十二、二十三中隊），I-16（二十一中隊），並進行換裝訓練。十二月十三日首都南京淪陷後，中國空軍陸續向西（漢口）、向南（南昌、廣州）轉進。航空委員會指示各戰區，分別在漢口、

孝感、長沙、衡陽、韶關、廣州等地修建、擴充機場，以便對武漢、廣州進行保衛戰。

　　一九三八年元月，四大隊開始佈防武漢周邊的孝感機場，二月中旬移駐武漢，隨後三大隊、五大隊也先後以武漢周邊機場為前進基地，隨時進駐。航空委員會為了武漢的空防，提高獲取敵情資料能力，密切監視敵機動向，從廬山、南昌、上饒、新州、宿松、黃坡、孝感等地為要點，沿線各鄉里、城鎮為基礎，遍設綿延不絕的對空監視哨網絡[10]，又透過情報機構，在敵機場附近派出諜報人員，密切監控敵機動向，航空委員會軍令廳在漢口江漢碼頭，設有作戰室，負責接收各地情報，並指揮各機場適時轉入各級戰備。敵機一旦從南京、合肥等基地起飛，很快就會被我方監控人員發現，透過各種方式，直接向武漢航空委員會作戰室報告，坐鎮的地面總指揮官，作戰處處長可即時下達指令，各機場緊急起飛應變。藉防空監視哨預警系統，至少可爭取十至三十分鐘的應變處理時間。

　　雙方誰能取得空優高度，也就掌握了制空權，這是決定空戰勝負的關鍵。由於日機在數量及性能上皆優於我方，且採取主動出擊的優勢，我方被迫進入防禦態勢，再加上日方欺敵戰術，或天候限制等等因素，影響我方情報的判斷，時常是警報不斷，飛行員疲於奔命，卻不見敵機來襲。或緊急警報甫起，敵機已臨空，造成不及起飛，低空遇襲的命運！

　　雖有防空預警系統，但指揮官的判斷、緊急起飛令下達的時間，才是空戰勝負的另一關鍵！

地面總指揮與緊急起飛令

　　劉毅夫的《空軍史話》（上）中，雖對二一八武漢空戰未曾著墨，但對「四二九」武漢二次空戰，有精彩生動的描述，地面總指揮官延遲下達緊急起飛令，致日機臨空，我機甫起飛一千餘呎，其狀況與李桂丹大隊長遇襲，如出一轍。詳如下敘[11]：

---

[10] 陳應明、廖新華，《浴血長空》，頁78，北京：2006。

[11] 劉毅夫，《空軍史話》（上），頁365-379，台北：黎明文化，1976年。

……突然姜參謀大叫：「機三批沿江飛來，第一批快到黃岡了！」

我不用看地圖，業已曉得這個距離，早已進入了緊急警報圈兒了，我急匆匆地問他：「為什麼還不起機呀？」我問的是姜參謀，實際上也是提醒兼參謀長的邢鏟非，等我進房裡，他長長嘆口氣說：「總指揮部不准起飛呀，我問過啦，他認為時間太早。」我毫不考慮的頂碰他說：「這是什麼怪道理？敵機如果飛在七千呎高空，一到黃岡就可看到了我們的飛機場，黃岡到王家墩只有廿公里啊！」

突然情報電話又響了，邢鏟非接電話，他耳聽，眼睛焦急的望著我們，嘴裡小聲復頌：「敵機三批，都是驅逐機，第一批已過了黃岡！」

我急得跳起來，憑我在大教場的經驗，再不起飛，我們在王家墩的一百多架戰鬥機，再也來不及全數離地了，更不用談戰鬥，我幾乎用出要爆炸的聲音，但仍是哀求的口吻：「總站長，快接黑旗命令緊急起飛吧，拉紅旗子已經來不及了，現在起飛，已經不夠跑道，戰鬥一定要吃虧，再遲疑我們全部空軍力量都要被敵人打地靶了。」

總站長也很難過，姜參謀、張參謀都因階級低，不敢講話，但總站長終於又用犯上的冒險精神打了請求起機電話，結果被上邊一口拒決了的理由是：我們如果早起機，油是不夠，太危險……這真是，哎！

我立刻急出了眼淚，我看看窗外機場上四周的一百五十架飛機，和那些可愛可敬的年輕飛行員，這是我們國家僅有的起死回生的力量啊，如果今天一下子被日機打光，武漢也將立即不保，……我陡然又想到了，總站長是軍人，我還是客串的半個軍人，軍人講服從，客串就不必這一套，好吧。於是不再遲疑，頭也不回的跑到門前，跑到警報旗杆下邊，我飛快的取下綠旗和紅旗，急急拉起緊急起飛的黑旗。

黑旗升空，整個機場立刻爆發了戰鬥的活力，所有人們都在動，飛行員跳上了飛機，地勤人員開始搖車，對面的四大隊幹得最快，毛瀛初、董明德等首先開車起飛了，其餘所有飛機也都先後開了車向起飛位置滑行，全場叫起了怕人的馬達吼聲……

我平靜的望望天空，已有五十多架飛機，爬到了一千呎，還有五十多架剛剛離地，也有的仍在跑道上加油門起飛，還有廿架仍在場邊向跑道滑行，兩架克塞也在等警報黑旗掛起後，忙著落地又起飛，一切都顯得很緊張，匆忙，也

有些混亂。自從空軍打仗以來，這是第一次大規模的緊急起飛，飛機場上還有十幾架老毛病的飛機，無法開車，飛行員便跳下飛機，往總站跑。

我掛了旗，冒了生命危險，盡了國民之責，進到總站裡準備接受憲兵的拘禁，剛剛進了房，總指揮部的電話來了，我以為這一定是捉我的電話了，心裡卻不恐慌，也不羞愧，因為我已聽到了日本九六飛機向機場俯衝的聲音，同時也隔著敞開的窗子，看見兩架九六正衝向剛剛起飛的克塞教練機，我心裡為這兩架即將犧牲的羔羊痛苦。

電話是總指揮來的，我隔了幾呎遠還聽到耳機裡鏗鏗罵人聲，我只能聽清楚邢總站長說：「是……是……不敢……是，是劉興亞掛的黑旗（我的本名）」，事後邢總站長告訴我，總指揮第一句就要槍斃我，等我說到是你掛的黑旗，他嘟噥了一句，我未聽清楚，當即見到兩架九六衝下來，把兩架克塞打得起火掉下來，他才不罵了；也因此我未受軍法處刑。

第一批臨空的卅六架敵人九六戰鬥機，已經和我們升空飛到一千多呎高度的E-16打上了，我其餘已起飛的飛機仍在爬高，敵人第二批飛機也未臨空，如果它們再早到一分鐘，我們雖不至於全軍覆沒，但損失必定夠慘了。就是這樣，我們已經夠狼狽了，先起飛的四大隊飛機，都是先挨打後反抗，幸而無人被打下去，起飛較晚的廿四隊，剛離地就挨打……

至此，事態已水落石出：武漢空戰我方犧牲慘重，實乃指揮不當之責！

非戰之罪──指揮系統的缺失

吳鼎臣在〈憶抗日悲壯歲月〉[12]一文，保衛大武漢與激烈的空戰一節中，有一段如下記載：

……當我們飛到四千米高度時，就與比我們飛得高的日本戰鬥機相遇，顯然處於劣勢。為什麼我們會常常處於劣勢呢？因為機場上的指揮很混亂，當時

---

[12] 吳鼎臣，〈憶抗日悲壯歲月〉，頁15，北京航空聯誼會，2007。

機場上除了我們的戰鬥機以外，還停有轟炸機和不能作戰的飛機，一有警報，這些飛機先要飛到別處去躲避，以免留在機場遭到敵機的轟炸。我們戰鬥機是編隊起飛的，起飛後再盡量升高。由於我們起飛遲，往往尚未升到足夠的高度，就和敵機碰上了，同時指揮部規定，我們的飛機不能夠離開武漢三鎮的上空，敵機飛得高，很容易發現我們，而我們則不容易找到他們。

以上一段參戰者的文字，也印證了劉毅夫在《空軍史話》中所述：總指揮遲遲不下達起飛命令，造成次次挨打的局面。壯士碧血染山河，實非戰之罪，指揮系統錯誤的觀念才是元凶。

話說東北空軍於一九三一年瀋陽事變後式微。不肯內戰的陳濟棠廣東空軍，於一九三六年兩廣事件北飛併入中央。廣西空軍及規模較小的其他各省空軍，戰前均已納入中央體系。因此抗戰初期的中國空軍，是以中央筧橋航校生為主體，當時共畢業六期，約五〇〇餘人。七期以後，在昆明畢業的，已改名為中央空軍官校。

一九三八年武漢空戰時，飛行作戰部隊的指揮職，係由筧橋二至四期生擔任（大隊長二期、中隊長三期、分隊長四期）。各隊隊員則為筧橋五期、六期生任職。

空軍的作戰指揮體系，多由筧橋航空班（中央航校一期）負責，該期係由陸軍黃埔六期軍官帶階轉入，在筧橋接受短期的訓練，共結業八十人。限於當時環境和設備，訓練不足，僅具基礎飛行的經歷，當然更談不到空軍的戰技、戰術思想。由於階級較高，自然就分別擔任地面高階指揮、高司參謀之職。

中央航校二期，係由黃埔八期軍官與民間大學招生，接受完整的飛行初級、中級、高級訓練（原應是筧橋航校第一期生），畢業時由准尉任職（武漢空戰時已升至上尉職）。最後造成高階無實戰經驗的領導指揮低階作戰的怪現象，由於外行領導內行，造成抗戰半年，上百飛行員犧牲的慘痛代價，而不自知。此乃制度體系上嚴重的缺失，有以致之。

究其原因，乃建軍時間過短，日軍就入侵，造成重要軍職無法循序漸進的歷練升遷所致。當一九三二年筧橋航校建校之初，蔣委員長從陸軍保定六期中選擇周至柔，取代廣東航校能飛的毛邦初為校長，已種下未來領導指揮體系上的問題。

　　張光明特別指出，中日開戰年餘，每次空戰我方均居高度劣勢，次次挨打，此狀況延續到一九三九年「五三」重慶空戰時，由毛邦初將軍指揮，才得改善，這是第一次中方取得空優高度的作戰。

　　二一八武漢空戰不利，大隊長李桂丹犧牲；當局有鑒於空軍前敵總指揮部與航空委員會的業務，不易劃分，於三月裁撤空軍前敵總指揮部（總指揮周至柔），同時航空委員會也重行改組，由錢大鈞接掌主任一職（周至柔去職，改調負責昆明空軍官校），此時軍令廳長仍為毛邦初，作戰處處長羅機職務未變。

俄志願隊二一八參戰之謎

　　依照《空軍史話》中記載[13]：

　　一九三七年底，俄機運華的同時，俄志願隊（又名俄員隊）開始東飛，協助我空軍作戰。由於俄方對一切事情都保守祕密，以致對他們的編隊、人數、階級，以致真實姓名，乃至基本動向，都不為外人知悉。

　　最初東飛的是一個驅逐機志願隊……只是他們數次遇到空襲，搶在我機前面起飛……逃警報去了。也有不巧意外遭遇敵機的時候，他們就盡量避免交鋒，能溜則溜之。真正溜不了時，只得硬著頭皮跟敵機幹，不過多半是挨揍的時間多。

　　這樣的事情發生得多了，大家也就猜測這到底是怎麼回事，後來發現，這跟他們人員調動頻繁的原因一樣，完全是莫斯科授意的政策。他們派到中國來的飛行員，最重要的任務，是在中國戰場上得到作戰經驗。有了參戰經驗，就馬上調回，再派一批新手來替換……

　　到了二月，他們加入我國戰場的，有三個轟炸大隊，三個驅逐大隊。……此外志願轟炸第一大隊，有SB共四十一架，在漢口南昌一帶。志願驅逐第一、第二大隊，有E-15、E-16計七十七架，在南昌、漢口、廣州一帶。……在這個時期我空軍及俄員隊共有轟炸機八十八架，驅逐機二三二架。

---

[13] 劉毅夫，《空軍史話》（上），頁390-398，台北：黎明文化，1976。

在劉毅夫《空軍史話》中記載，一九三七年十二月七日搭運輸機抵漢口，此時漢口機場並無中、俄飛機。據說俄國志願隊已有一個空軍旅到了蘭州，由於南京吃緊，他們就不肯到南京，指定要進駐南昌。十二月八日，劉毅夫回南昌接空軍招待所（勵志社）主任職，迄十三日南京淪陷後，俄機始達南昌，第一批四十架，兩個中隊的E-15（I-15）、兩個中隊的E-16（I-16）。大隊長布拉戈申維斯基，旅長忘其名，是共產黨員，為大隊的黨代表，負督軍之責。

俄志願隊到南昌，半個多月一仗未打，逢日機來襲就落荒而走的避戰，也真是丟人現眼。隨後接戰也蒙受不少損失。後周至柔主任親臨南昌，收回俄國旅長指揮權，交張廷孟司令統一指揮。據俄員傷後透露真相，他們是被徵用的，並非志願軍來華助戰。事後得知俄國政府收取中國雇用費，但他們一文未取，死了也沒有撫恤金。所以怕打仗，想回家。至於俄國被日軍炸毀的大T-B飛機，經我方人員詳細檢查，他們是以超級重轟炸機的價格賣給我們，又以轟炸機的名義飛華助戰，但機上無炸彈艙，也無炸彈架，僅在炮塔上裝了自衛的司卡斯機關槍，整個就是客貨兩用的長程運輸機。

俄志願隊初期來華助戰，既缺士氣、又無實戰經驗及戰術思想，所以作用不大。倒是無翼可飛的中國空軍，增添了I-15、I-16戰機，如虎添翼，四大隊經整訓後，二月中旬負起保衛大武漢的重任。

日方歸航戰報，在武湖、張渡湖再遇I-15、I-16，俄志願隊在此役有所戰損，顯然當日俄機不巧碰上日機，發生空戰。但張光明對俄員隊的「二一八」參戰始終抱懷疑態度，俄機當時不在武漢機場，從何處飛來？掛彈加油後勤又如何支援？雙方配合作戰，卻互不知情，有違戰術的原則！也反映中俄雙方指揮協調聯繫上大有問題！

武漢空戰現場重建與再現

一九三八年二月十八日，日本海軍第一聯合航空隊所屬木更津及鹿屋航空隊，從南京起飛十五架九六式轟炸機，執行轟炸武漢任務；由日本海軍第二聯合航空隊，抽調其第十二航空隊、第十三航空隊各六架九六式艦戰機，由金子隆司大尉任總領隊，擔任護航任務。護航戰機於八時十五分（中方時間），從

南京大校場起飛，九時在蚌埠練兵場機場落地，加油待命，其中一架因故障，中止後續任務。十五架轟炸機與十一架艦戰機，在十一時十五分四〇〇〇米空中會合，組成二十六機大編隊，目標直奔武漢，於十二時五十分抵達漢口上空，十二時五十二分接戰。（按：雙方記錄，交戰時間相差九分鐘，我方是十三時〇三分，資料須校正處理）。

　　我方四大隊二十一中隊、二十二中隊由老河口機場於二月十七日黃昏移防武漢王家墩機場。二十三中隊派駐漢口北方孝感機場。不料次日凌晨三時許，就空襲警報不斷。天亮後萬里無雲，天氣晴和。由於日方欺敵之戰術，我方未掌握實際入侵敵機架數、批次與來襲航路，以致飛行員多次衝到機旁，卻沒有起飛。

　　我方原作戰計劃，第一編組群：李桂丹領隊機組四架I-15機，高度六〇〇〇米；第二編組群：二十二中隊長劉志漢率七架I-15機，高度六五〇〇米；第三編組群二十一中隊長董明德率十架 I-16，高度七〇〇〇米任支援掩護；第四編組群：二十三中隊長呂基淳率八架I-15，高度六〇〇〇米，由孝感飛來加入戰鬥行列。

　　我方十二時四十分發布防空警報，判斷敵轟炸機十二架，驅逐機二十六架編隊來襲武漢。五分鐘後，十二時四十五分孝感二十三中隊八機立刻起飛。十三時領隊機組四機起飛。二十二中隊七機隨後接著起飛，十三時十分二十一中隊十機最後離地。當漢口機場發出空襲警報後二十分鐘，指揮部才下達緊急起飛令，時敵機早已臨空！

　　以李桂丹大隊長為長機的領隊機組，二號機鄭少愚，三號機張光明、四號機巴清正，十三時接到緊急起飛令後，迅速編隊起飛，以密集隊形，朝機場東北方向爬升中，才三分鐘，高度一五〇〇呎時，張光明首先發現日機成群從後上方俯衝而下偷襲，來襲的是由金子隆司大尉指揮的第十二航空隊第一小隊三機。我四機才剛起飛，一五〇〇呎還在爬升中，速度慢、高度不足，突遭襲擊，領隊機組倉皇反應，大隊長拉起機頭大仰角爬升，三敵機近距射擊，只一回合，我四機中三機中彈，一號機金子擊中李桂丹機，隨後起火爆炸。二號機橋本擊傷鄭少愚，飛機失控螺旋下墜，幸安全返場迫降。三號機早川命中巴清正，飛機螺旋墜落。張光明機警左側滑避彈，隨後即陷入三機包圍射擊，被圍攻十餘次，高度僅百餘呎，張險中求勝，突反轉仰角對仗，乘敵機升高脫離

時，作有效一擊。敵機被擊中，冒出白煙，此時受傷敵機搖擺機翼集合另二敵機沿江東去（金子大尉後失蹤未歸）。張擊傷金子的同時，為另一日機偷襲，張機左下翼，座艙下前方被擊中開花，機翼有斷裂危險，乃減速傾斜飛行，返場迫降，共計中彈二一九發，人幸絲毫未傷。

第二編隊機組群前二機劉志漢、王怡，爬升二五〇〇米在機場東北角，遭第十二航空隊第二小隊二機的攻擊，僚機王怡不幸遭相曾擊落陣亡。而相曾隨後戰鬥中亦遭擊、人重傷，幾乎無法回航。隊長劉志漢避開宮本的首擊後，在纏鬥中，用半滾觔斗，咬住敵機尾巴將之擊中起火墜落。此同時敵機森貢亦擊中劉座機發動機，劉志漢被迫棄機跳傘。至於二十二中隊的後五機，在機場北方三〇〇〇米高度，遭受隨後加入戰鬥的第十三航空隊第三小隊三機的攻擊。整體而言，此時二十二中隊已被打得，幾乎潰不成軍，日機亦因而失去高度。

幸運的是，從孝感趕來的二十三中隊八架I-15，適時加入戰斗，由於高度優勢，予敵以迎頭痛擊。信壽異在空戰中緊追敵三小隊的三號機濱田，在近距離擊中敵機後，其所漏出的黑色滑油，噴滿信機的風檔，因視界受阻，而不得不退出戰場。二十三中隊李鵬翔分隊長與三小隊的一號機森格鬥中，二十二隊的吳鼎臣俯衝而下，敵機翻身脫離，吳鼎臣不慎撞上友機後棄機跳傘，李鵬翔因傷重無法脫身，隨座機墜毀犧牲。劉志漢、吳鼎臣兩人跳傘下降過程中，均遭日機空中射擊之。混戰中，呂基淳隊長不幸遭三小隊二號機金子空曹的毒手。隨後日三小隊的森與金子兩機油箱均被擊中漏油，乃匆匆脫離戰場，返航落地時油箱已空。

十三空的四小隊三機由於殿後，最後進入戰場，接戰的對象已是二十三中隊。王玉琨分隊長擊傷三小隊的森貢，遭四小隊三機追擊圍攻，致使方向舵的操縱索系遭擊毀，機身失所控制，遭敵追擊圍攻時，幸未擊中，迫降著落時機身翻覆。空戰前後歷時十分鐘，日機迅速脫離戰場東返。

至於二十一中隊十架I-16，由於匆促爬升爭取高度，其主力六機飛到機場西北方，錯失接觸殺敵機會，全隊並無任何損傷，於十三時三十分返場落地，留下未參戰的間接證據。

經過二十二中隊、二十三中隊浴血奮戰，日方損失四機，重傷一人，二機被擊中油箱，幾致無法安返。連領隊金子大尉都失蹤了，可謂付出重大代價。

我方則陣亡五員、跳傘兩人、二機重傷、一機輕傷，大隊長、中隊長、分隊長犧牲各一，也是損失慘重！

武漢二一八空戰的總檢討

張光明是武漢空戰的參戰者，目擊戰友為國捐軀，其悲痛與感觸至深，七十二年後，方才瞭解入侵日軍兵力與歸航戰報，更是嘆惜！他針對此次中日空戰，作一簡扼講評如後：

一、日方大膽無能，我方則無膽無能。

日方未能確切掌握我方兵力部署情報，輕率出動一個中隊，十二架驅逐機小兵力護航入侵武漢，是謂大膽。其結果造成戰機折損過半，艦戰機分隊長（相當我空軍大隊長）失蹤未歸；作戰計劃指揮未考慮勝算及人員的安全，嚴重的打擊了士氣，是謂無能。

日方選擇蚌埠為前進基地，由長江東北方航路入侵武漢，而非正東方的蕪湖，不但距離較近三十公里外，還避開了我方防空情報哨，是正確的入侵途徑，成功的欺敵戰術。

至於我方作戰總指揮部延誤起飛，指揮失當，雖以多擊寡，卻失高度優勢。未警覺意識到入侵驅逐機，要想安返蕪湖、南京基地，其在武漢留空時間也只有二十分鐘，不知善加應用，是謂無識無膽。至於低空遇襲，損失戰機八架，犧牲大隊長、中隊長、分隊長及飛行員計五人，造成戰力嚴重受損，是謂無能。

雙方在作戰思想上，均犯重大錯誤，是不合格的指揮。

二、用錯機種的失策，大仰角爬升的悲哀。

大隊長李桂丹飛I-15機，他以身作則，身先士卒，而忽略了I-15飛機的特性。其迎敵計劃，未能指派速度快的I-16先行起飛，以爭取制空權。遭襲時卻大仰角爬升，不但速度減慢，還把最大被彈面給了敵人，犯了兵家大忌，也危及僚機安全。正確的作為，是從密集編隊的起飛隊形，改為作戰隊形，以避免攻擊減少損害。

三、人飛飛機、飛機飛人，我機互撞，戰果起爭議。

高志航大隊長，對部屬戰技訓練的要求，常訓示道：「是人飛飛機，不是飛機飛人！」言猶在耳。卻發生撞落友機事件，實屬遺憾！

有關戰果計算，狹義的說，我機兩架自行相撞，並非被日機擊落，故不能算做日方戰果。反之，廣義的講，日機因誘敵成功，而導致我兩機相撞，不發一彈而竟其功，算做戰果亦無不何。

如此，雙方各說各話，各皆有理！總而言之，無論戰果如何計算，我方實質兵力，就是少了兩架飛機，犧牲了一位分隊長！

四、學校戰技訓練不足、指揮缺乏作戰思想。

空軍官校畢業，只是具基本飛行能力。而一位成熟飛行員須具備戰技戰術的能力，兩者中間仍有相當大的差距。學校訓練時未能顧及此，形成危險空檔！

空軍是攻勢的兵種，即使小兵力，亦可主動制敵，決勝千里。若採防衛戰術，已失用兵先機。高階作戰指揮，因缺乏空軍戰技戰術背景，用陸軍作戰思維指揮，形同盲人騎瞎馬！由於這些制度、系統上的盲點，不易發現，造成直接戰力損失，開戰半年，上百飛行員犧牲，其代價不可謂不大！

歸航戰報的觀念，直到太平洋戰爭美軍參戰後才建立。此前，我年輕飛行員奮勇殺敵之後，頂多在寢室內與戰友談談而矣。

至於指揮本部的錯誤，不但從未檢討，常搪塞自欺；由於對士氣的影響，或宣傳上的需要，常做不實掩飾的戰史記載。

五、用兵是一種見識、是一種膽量、更是一種藝術。

我方飛機性能不如日機，若能先占高度，足以彌補。如防空情報不明，可先用半個中隊快速的I-16機，升空先占高度警戒，九十分鐘後另批接替，有了空優高度，即使地面、低空仍有我機，敵亦不敢輕舉妄動。

瞭解入侵的日戰機，留空時間有限，二十分鐘上下，不敢久戰，可用I-15機纏敵不放，就已取得先機！

武漢遭襲時，作戰總指揮部，若能協調南昌俄員隊友軍，用小兵力尾隨攻擊。在蕪湖、南京一帶，分兵伏擊，就近截其後路，待敵機油盡歸來，可一舉殲滅之！

兵法有云：「知己知彼，百戰百勝。」用兵是一種見識、是一種膽量，其最高境界更是一種藝術！

後記

一九四一年十二月七日，日本偷襲珍珠港，引爆了太平洋戰爭。日本海軍航空隊由南台灣出擊，席捲菲律賓與馬來亞，美英空軍被打得潰不成軍。然而回顧四年前中日戰起，時我空軍成軍不及五載，雛鷹初翔，卻能以寡擊眾力抗強敵，並予日寇以迎頭痛擊，且屢創佳績，殊屬難能可貴；其所憑藉的完全是高昂的士氣與保家衛國的戰志！

筆者積四十年對飛行事故調查與預防的經驗，將七十二年前「二一八武漢空戰」的塵封往事，經考證後，重組再現這段歷史，為的是不教青史盡成灰；用以紀念我空軍將士與先烈們，奮不顧身英勇救國的事績，得以傳承！

（本文發表於582號《傳記文學》第97卷5期，頁100-112，台北，2010.11）

張光明將軍與I-16機模型

日本「四大天王」伏殲記

何邦立

中國空軍的「四大天王」

高志航、樂以琴、劉粹剛，還有後來的梁天成，合稱為中國空軍的「四大天王」。

另一說，高志航、樂以琴、劉粹剛，李桂丹，合稱為中國空軍的「四大金剛」。

1937年10月26日，山西淪陷在即，閻錫山部隊急向南京政府請求空中支援。中央政府雖捉襟見肘，仍決定派王牌飛行員劉粹剛隊長率3架戰機星夜馳援，以示中央對山西抗戰的支持。由於暗夜天侯不佳，其他兩機相繼掉隊或返航，劉粹剛仍單機馳援，結果油罄，覓地下降，在漆黑中撞及山西高平縣城東南角的魁星樓，不幸英年早逝，為國捐軀。開戰不及三個月，劉粹剛烈士留下官方七星星序及二等宣威獎章（擊落敵機七架，出擊敵營逾20次）的喧赫戰績，至於其炙言人口的回馬槍戰技（英麥曼動作），更長留南京市民心中，譽為「中國空軍的紅武士」，追晉少校。

高志航大隊長在創下814、815筧橋空戰、南京空戰的光榮戰績後，因槍傷療養，甫癒，10月1日，奉命赴蘭州接收俄製I-15、I-16新機。11月21日，率領的13架戰機，因連日大雨陷在河南周家口機場動彈不得。又因漢奸告密，遭到偷襲，在日機已臨空狀況下，高志航仍無畏的冒險起機；天冷，在連續3次發動不成的情況下，烈士與軍械長馮幹卿，被炸壯烈殉國，追晉少將。「東北飛鷹、空軍戰神」的高志航，常被譽為空軍的「軍神」。

空軍四大隊、五大隊拱衛首都，在南京上空不斷殲敵，在我機兩個月的英勇奮戰下，敵精銳的木更津隊、鹿屋航空隊幾至全軍覆沒。12月3日，南京危在旦夕，中國空軍的飛機已消耗殆盡，僅剩21隊董明德隊長、樂以琴副隊長兩機起飛迎戰，敵眾我寡，樂以琴的戰機中彈起火跳傘。為免被日本人當空靶

子，樂以琴開傘較遲，傘未張墜地犧牲。生前以作戰英勇被譽為「常山趙子龍」，因功奉頒五星星序獎章，追晉少校。

由於中國飛機在質量和數量上都與日機進一步拉大了差距，中國空軍在空戰中的損失逐漸加大，繼劉粹剛、高志航、樂以琴犧牲後，最後一位天王梁添成中尉分隊長，也在1939年6月11日，敵九六式轟炸機27架空襲重慶時，天色昏暗，23隊隊長鄭少愚率8架I-15機與敵遭遇，互擊良久，梁添成所駕2307號機，夜戰中為敵擊中起火，墜於涪臨附近，機毀人殉，為國捐軀，追晉上尉。

中國空軍的「四大天王」的犧牲，尤其讓人感到惋惜。最大的天王高志航犧牲時也只不過30歲，犧牲後被追授為少將，是抗戰時期犧牲級別最高的空軍軍官。犧牲最晚的梁天成也只有26歲。天王劉粹剛犧牲時為24歲。最小的天王樂以琴原名樂以忠，因年紀不夠條件報考空軍，遂冒其哥樂以琴之名考取了中央航校，犧牲時年僅22歲。他們都是中國空軍的中堅、民族的脊梁，在國家最需要的時候，把寶貴的生命奉獻給了祖國。

由於戰爭的空前殘酷與持久，八年征戰中，中國空軍損失各式飛機2468架，6164人殉國。烈士們几乎都是清一色的熱血青年，平均年齡才23歲，最小的尚未滿20。中國空軍終於迎來了來得不易的勝利，完成空中抗擊日寇的光榮使命。八年間，中國空軍共取得擊落擊毀敵機1226架、擊傷炸傷敵機230架、炸毀炸傷敵坦克車輛8546輛的傲人戰績。

一位日軍高級軍官曾遺憾地說，要不是中國空軍的出色表現，「我們可能已經到了我們所希望去的任何地方。」

日軍「四大天王」先後喪命

日本軍國主義者發動全面侵華戰爭前，為推行「武士道」精神，在陸軍航空隊和海軍航空隊的戰鬥機飛行員中，通過定期的特技、編隊、空戰、射擊等技術競賽，曾評選出4名最優秀的飛行員，謂之「四大天王」，他們分別是陸軍航空隊的三輪寬少佐、海軍航空隊的山下七郎大尉、潮田良平大尉、南鄉茂章大尉。在侵華戰爭初期，它們雙手都曾沾滿中國軍民的鮮血。

被中國空軍擊斃的日軍飛行員中，有許多是王牌飛行員。然而，日軍做夢

也想不到，四名最優秀號稱「四大天王」的飛行員，竟在短短的一年時間裡，先後被年輕的中國空軍擊落，命喪西天。

1937年9月初，晉北、內蒙的戰事日趨緊張，關東軍參謀長東條英機指揮「蒙疆兵團」，向大同發起攻擊，以策應日軍華北方面軍沿平漢鐵路進攻保定和石家莊。9月14日，中國空軍奉命組成北方支隊，進駐山西省北部機場，以配合地面部隊作戰。

在華北戰場，最先喪命的是「驅逐之王」三輪寬，他享有「射擊之王」和「攻擊能手」的美譽，曾多次率機攻擊我北京、保定、石家莊和大同等地，犯下累累罪行。

1937年9月21日，日本陸軍航空隊第16聯隊第一大隊隊長三輪寬率領8架九五式驅逐機、掩護14架轟炸機，從山西陽高機場起飛，前來轟炸太原。中國空軍第五大隊第28中隊中隊長陳其光以7架戰機（4架霍克二、3架中央航校校機）迎敵。當時中日空中力量對比懸殊，中國空軍勇士發現敵機後，毫不畏懼，勇敢沉著，迅速搶佔有利戰術位置，中隊長陳其光切入日軍戰鬥機長機尾後，猛烈開火，當即將其擊傷。敵機中彈後迫降在一塊麥田裡，飛行員被當地聞訊趕來的農民一陣亂棒打死。後來，在清理遺物時發現印章與佩刀，原來死者就是被日軍視為「軍寶」的三輪寬少佐。日本陸軍航空兵遭受到極為沉重的打擊。

是役，敵眾我寡，我方梁定苑、吳志程、雷國來三烈士，相繼中彈為國犧牲。

僅僅五天後，日軍另一王牌飛行員山下七郎也被擊落。9月26日，日本海軍第13航空隊第2分隊分隊長山下七郎大尉，從上海公大機場起飛，他駕駛的是「九六」式126號艦載戰鬥機，編隊掩護轟炸機群轟炸南京。中國空軍第5大隊24中隊率數批戰鬥機從江蘇句容機場起飛，迎擊日機。中日雙方飛機在太湖附近上空展開激烈空戰。山下七郎的座機被我方羅英德分隊長擊傷後（註），狼狽逃竄，飛機損傷嚴重，難以繼續飛行，迫降在蘇州以東的太倉縣境內，毛家市河邊的一片墳地，被中國軍隊俘獲。

（註：編者何邦立考證，參照空軍忠烈錄、空軍抗日戰史、羅英德日記詳述經過等，確定之）

　　接受審訊時，山下七郎供認1937年9月9日從日本大村機場起飛，經韓國濟州島著陸加油，當天飛抵上海公大機場，隨後在上海附近地區支援地面部隊作戰。9月19日起，擔任掩護轟炸南京的任務，沒想到一週後就成了俘虜。他還口是心非地表示，此次作戰中國軍隊之英勇出乎日本人意料。他盼望早日停止戰爭，能得生還，以後誓不再做軍人侵略中國；此次被俘蒙受優待，尤為慚愧等等。後來有關方面將他押送到了四川內地關押改造，山下七郎他利用看管不嚴的機會，蒐集情資、越獄逃跑，被捉回，後被判處死刑槍決。

　　第三個被擊落的是號稱「東方紅武士」的潮田良平，他是日本海軍第12航空隊大尉分隊長。1938年1月7日，他率96式艦載戰鬥機9架，掩護木更津航空隊12架轟炸機，由南京大校場起飛空襲南昌。中、蘇空軍飛機起飛攔截。空戰中潮田良平的座機，被中國空軍驅逐機第5大隊24中隊飛行員徐葆昀所駕I-15戰機擊落，殞命南昌。

　　最後一個被擊落的是南鄉茂章。被譽為「四大天王」之首的南鄉茂章，一再揚言要替其他三個「天王」報仇。1938年7月18日，南鄉茂章率日機群，首批14架（8架驅逐機、6架轟炸機）、次批8架轟炸機由安慶起飛轟炸南昌，在鄱陽湖上空與中國空軍5機展開了空戰。戰鬥中，中國空軍的一架飛機中彈，但這名英勇的飛行員沒有跳傘求生，而是駕駛受傷的戰機向附近的一架日機撞去，隨著「轟隆」一聲巨響，兩機雙雙墜落於鄱陽湖中。該機正是日本王牌飛行員，四大天王之一南鄉茂章的座機。

　　南鄉茂章來華時是日本海軍第2聯合航空隊第13航空分隊的大尉分隊長，後轉任蒼龍號空母的飛行分隊長，1938年7月任新編海軍第15航空隊少佐隊長（相當英美制的聯隊長），駐地安慶。中日戰爭初期屢立功勛，而成為著名的戰鬥機隊長。他也是日本海軍航空兵對編隊空戰戰法，極有研究與貢獻的人物。山本五十六大將親自參加了南鄉茂章的追悼會，當眾痛哭。死後追晉少將，並封「軍神」。「四大天王」的斃命對日軍航空隊的士氣打擊極大。

　　日方資料，南鄉茂章最終在空戰中與擊落的中國飛機相撞戰死，經編者何邦立比對中日雙方戰情，考證我方飛行員應為第三大隊第8中隊（原廣西空軍）隊員黃鶯少尉，烈士以眾寡之敵，犧牲殉國；生前因功奉頒三星星序獎章，追贈中尉，國府主席蔣公題「精忠報國」四字以褒揚之。

南鄉茂章一說遭第5大隊24中隊羅英德分隊長擊落，但與中、日官方資料，兩機相撞墜落不符。羅英德擊落的是山下七郎而非南鄉茂章。至於我方資料第3大隊第8中隊黃鶯擊落另一王牌加藤建夫大尉，亦是有誤，應是撞向天王南鄉茂章，兩機同墜。

武漢三次大空戰

筧橋空戰不但戳穿了日本空軍不可戰勝的神話，世界各大報紙爭相報導此次空戰，紛紛讚揚中國空軍的英勇壯舉。在隨後數週，日軍組軍瘋狂反撲，但一再遭受重創，日本鹿屋航空隊司令石井義江大佐，據報導也因為無法交差而剖腹自殺。

鹿屋航空隊在1937年8月進駐台灣後，開始渡洋轟炸，當時的指揮官是石井義江大佐。在日本大村的木更津航空隊司令竹中龍造大佐，亦派飛行長林田如虎少佐率全部20架「九六式」轟炸機南下。事實上在整場渡洋轟炸中，日本海軍轟炸機隊受到的打擊不小，814那天不算什麼大事，三週之間，木更津與鹿屋航空隊38架「九六式」轟炸機，被擊落20架。根據日本戰史，在渡洋轟炸期間，鹿屋航空隊24架編制一度只剩8架，還有不少飛行隊長級的人物戰死。這次航空作戰後，日本終於更正了「戰鬥機無用論」與「快速轟炸機致勝論」的錯誤路線，回到了戰鬥機開發優先的正確道路，而有1940年零式戰鬥機開發的成功。

事實上，石井義江大佐並沒有因為嚴重的戰損而切腹，日後歷任空母隼鷹艦長、空母沖鷹艦長，最後在空母神鷹艦長任內，1944年11月17日，在濟州島海域遭到美軍潛水艇「鰍魚號」擊沉，石井義江大佐與艦同沉殉國。（編者註）

南京失陷後，中國空軍將指揮中心轉移到武漢，這是中國空軍的重要基地。日本以陸海軍航空兵近400架飛機連續轟炸武漢、南昌等地，欲奪取這一地區的制空權。國府進行了長達130多天英勇的武漢保衛戰。這是中國第一期抗戰的第三階段。

1938年2月18日武漢空襲任務，日海軍第一聯合航空隊由南京起飛15架九六轟炸機和第二聯合航空隊11架九六艦戰機，由金子隆司大尉率隊擔任轟炸護

航任務，直撲武漢。中國方面由第四大隊李桂丹大隊長，率19架I-15型、10架I-16型戰機分別從漢口、孝感機場起飛迎敵。空戰歷時12分鐘，我機因無高度橫遭突襲，戰況極為慘烈，雙方互有傷亡。

日本防衛廳戰史檔案披露，該役出擊11架九六艦戰機，4架失蹤未返，2架油箱遭擊中險些墜機，1架飛行員遭擊重傷，1架輕傷；至於領隊金子隆司大尉亦在失蹤之列。經何邦立之考證，金子隆司在襲擊我領隊長機後，繼又追殺編隊之僚機張光明，在追擊過程中，遭張光明一記回馬槍擊中油箱，蒼慌逃逸。此役，雙方大隊長均身殉。我方損失5人，大隊長李桂丹、中隊長呂基淳、分隊長李鵬翔、隊員巴清正、王怡為國捐軀。

第二次武漢空戰發生在4月29日，該日是日本的「天長節」即天皇的生日。日軍決定再次空襲武漢，然而中國空軍已獲戰情。在日軍第二聯合航空隊出動36架重型轟炸機，在12架戰鬥機的掩護下飛臨武漢時，中國空軍由毛瀛初和董明德率領19架I-15型驅逐機，會同蘇聯志願隊的26架驅逐機升空。我方戰機早已占據有利高度，奮勇突入日機編隊之中，與敵展開空中纏鬥。此役，陳懷民的戰機在擊落一架敵機後，受到5架敵機圍攻，他機身中彈，操縱不靈。當時本可跳傘求生，但他卻加足馬力，撞向一架敵機的壯舉，與日本飛行員高橋憲一同歸於盡。是役，經過30分鐘激戰，共擊落日驅逐機11架、轟炸機10架，而中方僅損失戰機2架，負傷3架，取得了抗戰以來最輝煌的空戰勝利。

第三次武漢空戰發生在5月31日，日驅逐機39架分三層高度來襲武漢，我三大隊、四大隊與蘇聯志願隊的飛機分途攔截，發生激烈空戰，取得了擊落14架敵機的戰果。

武漢會戰期間，從5月至10月，中國空軍擊落敵機60架，炸中敵大小軍艦一百餘艘，內有17艘沉沒，37艘被炸傷，12艘起火。直至10月24日武漢棄守，中國飛機亦損失殆盡，此時一面接收蘇聯補充之飛機，整訓部隊，一面應付作戰。

1938年3月，中國軍隊血戰台兒莊，三大隊北上增援，第一天就擊落敵機2架；連日來飽嘗日機轟炸掃射之苦第五戰區的陸軍兄弟無不熱淚盈眶。3月25日，日本陸軍航空兵第2大隊第1中隊長企圖從空戰中找回便宜，曾代表日本航空兵狂妄地向中國空軍下戰書的日本陸軍王牌飛行員加藤建夫大尉率27架九五驅逐機，遭我方第三大隊長吳汝鎏率10架I-15機攔截，加藤被8中隊的戰機擊落。

（編者註：但歸德空戰被擊落實非加藤，而另有其人。5月加藤大尉帶著9架戰果回國，之後進入日陸軍專科大學。後并成為寺內壽一大將的隨員訪問德國空軍）。

4月初，日軍被迫從台兒莊撤退，中國軍隊終於取得了抗戰以來戰果最大的一次勝利——台兒莊大捷。

中國空軍的抵抗意志卻絲毫不減。1939年11月4日，日本海軍第13航空隊司令奧田喜久司大佐帶領54架重轟炸機分兩批偷襲成都。中國空軍第五大隊29中隊馬國廉隊長率I-15機9架，攔截第二批入侵的27架大編隊敵機，雙方發生激戰，年僅24歲的副隊長鄧從凱駕2903機奮勇當先，冒著火網衝入重圍，擊其領隊機並窮追猛打，斃敵日本海軍「轟炸大王」的奧田喜久司，敵機隊形遂亂而散逃。鄧從凱在追擊中機身中彈多處，仍不肯跳傘，終至墜落。烈士生前曾擊落敵機3架，獲頒三星星序獎章。該役另有26中隊的段文郁烈士，駕2609機在激戰中，為國捐軀。

1941年4月，加藤建夫中佐就任為加藤隼戰鬥機隊的第四任隊長，駐防馬來半島、爪哇、緬甸等地。1942年5月22日，加藤的零式戰機與僚機共同追擊攻擊基地的英軍布倫亨式轟炸機時，被機尾的機槍手擊中，墜海喪命。加藤死後獲特晉為少將，並被讚揚為「軍神」。

中山雅洋的記錄

日本戰史學家中山雅洋寫的《中國的天空》記錄了一些獨特的史實。

1937年9月18日，為了紀念國恥日，處於劣勢的中國空軍，對上海的日軍發動了出擊。日本人在上海占有空中優勢，中國空軍的損失是非常慘重的，飛出去十架，回來也就剩下兩三架了。有一架遍體鱗傷的雪克萊攻擊機回來時，飛行員全身都是傷，爬不出機艙。地面人員打開機艙蓋，看到這位中國飛行員用被打斷的手指，在駕駛艙罩內寫下了四個血字：還我河山。

在抗日戰爭初期的空戰中，中國有四大天王，日本也有四大天王。打到中間，雙方的四大天王都陣亡了，但是這本書卻說，其實日方的一個天王山下七郎沒有死。他最後的歸宿誰都想不到，是在中國的蘭州，死的時候是中國普

通的一名中學教員。山下七郎在9月26日，一次飛行任務中被擊落，摔斷了胳臂，遭到中方活捉。

當時山下七郎的監禁地就在機場附近。他從窗戶中看到一位貴婦人打扮的中國女子，帶著很多官員站在跑道上等著。每一次飛機回來的時候，他們就為飛行員祈禱。有一架雙發轟炸機回航的時候，飛行員盡力地支撐著，人們都在祈禱他平安的落下，最後飛機翻落在跑道盡頭處的壕溝裡。我（中山雅洋）猜測這個女子就是宋美齡女士，她當時是航空委員會的秘書長。

山下七郎看到這一幕，終於明白中國人是用一種什麼力量在抗日。第二天他找到中方官員說：「山下七郎已經死了，但是我願意為中國工作。」就這樣，山下七郎成為了中國空軍的教官，改名換姓，為中國培養飛行員。戰爭結束後他定居蘭州，隱姓埋名，成為一名普通的中學教員。（何註：山下七郎被俘後，改名換姓，結婚生子，在空軍監察大隊工作，協助我方破解日軍密碼，貢獻良多。）

抗戰中期，中國空軍本來就處於劣勢。1941年3月14日，當時成都雙流的太平寺機場，日軍空襲完一次，又空襲第二次。這時候大家都往防空洞裡跑，只有一個飛行員衝向了跑道，駕機起飛抵抗，他就是林徽因的弟弟——林恆。在飛機剛起飛的時候，就被日軍擊落在跑道的盡頭。幾次襲擊後，中國空軍飛機幾乎蕩然無存。

一次日軍發動了對成都的空襲，出動了32架97式重型轟炸機。為了宣揚這次轟炸，他們在行動之前特意請了記者小柳和八木登上轟炸機，帶著攝像機準備拍攝轟炸情景。日軍自認為這次轟炸應該是一次很輕鬆的任務，此時突然發現又有架中國教練機飛來。當他發現打不下日機後，這架中國飛機就撞了過來。日本飛機發現它後立即右轉，兩架飛機平行並飛好幾秒鐘。這是一架不能收放起落架，很落伍的的雙翼飛機。這名中國飛行員在32架日軍機陣裡面穿梭攻擊。首先是數量上1：32，而且中國飛機的機槍，很難打下日軍的重型轟炸機。但他仍然無畏地在日機陣中英勇衝撞，在日機中左衝右突，最後突圍而走。

中山雅洋非常好奇這個中國英雄到底是誰？查找資料後發現，他是中國空軍航校的一位教官。日本人的情報非常準確，轟炸成都的時候，已經知道中國

空軍戰鬥部隊沒有飛機了。這名教官駕著自己的教練機起飛迎戰。他在回憶錄中寫了當時的情境，他沒有寫自己飛上天怎麼與日軍糾纏，但他留了一句話：「我的學生都戰死了，現在該我這個老師上去了。」這悲壯的一句話，讓我們知道了抗日戰爭時，中國人是用什麼樣的思維應戰。

結語

美國作家史沫特萊的《中國戰歌》裡寫道：「剛到重慶的時候，有多達二十四架的中國飛機升空攔截那些來襲的轟炸機，但是隨著歲月的流逝，中國戰鬥機的數目越來越少。有一次，我看見單獨一架中國飛機追逐一群溯江而上的轟炸機。在那樣一種時刻，我曾希望有能力為那一架小小的飛機，寫一首不朽的詩歌。」

雖然史沫特萊沒有留下不朽的詩歌；但我們炎黃子孫卻可以為這一架飛機的戰鬥精神，留下萬代千秋的敬意。正是千萬將士不成功即成仁的犧牲精神，才成就了一個威武不屈的中國，苦撐待變，以求最後的勝利。

中國空軍霍克Ⅲ機隊

《日本陸海軍事典》日軍在華傷亡（不含平民）數據資料

（厚生省援護局1956.3.）

壹、1937年7月7日到1945年8月14日（盧溝橋事變到日本宣佈無條件投降前）

滿洲地區：

  陸軍損失：兩萬六千人（26,000）

  海軍損失：五百人（500）

  合計損失：兩萬六千五百人（26,500）

中國大陸本土地區：

  陸軍損失：三十八萬五千兩百人（385,200）

  海軍損失：一萬九千四百人（19,400）

  合計損失：四十萬零四千六百人（404,600）

緬甸、印度地區：

  陸軍損失：十六萬零四百人（160,400）

  海軍損失：一千五百人（1,500）

  合計損失：十六萬一千九百人（161,900）

台灣地區：

  陸軍損失：兩萬七千二百人（27,200）

  海軍損失：一萬零兩百人（10,200）

  合計損失：三萬七千四百人（37,400）

貳、1945年8月15日以後（日本宣佈無條件投降後）

滿洲地區：

  陸軍損失：一萬九千九百人（19,900）

  海軍損失：三百人（300）

合計損失：兩萬零二百人（20,200）

中國大陸本土地區：

陸軍損失：五萬零四百人（50,400）

海軍損失：七百人（700）

合計損失：五萬一千一百人（51,100）

緬甸、印度地區：

陸軍損失：兩千六百人（2,600）

海軍損失：零（0）

合計損失：兩千六百人（2,600）

台灣地區：

陸軍損失：一千三百人（1,300）

海軍損失：四百人（400）

合計損失：一千七百人（1,700）

叁、日本在二次大戰中各戰場的陸海軍人員死亡合計兩百一十二萬一千人（2,121,000）

作者何邦立翻閱考證抗日空戰資料

宋美齡與空軍
——兼記八一四空軍節的由來

何邦立

1932年2月18日，第一次淞滬戰爭爆發，我薄弱空中武力，無法應付日方來襲，喪失空優的掌握。國民政府有鑑於中日戰爭無法避免，也認識到空軍對國防的重要性。一方面加強空軍的領導，健全機構，興辦航校，培訓人才；一方面增加空軍經費，建設飛機製造工廠，從國外購進飛機以擴充部隊。為適應抗戰需要，調整組織機構，最高領導機關仍為航空委員會，蔣介石仍兼任委員長、宋美齡任秘書長、周至柔任主任委員。

航空委員會祕書長蔣宋美齡

宋美齡與空軍

一個女人統領整個空軍，太有魅力了，風采不輸任何男性角色。歷史上的宋美齡對空軍又做了哪些貢獻？南京民間抗日戰爭博物館中的文獻記錄，為大家解密。

統率空軍卻會暈機

空軍長官私下裡談論說「夫人（宋美齡）的一顆翡翠紐扣就能買兩架霍克三戰鬥機！」這一「野史」被人們津津樂道。事實上，蔣介石和宋美齡其實很節儉，完全不奢侈。

「當時蔣介石過50歲大壽的時候，全國上下確實掀起了一股賀壽風。但宋美齡表示如果大家真的有心賀壽，就去支援部隊的軍械裝備。所以當時南京一共捐了好幾架飛機。」

1936年宋美齡出任中國航空委員會秘書長，其實「宋美齡有暈機的毛病。」即便如此，從採購飛機、延聘外國飛行員和專家、研究空軍戰術、參加戰略會議都毫不含糊，所以當時被譽為「中國空軍之母」，後來還被飛虎隊視為「榮譽隊長」。宋美齡非常喜愛她的空軍披風和空軍軍徽，她一生中最喜愛的胸針就是金色與銀色的中國空軍軍徽，當年她的新聞稿上，經常會出現一句「我的空軍」！

從當時中國自衛和發展的需要，宋美齡認識到空軍的重要性。因此，她不遺餘力地參與空軍的建設，她意識到要有高水準的空軍，就不能假手他人。於是，在沒有合適人選的情況下，只受過文學和社會科學教育的宋美齡，便把許多時間花在了有關航空理論、飛機設計和比較各種飛機零件優劣的技術刊物上，她親自和外商洽談，訂購了價值2000萬美元的產品，用於空軍建設。

抗戰初期，宋美齡為組織空軍抗戰，投入了很大的精力；據說，她認得中國空軍的每一種飛機，四大隊的每一位飛行員。空戰激烈時，她多次進行戰前動員，為將士打氣鼓勁並迎接他們歸來。

1937年10月12日，宋美齡還曾直接走出掩體，目擊了劉粹剛回馬槍的一擊，而且記錄了這場南京空戰的全過程。最後，她寫道：「……三點十七分──現在空中寂然無聲。此次空襲，歷時約40分鐘……我們的損失是兩架飛機迫降，但有飛行員受傷，一人殞命。」

宋美齡不僅冒生命危險，還曾有一次遭受日機追擊，翻車受傷的記錄；偉哉，斯女子！

南京保衛戰

1937年7月7日「盧溝橋事變」爆發，日軍於8月13日進犯淞滬地區，從8月15日下午1時起日本海軍航空兵對當時的中國首都南京實行了瘋狂的轟炸。在敵我戰機數量懸殊的情況下，中國空軍凜然駕機升空作戰，300多架飛機以弱搏強。

1937年10月12日的這場空戰。我五大隊24中隊飛行員曹芳震，空戰中身中十七彈，壯烈殉國。目睹戰友犧牲，有「中國紅武士」之稱的劉粹剛，熱血澎湃、怒髮沖冠，他緊緊咬住一架敵機，但另一架敵機也緊跟著他不放，劉粹剛

駕機前追後捽，左滾右掃，以風馳電掣之速，連續飛了幾個「懶8字」，拋開尾隨之敵機，並抓住時機，瞄準前面的敵機猛射，敵機凌空開花，聲震全市，隨後墜毀於小西門外。

和日本空軍相比，中國軍隊的空軍雖然實力弱小，飛行員匱乏，但依然進行了頑強不屈的抗爭，在抗戰初期，予敵以重創。

抗戰文物收藏家、南京民間抗日戰爭博物館的吳先斌館長說，關於空軍抗戰的文獻檔案有很多，但不如戰地照片來得直觀、鮮活。該館收藏有全套抗戰初期出版的《戰時畫報》，裏面有大量的抗戰戰地照片，其中不少就和空軍抗戰有關。

記錄空軍抗戰影像的《戰時畫報》

《戰時畫報》係上海中華圖畫雜誌社的號外，自1937年9月19日創刊到1937年11月19日終刊，前後總共出了20期，幾乎每兩三天就有一本問世。《戰時畫報》採用中英文對照形式，側重刊登戰地記者拍攝的照片，來反映抗戰初期的幾場重要戰事，其中包括淞滬會戰、欣口會戰等重大戰役。

第一期的《戰時畫報》上，就刊登了中國空軍飛機起飛，還擊淞滬戰場上來犯日軍飛機的照片。《戰時畫報》側重介紹了「八一三」淞滬會戰初期，我空軍所取得的輝煌戰績，刊登了在杭州首開記錄的空軍王牌飛行員高志航的肖像照片。高志航照片下方，是另一位王牌飛行員樂以琴的照片，八月十五日和二十一日兩天，他累計擊落日軍飛機達五架之多。由於戰功卓著，高志航大隊長還登上了第三期的《戰時畫報》的封面。

高志航、樂以琴，和另兩位飛行員劉粹剛、李桂丹一起被稱為抗戰初期中國空軍的「四大金剛」，可惜的是，半年光景，這四位飛行員都先後為國捐驅。

畫報中還有兩位空軍健兒的合影，右邊的是在南京溧水擊落一架日軍重型飛機、在上海南匯擊落日軍一架驅逐機的飛行員黃光漢，左邊的是在杭州筧橋上空擊落日軍一架九六式轟炸機的毛瀛初。

在中國空軍的打擊下，曾經不可一世的日軍損失慘重，號稱日軍四大天王的飛行員三輪寬、山下七郎、潮田良平、南鄉茂章，一年內相繼被我軍擊落斃命。《戰時畫報》刊登了大量圖片，記錄來犯日機被擊落以後的慘狀，並且拍

攝了被我軍擊落以後被俘的日軍飛行員的沮喪神情。

第三期的《戰時畫報》中，還刊登了一位日本飛行員和他妻子的照片。這名飛行員名叫斧田卯之助，其妻名叫敏子。1937年8月27日，我空軍在安徽天長擊落日軍飛機一架，斧田卯之助是這架飛機的機長。在清理飛機殘骸時，戰士們搜出了斧田藏在口袋中的一封家書。《戰時畫報》全文登載了妻子敏子寫給斧田的這封家書，信雖不長，卻寫得纏綿幽怨，日本青年痛恨戰爭、渴望和平的心情表現得淋漓盡致。

空軍耀眼的戰績

壹、日本四大天王伏殲記（抵華十個月內均遭擊落）

1937年9月21日，大隊長三輪寬少佐被擊斃於山西大同。（陳其光擊落）

1937年9月26日，分隊長山下七郎大尉在南京上空擊落被俘。（羅英德擊落）

1938年1月7日，分隊長潮田良平大尉在南昌被擊落身亡。（徐葆昀擊落）

1938年7月18日，隊長南鄉茂章少佐被擊落鄱陽湖中。（黃鶯撞落）

1938年2月18日，分隊長金子隆司大尉在武漢上空被擊傷油盡墜毀。（張光明擊傷）

1939年4月11日，司令奧田喜久司大佐在轟炸成都時遭擊落。（鄧從凱擊落）

註：海軍航空兵艦隊分隊長相當英美制的航空大隊長。

貳、中日空軍十大戰役

2月18日，武漢一次空戰，擊落日機8架。

2月21日，中國戰機遠征台灣，轟炸台北機場，擊毀30架，威震敵膽。

2月24日，粵北空戰，我戰機9架，擊傷擊退來犯日機49架。

4月10日，歸德空戰，以寡克眾。

4月13日，廣州空戰，擊落日機8架。

4月29日，武漢二次空戰，擊落日機21架。

5月11日，南海之戰，炸沉炸傷日艦5艘；擊落日機3架

5月20日，馬丁遠征日本福岡、長崎，投擲反戰傳單〈日本反戰同盟告日本士兵書〉。

5月31日，武漢三次空戰，擊落日機14架。

6月16日，粵北二次空戰，來犯日機6架全數被殲滅。

八一四空軍節的由來

1937年八一三淞滬戰爭爆發，空軍發出第一號作戰命令，急調遣第四大隊趕赴杭州保衛筧橋。四大隊出動二十七架霍克三型飛機，當天下午一時從周家口起飛，第二十一、二十二、二十三隊分別由李桂丹、黃光漢、毛瀛初率領，每隊九架為一批，每隔五分鐘起飛一批；第二十一、二十三兩隊安抵筧橋後加油，二十二隊偏離航線飛至廣德加油後，再飛筧橋。

當日江浙沿海有輕颱來襲。日方由台北起飛的鹿屋航空隊，十八架九六轟炸機分為兩個編隊。第一編隊由新田少佐率九架，於12：55時分起飛，第二編隊淺野少佐率九架，於13：05時分起飛。新田隊至永康後直飛筧橋，淺野隊則飛往廣德機場轟炸，欲一股消滅我空軍新生戰力。因天氣惡劣，分散飛抵兩地，新田隊其中6架於18：30時分轟炸筧橋、喬司機場。淺野隊於19：40時分空襲廣德。直到23：20時分，15架返回台北基地。

中國空軍迎擊空襲杭州的日本海軍鹿屋航空隊，首戰告捷。但這次空戰戰果是6：0，還是3：0，2：0或是4：0？迄今各種記載不一、莫衷一是。日方紀錄稱，當晚三架飛機未飛返台北松山基地。經查證日方損失為遭擊落二架、重傷二架、輕傷二架。

蔣介石在815日記中記道：「倭寇空軍技術之劣，於此可以寒其膽矣！」

參照日本戰史資料：戰後日本防衛廳戰史室出版戰史叢書，其中「中國方面海軍作戰」，有關杭州筧橋之戰，出動18架，返回15架。二架失蹤未歸、一架中彈油量不足墜於基隆港外水域、一架機輪中彈落地時損毀。

至於日本海軍第一聯合航空隊（一聯空，下轄鹿屋、木更津）的戰鬥詳細報告中記載，新田編隊中，1小隊3號機（桃崎、恩地）、3小隊3號機（三井、森田）失蹤。3小隊2號機（山下、川崎、大串）中彈73發、左引擎熄火，機輪遭擊中，勉強飛抵台北迫降落地時觸地重損。該機原狀運回日本供天皇參觀，以炫耀海軍航空隊「越洋轟炸」之戰力。此機現存於日本海軍館展示。

新田隊：桃崎機，低空入場炸中筧橋油罐車起火燃燒，因而暴露行蹤被高志航與譚文合力擊落墜毀於半山。三井機，遭李桂丹、柳哲生、王文驊共同

擊中起火墜毀於錢塘江口。山下機，遭高志航擊傷勉強飛回台北降落時觸地重損。

淺野隊：炸廣德時，第2小隊2號機（小川、才田）被暫編中隊隊長周庭芳擊中燃油箱，中彈冒煙下降勉強低空飛逃，途中墜毀於基隆港外寮島（今和平島）燈塔附近海中，機毀人員獲救（何註：該機非被鄭少愚擊中）。

最先報導筧橋空戰擊落日機6架，是鄒韜奮先生主編的上海《抗戰》三日刊。該刊1937年9月6日出版的第6號載有《空中鬥士訪問記》。作者吳寶基到杭州廣濟醫院採訪，據率隊迎擊日機，並首開擊落日機紀錄的空軍第四大隊長，高志航答稱：我方獲得了大勝利，被擊落的敵重轟炸機有6架。戰時為了鼓舞人心，戰績宣傳易於誇大，因而6：0說就傳開了。

1940年，航空委員會編印、成都出版的《空軍抗戰三周年紀念冊》內刊當時空軍將領周至柔、黃光銳等的紀念文，均未提及八一四空戰戰果數字；但在此書內的《告僑胞書》中卻提到創造了6：0的光榮勝利的第一頁。抗日戰爭勝利後，台灣劉毅夫的《空軍史話》及盧建群的《空軍建軍史話》、則均為6：0的戰果。

抗日戰爭時期擔任國民政府軍政部長的何應欽，在戰後所著《八年抗戰之經過》中稱，八·一四空戰當場擊落敵96式轟炸機3架。戰時任副參謀總長、戰後任國民政府國防部長的白崇禧，在回憶錄中也如此寫。他們的數字當是引用空軍核實的報告，這是官方最具權威的數字與記載，不能想像他們願意縮小戰績。

1975年，台灣出版《抗戰勝利四十周年論文集》的「空軍與抗戰」中稱，杭州八一四空戰，至少擊落3架日機。又在註中說明各方記載不一，有6：0或9：0等，此處據戰史記載，結果為3：0。

綜上所述，從中日雙方可信史料確認，八一四杭州空戰中國擊落日機3架。但為表述簡潔且符合史實，就不必使用擊落、重創各兩架，更不宜再寫6：0，而應明確地記述1937年8月14日中國空軍杭州空戰大捷，戰果為3：0。

1940年，空軍抗戰三週年，時任航空委員會秘書長的宋美齡，建議國民政府為紀念這首次中日空戰的勝利，進一步激勵民心士氣，鼓舞全國人民的抗戰熱情，決定將每年8月14日這一天，定為空軍節。

空軍抗戰三週年紀念專冊

神鷹驅雀天馬行空
威揚雲表聿著豐功
精神所屆主義是崇

蔣中正題

我國的空軍

蔣宋美齡

我國空軍，與敵方比較起來，除了作戰精神的勇敢勝過敵人外，其他物質方面都不如他們，可是經過了這三年的激烈鬥爭，我國的空軍仍舊是一樣的活躍，繼續不斷的有驚人功績表顯出來。正像敵人沒有法子破壞摧毀我們全國同胞的抗戰精神一樣，對於我們初發前來的空軍，也赫然不能加以挫折。

當敵人發動軍事侵略的時候，我們空軍正在十分艱苦的情形之下開始創立。其時我們可用的飛機，數量僅有數百架，組織既未完備，達率也很緩慢，但是它們卻要與最新式的幾千架敵機周旋於祖國的天空。

空軍獲勝敵人，第一要飛機數量多，尤其在美國政府與版家所謂「現購自運」的必要條件之下，我們欲得多量飛機，一方面既有輪船去把它們直接裝載運來，裝上美國輪船，在起運以前，突然受到了「自運」限制的阻礙，這實在是我們空軍所受的最大可惜。我們在戰前向美國定有一批飛機，且已付清貨款，所以直到當困難打擊。這批飛機以及嗣後購到的飛機，都卻要經了許多曲折的路線，運送設法，才能到達我們國內。其中所化額外的費用以及耽擱的時間，都是十分巨大。

自此以後，我們總將飛機的困難，就更加增大了。有人不禁慨歎世界上正有許多人故意在作妨礙中國自衛工作的活動。這些友邦人士，他們自己的國家每天化了幾百萬金錢，正像我們一樣，力圖鞏固國防以圖自衛，卻對我們採取著一種不肯積極援助的態度，我在還廣不想分析他們的原因，可是我們要知道，中國空軍雖在十分艱苦的情形之下，配備簡陋，仍能盡其所能，以寡敵眾，抵抗敵人大量而最新式的襲擊，且時時把它們擊墜下來。

我國的飛機，而且在當戰之初，裝有無線電的戰鬥機，一般空中戰士雖無過相當的戰鬥機訓練，但並沒有十分優長的技術，當時卻使有了最迅速最新式的戰鬥機，而能夠駕駛運用自如的人，也並不多。所以空軍有今天的成績，可以說大半是在革命的精神教育中，和我們三民主義戰勝的力量，實在令人萬分欽佩。

轉載自「空軍抗戰三週年紀念專冊」，航空委員會出版，成都，1940.8.。

開戰之初，我國空軍，一方面要保衛祖國，一方面還得進行各種基本組織，予航空戰士以現代化的訓練，使他們能擔負我們千辛萬苦所設法購得的各種新式飛機。

我們雖然經過以上所述種種設不竭的訓練，使他們的苦痛與困難，但是我們青年的航空健兒遇到敵人，總能堅強抵抗，然而光榮的任何處所，付了極大的代價。凡是敵屠殺我民眾，焚燒我城市，焚燒我平民村鎮的殘骸，與其航空人員，不輪次鼓勇多寡，遇有不少的伴侶。

敵人離鄉加害於我國空軍的宣傳。我們一句話赫在投有防衛幼稚，若論戰士的勇敢精神，我們實在比敵人膽壯十倍，倘非如此，我國空軍早給敵人權毀得不堪設想了。

我們空軍當然也有損失，可是在非常艱難的情形之下，竭力補充，瀰夜修理，維持那原有的戰鬥力量，這價力量比敵人膽或不足，但於需要的時會，總有我們空軍相當數量始終如一機纓不絕的來升空應戰。說來似乎

奇怪，我們組織不久訓練未精的航空戰士，還供獻了驚人的優良成績，迄今為止，不僅擊墜了八百架敵機，擊斃了三百個敵空軍精銳。來作為證明，若果把這些戰績閃入於世界的空戰史中，我相信決無愧色。我們的空軍，在物質簡陋的情形之下建立了一種傳統的剛毅勇敢的航空精神，與最敬愛的革命精神，並且正在實事求是精益求精之中努力奮勉，他們與先烈的剛毅勇敢的革命精神，給方在從事開始的航空戰鬥工作人員以莫大的鼓勵，他們有了良好的模範，希望將來有更卓越的供獻。

次之，空軍之中各須地上工作部門的人員，如高射砲部隊，工程師，機械員士作，還持著那英明精神，他們往往在敵機飛翔之下，冒了生命危險熱心工作；還種英明精神，也是我們所不能忘記的。他們的貢獻裝面上雖不甚顯著，但因為他們的努力合作與那普通的抗戰到底的堅強的意志，一個航空戰士，促使保持著那升空的戰鬥服務，我們升空的戰士才能不折不撓，永遠保持像小鳥似的羽毛初生時起，隨意翱翔的時候，永遠有許多的經驗可以供他學習。歐洲空軍的各種動態

，都是我們新進航空人員時時刻刻可以學習的資料。這般歐洲的青年也像我們的戰士一樣，正在空中作戰，不過規模比我們大些；他們是怎樣應戰的，他們的戰術如何，都是我們所應當時時留意與研究的。從最新進步的歐洲空軍，我們要得最經驗最好的借鏡。我們雖然熱烈的說一句，歐洲交戰國的空軍，將來那一方面獲得最後勝利就其關鍵繫於戰鬥精神讓起勇敢，作戰紀律嚴明，合作精神堅強，勝利就屬於誰。所謂合作也就是放棄個人觀念，打破生死關頭面以犧牲空軍團結一致共同奮鬥而已。

歐洲的空軍正用了歐洲的物質與精神的力量來從事戰爭，這實在是一種日新又新進步的表率，我們無論如何必須學到他們的優點與特長。如此我們在抗戰中，我相信我國空軍更能獲得突飛進步以到驚人的進步與奇績，然而我知道過去的成績決不能使我國的空軍健兒認為滿足，而正在那裏術與空戰的經驗，我相信我國空軍更能爭取最後勝利之光榮。

更求精進。我以為他們祇要時時到能最守紀律，竭盡責任，而再能虛心和學習歐戰空軍最新最優的成績，必能表現青出於藍而勝於藍的機會。最近歐機正在我們全國領空中每天作大規模的空襲，我們空軍戰士在保衛全國同胞與重慶行都文化工作上，望其能發揮更偉大之成績來刻定我們空軍更優勝的基礎。

我國的青年空軍，毫不遲遲的立刻會採用那作戰方面最發明的戰術。有敬慧的心靈，我可以斷定他們更有著干勇敢的空軍先烈，有的是革命精神與必勝的信心，我可以斷定他們更偉大的遺達面壯烈的犧牲，在這抗戰建國的三週年紀念日，為了保衛中華民族和平的戰鬥精神與崇敬的哀悼，實是有虧我們國民的良心。空軍若不到他們作榜列的紀念與崇敬的哀悼，也是最有價值的犧牲，我們後死者應當做他們表示十分崇敬，把他們光榮的姓氏永遠鐫刻在抗戰忠烈傳中，使之流芳百世，永傳不朽。

抗日空軍英烈異邦浩氣長存
——聖地牙哥航太博物館參觀記

張光明、何邦立

查索中日空戰史跡

　　二○○七年六月二十一日聖地牙哥航太博物館，軍事史學家雷・威格納（Ray Wagner）特地由其子開車陪同，專程來洛杉磯寒舍造訪。令我頗感詫異的是，他怎麼知道我在八年抗戰中是參戰時間最久的飛行員。他已高齡八十三歲，為求證中日空戰史，不惜往返近五小時車程的辛勞，特地來洛城親訪，還準備了數頁問題，要和我面談求證。看來，他不但是個有心人，還是有備而來。

　　到訪之前，我也略作思考與準備。在寒暄之後交談之初，我先詢問，他的中國史料，從何而來？他回答部分是從一九三二年筧橋建校時，美國來華負責教育訓練的顧問人員，部分是陳納德所率參戰人員，均可說是一手資料。

　　我也出示手邊二○○三年空軍總司令部出版的《中華民國空軍重要戰役專冊》，二○○五年北京航聯會出版的《中蘇美抗日空戰紀實》，台北民間《中國之翼等空戰史冊》我直指在這些書冊裡所記述的空戰戰役，有若干是不實的。於其中，凡我參加過的戰役，其記述均非空戰的真實情況；更明指出「八一四筧橋空戰」與「二一八漢口空戰」，空戰史記載不實，誤導多年。當今軍史學者，須予考證，求實歸真。

空戰指揮不當的代價

　　空戰中戰鬥機展現猛烈的攻擊時，本身沒有防衛能力，端賴編隊僚機的支援或高空域在空機的掩護。因此高度的獲得，就爭取到攻擊的主動。

　　中日空戰前期，當時防空情報監哨不足與疏漏，敵機在中國之土地上到處飛，由於通訊情報之不靈，已處被動狀態，加上地面指揮官的素質，只要飛機不

被打在地面的心態，起飛了再說，調度是否適當，死亡多少人，均與他無關。

一九三八年二月十八日漢口空戰，總領隊機組四架，剛起飛至一千呎就遭攻擊，四機中三架瞬間被擊落。再好的飛機、再能戰的飛行員，起飛中被攻擊，也是沒辦法的；但指揮官卻沒責任。形成只要飛機上了天，生死存亡全由飛行人員自理的怪現象！

直到一九四一年天水機場被打地靶，十六架I-15 III戰機被毀於地面，五大隊番號被撤，掛上「恥」字，成了無名大隊，天水站長被撤職送軍法。此實非戰之罪，亦讓五大隊全體飛行員蒙羞，乃歷史的傷痛，指揮高層不了解空軍之特性與機種的性能，以指揮陸軍地面部隊，以數量多寡定勝負的觀念，又何能致勝？

美蘇援華抗日戰史

我同時說明，中國在八年抗戰初期階段（一九三七年）是中國空軍自力作戰。到中期階段，始有蘇聯軍援作戰，後期階段（迄二戰爆發前後），才有美軍援華作戰。在交談中我們共同認知，歷史貴乎真實，失真就不是歷史的觀點。一九三二年在杭州筧橋成立中央航空學校，聘請美國上校裘偉特（J.H. Jovett）為首的飛行、機械、通訊、學科顧問團負責，至一九三六年止。次歲，抗戰爆發前夕繼聘陳納德（Claire Lee Chennault）為中國空軍總顧問，對空軍備戰方面建議良多。

一九三七年十一月，蘇聯軍援飛機及自願軍飛抵甘肅蘭州直接參與作戰，迄一九四一年蘇聯中止軍援，蘇聯自願隊亦退出中國戰場。對這段中蘇合作抗日戰史，Wagner問詢最多。由於他對這段戰史手邊資料較少，求證之處甚多，交談以此為主。

隨後陳納德組織飛虎隊來華助戰，數月後珍珠港事變太平洋戰爭爆發，乃至美國十四航空隊、中美混合聯隊，直至一九四五年日本遵守波茨坦宣言無條件投降止，這部空戰史，他都存有完整資料。

我們由上午十時，暢談至下午二時，一談就是四個小時，方結束訪問，留影而別。

聖地牙哥航太博物館

　　二○○七年八一四為抗日空戰七十周年紀念日，Wagner於七月七日寄來邀請函（附英文簽字原函），特別邀請各時期在美的空軍前輩與眷屬，於該日參觀聖地牙哥航太館，並舉行抗戰七十週年紀念座談會。一位美國友人，又是戰史學家，深深瞭解中華民國空軍的歷史，特別主動邀請中華民國退役空軍將校，令人欽敬感佩！

　　聖地牙哥航太博物館史政顧問Wagner，十三歲時（一九三七年）由張柏林（C. Chamberlin）用雙翼機帶飛感覺飛行，引起他對航空方面濃厚的興趣，二戰期間在飛機轉包商Fleetwings工作，戰後進費城大學取得歷史學碩士學位，從事教學工作二十七載，並在芝加哥市立大學任歷史教授。一九八五年接受航太博物館聘為二戰戰史檔案整理工作，並與飛虎隊成員John William共同設計該館中國空戰展示區。迄二○○一年，年邁遂改聘為史政顧問。

　　Wagner著作等身，由於自己對飛機的興趣，經歷過二次大戰，又有歷史學家的背景，對空戰史特別有研究。他的出版品有美國作戰飛機、P-51戰鬥機、北美軍刀機（F-86）及近年出版的廿世紀美國的戰機（American Combat Planes of the 20th Century）此書為百科全書的性質，將飛機的研發與世界歷史格局聯繫一起。他的珍珠港序曲：一九三七至一九四一中日空戰，更享盛譽。他曾擔任美國航空史學會的常務理事與副會長。

　　聖地牙哥航太博物館（San Diego Aerospace Museun）成立於一九六一年，其獨特處除向世人介紹人類發展航空與太空的歷史外，並教導大家有關航太工業的科學與技術。它於一九八六年為第一座受史密森尼（Smithsonian）博物館系統所認證的全美最重要的航空科學館，該館的檔案圖書，為全美第三大的航空資料庫，有一八○○○本藏書，三五○○本飛行手冊，六○○本歷史期刊，三三○○錄影帶與影片膠卷，二○○萬份照片圖檔，該館並提供教育服務。對研究或有興趣於航空史者，聖地牙哥航太博物館，無疑的是一寶庫。

　　該博物館下設有行政組、文物收集組、設施組、教育組、會員部、圖書館部、紀念商品部、市場調查部、公關部。聖地牙哥航太博物館非政府組織，屬

基金會的方式運作，有此規模誠屬不易。

　　該館的運作經費，主要靠捐助（Corporate Partners & major donors），前者如美國航空公司（A.A）、比琪公司（Hawker Beechcraft）、北美格魯曼公司（Northrop Grumman）……等，後者每年認捐五千美元者屬重要的捐助人。該館的工作人員，除部分支薪員工外，另有志工（Volunteer）協助講解導覽。由於工作需要相當的專業教育與經驗背景，館方不定期亦對員工加以培訓。

重回二戰時光隧道

　　午後一時抵聖地牙哥航太博物館，Wagner親自迎接並引見館長James Kidrick，他服務美國海軍二十一載，具戰鬥飛行員的背景，我們合影留念，全體參觀人員分為兩組，由該館分派導覽人員引導參觀。館中陳列從一七八三年羅吉爾（Rozier）搭乘蒙哥費爾兄弟（Montgolfier）的熱氣球，進行第一次載人飛行的輕於空氣飛行器區（Lighter-than-air. Craft），到一九〇三年萊特兄弟（Wright brothers）第一次載人動力飛行（First Powered Flight），其後經過兩次世界大戰，更是奠定航空和軍事間密不可分的基礎，尤其是一九六九年阿波羅十一號的登月成功，踏出人類歷史的一大步。

　　進入館內左方為飛越大西洋林白（Charles A. Lindbergh）的肖像，其上為聖路易士精神號首航的飛機（複製品），中間懸掛為萊特兄弟發明試飛之飛機，右側為登陸月球之太空艙（阿波羅十一號）。我們也照了些像片留念。

　　該館凡平面主體空間，均布滿各種實體飛機標本，亦可見其匠心獨到之功。走進內館，陳列有艦載黃蜂噴射戰鬥機（F-18）與麻雀飛彈、蘇俄米格機與戰鬥直昇機等，再入內參觀陳列的是二戰時間之各型飛機，為P-40、P-51、P-38、B-25、B-24、B-29及C-46、C-47及英國噴火式戰機、德國轟炸機以及中國空軍使用的霍克II、霍克III、諾斯羅普、雪萊克、馬丁機、波音機及義製的薩非亞等機，看到這些飛機，頓感時光倒流，又回到八年抗戰歲月，內心頗多感懷與悽惜。

　　館內唯缺二戰期間蘇聯飛機，如I-15II、I-15III、I-16II、I-16III、SB及DB等機之陳列，參觀時有重回二戰時光隧道之感。建議二戰老兵不妨參觀該館以重溫舊夢，勾起美麗的回憶！

航空史展兼具娛樂性

聖地牙哥航太博物館，不僅介紹航空發展史，還展示七十多種來自各地飛機外，亦具教育與娛樂功能，可謂老少咸宜。其中空戰模擬器，最獲青少年喜愛，很多孩子不遠千里而來，為的是實際體會戰鬥飛行員在空戰的情景，模擬格鬥中追蹤射擊的樂趣，也為博物館帶來一筆可觀收入。此種高級電腦空戰模擬器，用在飛行員的選擇與訓練，亦可收效。

由於館藏太豐富，也只能走馬看花的看看，導覽細心的解說，時間控制的很好，三點半我們到會議室參加座談會。會場佈置有青天白日滿地紅的國旗，更覺主人Wagner的貼心安排。慶祝八一四空軍節紀念會，大鵬聯誼會會長敘述空軍節的由來。張光明老將軍為八一四空戰的見證人，特別陳述當時我空軍健兒如何能以寡擊眾，以弱擊強；全憑一股愛國心、置之死地而後生。發言後並致贈一些史實資料，特別是I-16II帶廿釐米機砲的飛機照片，是該館所沒有的。陸軍張儒和將軍亦提供抗日戰史部分著作致贈。大鵬聯誼會中，張甲將軍也提到台海空戰那一段的歷史。我則以航空醫官的身分，談起最近對八一四筧橋空戰所作的考證工作。大家聊的非常愉快。參觀訪問於四點結束，後會有期；Wagner希望大家常回來聖地牙哥博物館，看看並利用其檔案資料。我們也渡過了最有意義的一天，慶祝八一四勝利七十周年紀念日。

波音P-26機的重現

聖地牙哥航空博物館的另一特色為複製重現航空器，依原廠的設計藍圖重新組裝。進門懸掛林白橫越大西洋的聖路易精神號就是複製品。最近的一個計劃是複製波音P-26戰鬥機，從二〇〇一年起，要到二〇〇八年大功告成。

波音P-26戰機為美國陸軍（當時尚無空軍）首架單翼、單座、全金屬的戰鬥機。也是陸軍最後一架無座艙罩、固定起落架的飛機。一九三二年試飛成功，並開始銷售。Boeing-281為其外銷型，與P-26不同，缺無線電裝置，一九三四年八月試飛成功。十一月底在上海展示飛行。廣東空軍，以美國僑界募款

上：波音P-26機外銷型為B-281，廣東航空購得十架，合併中央後編為第五大隊第17中隊，駕駛多為華
僑飛行員。（文良彥提供）
下：蘇聯援華I-15小蒼鷹雙翼戰機，聖地牙哥航太博物館極待收藏。

所得購買十架，於一九三六年元月五日交貨。半年後陳濟棠空軍南機北飛，避免了內戰的發生，廣東空軍十架波音281納入中央空軍，被配屬三大隊十七中隊，中隊長黃泮揚。次年八一三淞滬戰起，這一支精銳部隊與三大隊二十八中隊陳其光隊長，這兩支均為廣東班底，共同駐防句容，保衛首都。南京空戰時，均有良好表現，對中國戰場二戰老兵，特別是華僑飛行員，波音P-26機更有另一番情感。

　　話說波音公司創立起源於一九一六年七月，威廉波音（William Boeing）與康瑞威斯特夫（Conrad Westerveldt）合組太平洋航空器材公司。次年康瑞隨美國海軍參戰不得不退出，介紹其同學王助（Wong Tsoo）麻省理工學院航空工程系第二屆碩士畢業生來頂替（威廉是木材商不懂航空）。一九一八年王助被聘為波音飛機公司第一任的總工程師。其所設計的雙浮筒雙翼水上飛機B&W-C，成功地通過美軍方測試，海軍一次訂購五十架，為波音帶來五十七萬美金收入，這是波音發展史上的第一桶金。

　　您可想得到嗎？近百年歷史的波音公司，其創業先驅，卻是位華人航空工程師！

　　　　　（本文發表於501號《中外雜誌》，84卷5期，頁60-64，2008.11）

Wagner為我們舉辦的紀念814空軍勝利紀念日，現場佈置大國旗一面，倍覺溫馨。

聖地牙哥航空博物館館長Kidrick（左二），二戰軍史學家Wagner（左一）親迎張光明將軍（右二）於大廳攝影留念。

2007年在美空軍袍澤同慶「八一四」七十週年紀念日，張光明將軍（中）為「八一四」的歷史見證人，時年九十四。作者左一。

中篇
抗日空戰紀實與感言

張光明

倭寇侵華，人被殺，家搗毀，國將亡。
那個時代的中國人，
地不分東南西北，
人不分男女老幼，
群起抗戰，同心一意，
誓把日本鬼子趕出國門，
重整舊家園。

八一四筧橋空戰見證

張光明

在五十八年前，我是空軍第四大隊第二十二中隊的飛行員，親自參與八一四空戰的人，我現已八十三歲高齡，垂垂老去之前，有責任亦有必要說明，見證八一四空戰真實經過，留下八一四空戰真實戰史記錄。

在過去五十八年歲月中，閱讀了許多有關八一四空戰報導的消息和文章，各有不同說詞。以致對八一四空戰產生不一的認知。為何？深究之下，寫報導文章的、竟無一人是參戰者。資料出處，多少存有傳聞、揣測、誇張、隱瞞的意味，所寫的東西在基本上，存有失真的問號。歷史記錄貴在第一手。要以親身參戰過，更加負責任的態度，見證說明八一四空戰經過和戰果。

空軍第四大隊由「七七」至「八一三」時的任務行動

一、七七盧溝橋抗日戰爭爆發，空軍第四大隊於七月中旬，由原駐地江西南昌，奉命秘密進駐河南周家口機場待命。

二、第一任務目標，天津市南開區，日軍兵營指揮所。

三、第二任務目標，綏遠省百齡廟機場六架日機。

四、第三任務，支援地面作戰，協同防衛保定外圍新防線。在當時晝夜隨時備戰，又因當時全國情況緊急多變，未接下達攻擊命令，該項任務因八月十三日情況突變，未予執行。

五、八月十三日午，突接高志航大隊長，由南京軍事會議後，電令全大隊兵力，即刻進駐浙江筧橋。高大隊長由南京直飛筧橋。三個中隊二十一、二十二、二十三，三個中隊即刻陸續起飛，沿途大雨滂沱，視線模糊，冒險低空前進，二十二中隊低空曲線飛行，降落廣德機場加油後，續航浙江，不久，中途在雷雨中，遇敵機，在雷雨茫濛中，視界不清，看不清架數，與分隊長樂以琴準備攻擊時，敵機也發現我機群，即潛入雲層，無法

追蹤。領隊只有進駐筧橋待命，未便有違。

六、飛抵筧橋，見已被敵機轟炸，正在火焰燃燒中。隨樂以琴分隊長，即東飛企圖追尋敵蹤攻擊之，追至錢塘江口雲雨低濛，天氣惡劣，乃折返筧橋落地。高大隊長正講述單機擊落敵96式轟炸機一架經過。當時令人既興奮又敬佩。

八一四拂曉空戰

一、八月十三日空襲後，場站人員因避空襲未返，場站無人工作。在大雨中，飛行員背扛小桶汽油至飛機旁，用石塊打開油桶，彼此互助緩慢加油。加油工作至凌晨一時半，方各尋房屋就寢。自十三日午未進餐飲，至感疲憊，全身水濕數小時，亦感寒涼，隨手取得寢室主人衣服穿用入睡，凌晨三時餘，被空襲緊急警報聲驚醒，披衣奔向機場，在暗夜中飛機升空，雲高約三千呎，因視界不清，顧慮筧橋上空群機巡防，有相撞危險，乃決定飛至錢塘江南岸，在杭州市與筧橋之間往返巡防。

二、在八一四拂曉，視線濛濛中，在南方遠處地平線上，發現有條蠕動黑線，漸而由遠而近，片刻黑線由粗變大，物體蠕動更清楚，片刻已認定為機群，乃立即升高接近，辨視為敵機後，立即進入攻擊位置。

三、在攻擊前，辨認為大型雙翼四架編對敵機，翼上機身日本紅太陽標誌顯明。選定長機攻擊目標，立即由前側方開火，該長機立即著火一團下墜。

四、攻擊後脫離，反轉作第二次攻擊時，見另一架敵機著火下墜，攻擊友機脫離，在我同一空域，其機號為2204號，乃分隊長鄭少愚。我在二次攻擊進入前，見另兩架敵機片刻先後被我三友機分別擊落，均著火墜落在錢塘江上空。此一戰鬥過程，僅約三分鐘結束。

　　經查閱敵機資料圖型，此大型雙翼轟炸機，似為日本88式非金屬飛機，機力脆弱，極易著火。

五、戰鬥結束，接近2204號機分隊長鄭少愚，（我駕機編隊為2205號），編隊折向筧橋。此時天曉，遙望有敵機兩個編隊群，由西南方航向筧橋，並遙見我機群尾隨圍攻。

敵機群被圍攻，偏離筧橋北方，遙見二架敵機前後被擊落，敵機群倉促投彈郊區，潛入雲層，向東而遁。我與鄭分隊長意圖由錢塘江北岸，採直線東航向臨平山空域南攔攻敵機，東航追至金山衛上空，無所獲而返。

六、本次空戰，為中國的空軍第一次大規模空戰，也是世界上第一次大規模空戰，這也是第一次中國的空軍擊落多架日機，六比零的戰果，創造了中國空軍光榮戰史。

「八一四」空戰勝利對日抗戰之影響

一、當時中日空軍兵力對比，約為一比十二，日本的空軍不但量多，而其飛機性能，裝備訓練，均較優越。雙方形勢純屬劣勢的空軍對優勢的空軍。

二、空軍第四大隊在「八一四」一場激烈空戰，以初生之犢的英勇精神，在筧橋空域擊落六架來襲的日軍轟炸機。當此消息發布，舉國歡騰，軍民士氣大振。候來定「八一四」這一天為「空軍節」。

三、「八一四」這一空戰勝利，激勵了弱勢兵力亦可勝的觀念。審慎選擇有利的條件下，集中一擊，不但可戰，而尚可勝。這一經驗戰例影響八年抗戰，全國一致奮鬥不懈的精神。

四、自「八一四」空戰之後，空軍第四大隊，日以繼夜連續在京滬杭地區，支援地面作戰，與空中搏鬥。大小空戰每日發生，日機時有損傷。為期六週，總統　蔣公在南京大校場基地，召集參戰人員訓話時稱：「中國的空軍在六週內，把日本木更津航空隊擊潰，而使該航空隊司令剖腹自殺。這是空軍將士用命，創造了輝煌戰果」。更激勵了民心士氣。

空軍魂一高志航

空軍第四大隊的「戰神」精神，也就是高志航的精神，在他的軀體血液裡，充滿了愛國思想與英雄思想，用回憶他的幾項小故事說明，就可以令人了解這位英雄人物、民族英雄。

一、民國二十五年在筧橋成立空軍第四大隊，移駐江西南昌青雲埔基地。在高

志航策劃督導下，連續六個月日夜不停的戰技訓練，除空戰格鬥訓練外，面對空中射擊及與對地面、水面目標射擊與轟炸，嚴定限達90分為及格標準，在課目講解後，順口說出一句：「對水面浮動靶不及格者，中午就不要去休息吃飯」。當天全大隊飛行員均及格，唯獨高志航射浮動靶不及格；他就不回營房休息吃飯，一直起飛降落做不停的射擊訓練，直至傍晚，方達及格標準。並且把靶標在翌日訓練課目下達時，當眾展示靶標，以示他負責決不例外。當時空軍第四大隊的戰技訓練情報，傳入日本空軍，頗為驚訝，日本把空軍第四大隊，列為未來的主要目標。

二、盧溝橋抗日戰爭爆發後，空軍第四大隊奉命即進入河南周家口機場，高志航大隊長主持作戰會議，其中討論到，攻擊綏遠省機場六架日機任務如何執行時，高志航就指問分隊長鄭少愚如何攻極戰法，鄭少愚則以戰術原則，答以應在拂曉奇襲，擊敵機於地面，高志航乃正色提告全大隊飛行員，攻擊日拂曉前分三個高度層，進入百靈廟上空，高志航在低層領隊，不准任何人向地面攻擊日機，讓他們飛起來後，一個一個再把他擊落，教日本人知道中國空軍的利害。

三、在民國二十五年，空軍第四大隊隨蔣委員長進駐河南洛陽，高志航奉命率九架，飛赴山西太原，作中央軍力展示，當晚間九點，接航空委員會電令。高志航即刻率領九機於夜間起飛，返航洛陽，眾皆驚異，為何冒險長途夜航，航空委員會主任周至柔，責問不應冒險夜航，高志航認為在接獲電報文中，有「即」返洛字樣，高志航自稱，我乃軍人，在電報中「即」字，我應服從命令。

四、高志航在八一四空戰中，臂部受傷，進入杭州醫院醫療，傷癒後赴南京報到，此時空軍第四大隊人員已赴漢口，轉往甘肅蘭州準備接受蘇聯軍援。當時我主力戰機耗損殆盡，謹餘少數飛機，日機空襲頻繁，日本96式戰鬥機性能優越，我少數飛機已無法抗鬥日本96式戰鬥機能力。高志航當時不信此一說法，決定親身一試，拆去霍克III式機上之炸彈架，副油箱與整流罩等，減輕重量，增加速度與靈敏性，率五架升空迎敵，追逐纏鬥一場激戰，雙方均無損傷而結束。證明高志航發自內部之真勇，和其優越的飛行技術，廣被讚譽。

「八一四」空戰戰果見證

一、五十八年前的「八一四」，空軍第四大隊，在筧橋空域擊落六架來襲日軍轟炸機的戰果，是確實的記錄，不容有疑。我是參戰者，親身所歷，親眼所見，並且是最早發現敵機，最先遭遇敵機，最先攻擊，最先擊落敵機的人。事已五十八年，在我有生之年，垂垂老去凋謝之前，有責任，也有必要，以負責的心情態度，把八一四空戰戰果，重新作一次見證，存真戰史記錄。

二、在五十八年歲月中，閱讀了許多許多有關八一四空戰的報導文章，在若干報導文章中，也出現了不同的版本與說詞，我要逐點加以說明。

　A、有的說，814空戰戰果，擊落日本96式轟炸機六架，六比〇。

　B、有的說，814空戰戰果，擊落日本96式轟炸機二架，二比〇。

　C、有的說，814空戰戰果，日機損失二架，中國損失一架，二比一。

　這三種814空戰結果說法，均非事實。我要更正說明如後：

　A、814空戰戰果擊落日機六架，並非全是96式轟炸機，其中有四架是雙翼大型轟炸機（可能是88式），其中僅兩架是96式轟炸機。擊落架數無誤，然機型、機種不同。

　　　誤導原因，在筧橋附近空域與地面，僅看見來襲敵機是兩個九六式轟炸機編隊群，亦可能看見擊落敵機的情況，紛墜落於筧橋東北，半山的東南方郊區。但很少人看見，當拂曉時分在錢塘江南岸與江上空，被擊落四架笨重速度不快紛紛著火墜落的敵機。這項紀錄已誤傳多年，應予更正回歸真實。

　B、二比〇的說法，可能當時只看到被擊落在筧橋附近的二架敵機。但是他們看不見，也不知道，在錢塘江南岸，雙方先期遭遇已發生了空戰，在短短數分鐘內，擊落四架來襲的雙翼敵機，才說成了二比〇。

　C、至於二比一的說法，是由日本官方發布消息資料，在當時都知道日本這項報導消息，這是必然的事。日方必有所隱埋真實情形，對其國內，對敵方都有必要隱瞞誤導。至於日本所指擊落我機一架，可能是

指八一三劉樹藩起飛失事的一架。八一四空戰中國沒有損失，僅高志航臂部受傷，人機均安返基地。

空軍第四大隊在八年抗戰中，外人所不知的幾項史料

一、在抗日戰爭中，有四位大隊長為國犧牲，即王天祥、高志航、李桂丹、鄭少愚，為各大隊之最。

二、在抗戰八年中，空軍第四大隊，作戰傷亡人數，最多的大隊。由民國26至30年、這五年間，是八年抗戰最艱苦、最慘烈的時候，犧牲傷亡的數字最大。

三、空軍第四大隊，有兩個別名，一是為眾所知的「志航大隊」，另一是不為外人知的「中尉大隊」。民國27年保衛武漢時，由大隊長到飛行員，都是中尉階級，這現象惟世界少見，但證明A、空軍的人事制度，階級管理嚴格；B、空軍尚在幼苗時期。

四、在南昌基地，戰技訓練炸射命中率，規定90%為及格標準，全大隊人人都達此標準，有超標準的戰技訓練，方創造了筧橋、上海、南京、武漢、南昌、隨樊、台兒莊、重慶、梁山、成都等地空戰，均能予敵重創。

五、空軍第四大隊組成份子單純，均為航校畢業生。

六、高志航能說流利的俄語，頗使當時蘇聯軍援人員驚訝。高志航把與日機戰鬥的經驗侃侃道出，蘇聯人員均讚譽有加，奉為戰神。

（本文轉載自《傳記文學》665號，第67卷3期，頁63-66，1995.10.

（碧血長空、義薄雲天　紀念八一四抗日空戰勝利七十周年，

北京航空聯誼會出版，2007.08）

上：張光明將軍的眉批：「自一九四九年－二〇〇七年間，大陸第一次公開舉行
　　『八一四』空戰勝利七十週年紀念會並出特刊。
下：史觀耶？統戰耶？和解耶？無論如何，可持歷史正面觀。」

細說八一三、八一四筧橋空戰經過

張光明

　　七十年來，閱讀了許多台灣、大陸有關「八一四」筧橋空戰的報導文篇和輯冊，而竟將「八一三」、「八一四」筧橋空戰的時間、日期，有相錯亂，使國人和讀者有混淆不清之感，更令人遺憾者，官方的報導文件輯冊內容，竟以道聽途說的報導文篇，或妄加杜撰的不實寫述，作為空軍戰史的原始資料，有失空軍戰史的真實性，今特予細述，「八一三、八一四」兩日筧橋空戰的實情，以規正空軍戰史正確性。

　　作者是當時空軍第四大隊二十二中隊飛行員，是當年實際參與作戰的人，現年九十四歲，或是參加該戰役僅存的人。

淞滬戰爭前夕的形勢

　　北平天津失守後，在日本侵華軍略構想上，認為再攻佔中國的上海南京，中國失去政經四大命脈，中國則必投降，可結束侵華之戰，達成亡華目的。當時日軍進攻上海南京意圖十分明顯，淞滬形勢日趨緊張，而日軍的行動態勢，進攻上海已迫在眉睫。

　　一九三七年八月九日，日本士兵大山勇夫，闖入上海虹橋機場，蓄意挑釁，被中國衛兵擊斃。日方要求中國撤出駐在上海的保安隊[1]，並拆除防禦工事，中國拒絕。

　　八月十一日，蔣介石下令，張治中三個師進駐上海閘北、楊樹浦、江灣等地。又急令空軍總指揮周至柔，解除原冀北作戰計劃[2]，將空軍全部作戰力量轉至京滬杭地區，阻絕上海日軍登陸，策保南京之安全。

---

[1]　1932.01.28.日軍侵犯上海之戰，在英、美、法、意等國調停下，訂立停戰協定，中國在上海僅駐保安隊。

[2]　1937.07.07.七七事變，空軍作戰計劃，調派強力部隊，進駐華北攻擊日軍。

八月十二日，日本佐世保第二艦隊十六艘艦隻，停泊黃浦江碼頭，另有艦隻五艘進入吳淞口，有七艘戰艦停在吳淞口外，包括一艘航空母艦。

八月十三日，日艦發動砲擊，日海軍陸戰隊登陸，與我八十八師發生戰鬥，淞滬之戰從此爆發。

「八一三」筧橋空戰

一九三七年八月十三日，空軍第四大隊已經進駐在河南周家口機場，準備對華北天津及綏遠百靈廟日軍作戰。該日中午接到南京參加軍事會議的大隊長高志航電令：「命全大隊飛機，即刻進駐杭州筧橋待命，余由京赴杭」。

第二十一中隊長李桂丹，第二十二中隊長黃光漢，第二十三中隊長毛瀛初，各自率隊緊急陸續起飛航向筧橋。

本中隊（作者是二十二中隊飛行員），在滂沱大雨中低空曲折航行，中途降落在安徽廣德機場，加油後續航筧橋。在中途天雨雲層中，發現有數架大型飛機，航向廣德方向，是什麼飛機？多少架？雲雨中看不清楚，但有懷疑，分隊長樂以琴與作者，偏離隊伍，察看究竟，如是敵機，則攻擊之。中隊長黃光漢示意歸隊，應依命令及早飛抵筧橋。下午五時左右，飛近筧橋空域時，遙見筧橋在大火燃燒中，已知筧橋不久前被炸，分隊長樂以琴率作者脫隊，航向錢塘江口方向，企圖追擊敵機，終因天雨雲低，視界不清，而返回筧橋。

大隊長高志航正集合全大隊飛行員，講述擊落敵轟炸機一架經過如後：

高志航於十三日下午三時餘，由南京搭機飛抵筧橋，二十一中隊亦飛抵筧橋，稍後二十三中隊亦飛達。正加油時，突發緊急空襲警報，此時只有少數飛機加了油，高志航迅速登上一機起飛，有數機亦隨高起飛，其中有尚未加油者，為金安一在起飛中停車，幸落在機場地面，無損傷；而劉署藩飛起後，追擊敵機時，油罄停車，而迫降野外，重傷殉國，為中國空軍抗戰犧牲第一人。

高志航升空後，敵機四架已進入機場上空投彈中，天雨雲低，高志航乃急速接近敵機，進入敵機側後方位置，用大口徑槍連續猛攻，敵機一架中彈立即下沉，墜落於筧橋東方，餘敵機潛入雲層而遁。講述後，眾皆興奮羨慕與讚揚。

　　高志航於講述後，繼作明日作戰指示與編組。高志航三機為作戰領隊群，指定作者為其二號機，巴清正為其三號機。二十一中隊為其右翼戰鬥群，二十二中隊為其左翼戰鬥群，二十三中隊為高層掩護支援戰鬥群。指示後，各自去飛機加油。

　　初嚐警報轟炸，場站人員躲避空襲，僅少數返場工作，因油罐車被炸（鐵路油車），加油工作非常緩慢，時正天雨夜黑，飛行員遂自動去機場邊油庫，提起五加侖小桶汽油，肩扛至飛機旁，如此在天雨涉水中，往返十餘次，甚感勞累。二人互助加油，一直延至午夜後一時半方結束，乃各自去學校單身教官宿舍就寢。此刻已淋雨加油有八小時之久，全身濕透，換上室主不合身的衣服，頓感饑渴又寒冷，也特感疲倦，而昏沉入睡。

「八一四」筧橋空戰

　　凌晨三時餘（即八一四的凌晨），在鼾睡中，為空襲緊急警報驚醒，乃起身奔向機場，在暗夜中各自起飛應戰，顧慮在暗夜中群機在筧橋一地上空，有相撞危險。乃決定飛至錢塘江南岸，在杭州市與筧橋之南，雲高三千呎，往返巡防。因十三日勞頓緊張，整日未進飲食，睡眠少，又無衣禦寒，在巡防飛行中，不禁的打寒噤，上牙喀下牙，特感寒冷難耐，但分秒仍在高度警戒中。

　　在始曉時分，視野濛濛中，在南方遠遠地平線上，發現有條蠕動黑線，由南漸近，片刻由粗而大，物體蠕動更清楚，再接近時，已認定為機群。辨認為大型雙翼四架機群，機身機翼上紅太陽標誌顯明。立即選定長機為攻擊目標，由前側方進入攻擊，用十二‧七mm大口徑槍，發射十餘發子彈，該機立即著火下墜。攻後，由敵機群側下方脫離，再反轉擬作第二次攻擊，在轉彎時，見另一架敵機著火下墜。攻擊之友機脫離在我同一方向空域，接近時，見機身號為2204，乃分隊長鄭少愚。我尚在進入第二次攻擊位置前，見另二架敵機，片刻先後為我另三友機分別擊落，均著火墜落於錢塘江中，三友機攻後，在濛濛視野中，向筧橋方向飛去。此一空戰過程，約僅三分鐘，即告結束。

　　戰鬥後，我即接近2204機分隊長鄭少愚，（我的駕機編號2205）編隊航向筧橋，此時已天曉，由錢塘江北岸，可遙望有敵機群，在筧橋附近空域，亦遙

見我散落機群，尾隨圍攻，該機群被迫偏離筧橋，並遙見有二架敵單翼轟炸機先後被擊落，均墜落於半山與臨平山之間地區，餘敵機倉促投彈郊區，潛入雲層東向而遁。作者與鄭少愚二機，由錢塘江北岸採直線東飛，意圖攔截敵機，然飛至臨平又東飛至錢塘江口與金山衛一帶，未能發現敵蹤，無所獲乃飛返筧橋。落地後，已知大隊長高志航傷臂，已送往杭州市醫院，其他隊友，均安好無恙。

但在相視之下，各個面色蒼白，嘴唇紫黑，有的光腳，有的穿背心，有的僅穿短褲，有的穿睡衣，有的仍穿著已濕透的飛行衣，著實狼狽不堪，令人不勝唏噓。時已是「八一四」清晨六時矣。

結語

日本發動侵華戰爭之前，其空軍兵力，已儲備各式飛機二千二百架。其軍部認為中國空軍兵力有限，飛機老舊，性能落後，訓練不足，又無飛機補充來源，且主要作戰部隊，訓練學校，和指揮機構，均散佈在江浙一帶，只需出動轟炸機，實施強襲，在三天內，就能消滅中國的空軍。日本這種輕敵心態，造成用兵的錯誤，犯了用兵大忌，亦造成了木更津及鹿屋兩航空隊覆滅的後果。

中國空軍的飛機少性能差，但日本忽略了被侵略者的心理反彈，中國青年飛行員具備強烈的救亡圖存報國心，加上當時有利的天候，天雨雲低，在緊急情況下，起飛就能攻敵。這也是空戰勝利的重要因素。

2007年5月25日於洛彬磯

（本文轉載自《中外雜誌》488號，第82卷4期，頁49-52，2007.10）

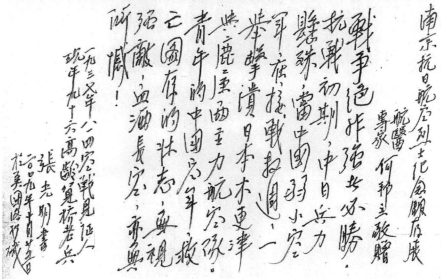

2009年春何邦立在美國洛杉磯喜見一甲子前（1947年秋）梁又銘先生編繪出版的「中國空軍抗戰史畫」（原抗日空戰24幅油畫，現珍藏於岡山空軍軍史館陳列）。特予以彩色影印三份，除個人留存外，另分贈張光明老將軍及南京抗日航空紀念館存展，並請老將軍代為題字留念。
期盼空軍軍史館能與南京抗日航空紀念館文物交流，以梁又銘兩幅油畫定期更替在南京展出，讓更多中國人得以目睹當時日軍侵華之劣蹟。

中國空軍在八一四那一天

張光明

日本軍國主義侵略者在民國二十（1931）年九月十八日，發動侵略中國東北事變後，民國二十一（1931）年一月二十八日，又發動侵略中國上海之戰，即所謂的「一二八淞滬保衛戰」。

當時國軍的軍政部航空署，抽調杭州兩個航空隊和廣東一個航空隊，共二十五架飛機，在上海、蘇州、杭州三地，協助第十九路軍作戰。當時中國的空軍和日本的空軍，進行了數次空戰。於二月五日在上海空戰中，分隊長黃毓全陣亡，飛行員朱達先受傷。二月二十二日，在蘇州空戰中，美國試飛員蕭特駕波音機，擊落一架日機後，被三架日機輪攻陣亡，這是美國人為中國抗日犧牲的第一人。二月二十六日，在杭州空戰中，國軍擊落敵機一架，隊長石邦藩受重傷，飛行員趙甫明重傷殉國。一二八空戰是中國的空軍和日本的空軍第一次交鋒。

民國二十一年至二十六年六月的五年中，筧橋中央航空學校，培訓了第二期生、第三期生、第四期生各一個班次，第五期兩個班次，第六期兩個班次，總共七個班次，畢業生約有五百餘人。（航校將中央軍校一九二九年航空畢業班畢業生八十人，列為第一期）

有了人才，國府買來新飛機，陸續組成空軍九個大隊，一個暫編大隊（由學校高級組教練機組成）。總兵力雖有三百餘架飛機，但其主力飛機（戰鬥轟炸機Curtiss Hawk-lll，戰鬥機Boeing 281，輕轟炸機Northrop 2E，對地攻擊機Curtiss A-12），僅有一百六十餘架而已。

「七七」盧溝橋事變後，在兵力部署計畫中，空軍第一、第四兩個大隊，進駐華北地區，擔任攻擊或支援作戰，其餘各大隊，均部署在浙江、江蘇、安徽三省各機場。

「八一四」空軍各部隊作戰概況

民國二十六（1937）年七月七日，日軍大舉侵華，圍困平津，發動盧溝橋事變。繼而又於八月中旬，發動淞滬之戰。八月十三日下午四時，日本空軍以小部隊空襲筧橋。空軍第四大隊奉命即時由河南周家口飛抵筧橋，正在加油中，敵已臨空，大隊長高志航立即起飛，追擊敵機，當場擊落日本九六式重轟炸機一架。

八月十四日破曉時分，國軍飛機在錢塘江與筧橋空域，分別與來襲二批敵機群遭遇，遂即展開大規模激烈空戰。分別擊落日本八八式雙翼大型轟炸機四架，九六式重轟炸機兩架，國軍以六比0獲得中日空戰史上的大勝。

八月十四日，中央下達攻擊日軍命令，令第五大隊沿江追擊向東逃竄的敵艦。第五大隊即出動霍克飛機九架，沿江追巡至吳淞口外，發現敵艦，即行俯衝投彈攻擊，敵艦被擊中，爆炸起火，立即下沉。當日上午九時二十分，另由第五大隊大隊長丁紀徐，率霍克機八架，自揚州起飛，出擊長江口南通附近日艦，投彈雖命中數枚，冒出濃煙，但因炸彈威力不足，未即沉沒。當日下午二時二十分，該大隊中隊長劉粹剛率霍克機三架，自揚州起飛，攻擊上海日軍司令部及兵營，投彈命中目標，但亦飽受地面砲火射擊，同時遭遇隱蔽雲端的七架敵機偷襲，副隊長梁鴻雲座機被擊中，光榮殉國。

八月十四日清晨七時，由暫編大隊第三十五中隊許思廉隊長，率可塞機五架，自筧橋起飛，轟炸上海公大紗廠敵軍械庫，命中起火燃燒。下午二時四十分，由暫編大隊第三十四中隊長，率霍克II六架，自筧橋起飛，轟炸上海公大紗廠，當接近目標時，發現敵人正在沿江臨時性機場裝配飛機，立即俯衝轟炸，均命中目標。

八月十四日晨八時四十分，第二大隊副大隊長孫桐崗，率諾斯羅普轟炸機二十一架，自安徽廣德起飛，轟炸上海吳淞口外海一帶日艦及公大紗廠、匯山碼頭等目標，並炸毀公大紗廠西面之臨時性機場社施。下午三時四十分，由第二大隊諾斯羅普轟炸機二十一架，分兩批轟炸上海公大紗廠、匯山碼頭及敵軍

司令部，多彈命中目標。但飛行員任雲閣遭敵地面砲火擊中犧牲。李傳謀之座機被擊傷，返航飛至常州附近時墜地殉國。

在「八一四」這天，空軍各部隊出動飛機七十餘架次，集中攻擊上海一帶（陸地、海面）日軍各重要目標，予敵沉重打擊。

抗日戰爭，是中華民族生死存亡的戰爭，在近代史上，佔有重要地位。抗日戰爭，亦可說是二次世界大戰的前奏。中國的空軍，在這段歷史上，為中華民族譜下了悲壯的史頁。

如今抗日戰爭過去半個多世紀了，在這漫長歲月中，我們這些空軍老兵，時刻渴望看到一部完整而真實的空軍抗日戰史，但至今未能如願。

如果國府空軍當局，有意作這件事，不妨多方蒐擊空軍抗日戰爭的零星記述文物，更須即時專訪昔日參戰尚在世的將士和遺眷，把口述和留存的資料整理編輯，則可將空軍八年的作戰經過，完整記錄在卷，垂昭青史。

（本文刊載自美國《世界日報》，2002.09.29-30）

梁又銘八一四筧橋空戰大捷油畫（原件現於岡山中國空軍軍史館展示）

抗日空戰拾粹

張光明

　　在「一寸山河一寸血」的抗戰時代，地不分東西南北，人不分男女老幼，全國奮起抗日。在驚濤駭浪的大時代，蘊育了許多保國衛民的英雄，這些英雄創造了中國光榮的歷史。

　　本文不是空軍烈士傳記，而是抗日戰爭，空軍勇士的冒險犯難所經歷的故事。在八年抗日諸多空戰中，頗多珍貴可歌可讚的壯烈事蹟，惜在空戰史中沒有記述，實覺遺憾。

　　拾遺記述，如非當時伙伴、同一團隊、同一行動參與者，旁人則無從記述。如今，一甲子歲月流逝，憶往追昔，拾之述之。

洋人的「土」辦法

　　抗日戰爭之初，空軍主力戰鬥飛機霍克III式上所裝置的射擊瞄準器，是一具瞄準桿，前後兩端，各裝瞄準星與瞄準環，環與星又如同一點之大小。這種適用於昔日地面小武器的瞄準器，竟裝置在戰鬥飛機上，落伍且不適用的程度，可想而知。

　　空中作戰，是兩個相對的運動物體，在不定的軌跡上運動，速度不同，高度不同，且雙方變化又大又快（戰鬥機一但進入纏鬥，其動作變化之速，是以秒或零點零幾秒計算）。用這種落伍的瞄準器，裝置在戰鬥飛機上，想準確的擊落敵機，只有「瞎貓遇上死老鼠」。

　　空軍當時的總顧問美國人陳納德（在抗戰後期，是美國駐中國戰區第十四航空隊司令），很清楚把這種瞄準器，使用在飛機空戰上，其效果是「零」。民國二十六年六月中旬，當中、日情勢緊急，戰雲密佈之際，為補救這一問題，由南京飛一架雙發動機馬丁機，至南昌第四大隊基地，在地面將馬丁機平架起來（馬丁機頗似日本九六式轟炸機），亦將霍克III式機，在有效射機距

離，不同角度位置平架起來，讓每一位飛行員登上平架的霍克機上，繪出馬丁機的大小圖形，貼於自己飛機的風檔上。在接敵攻擊時，比照圖形大小，便是有效射擊距離，開槍便可有效擊落敵機。在缺乏精準的空中射擊瞄準器的情況下，這一「土」辦法，確在「八一四」初次空戰中，以六比零的戰績，發揮了實用戰果。

英雄中的英雄

　　高志航，空軍第四大隊大隊長，筧橋「八一四」拂曉空戰中傷臂，癒後，由杭州至南京「航空委員會」報到。當時敵「九六」式轟炸機屢襲南京，我方霍克機耗損殆盡，在飛機性能上、數量上無力再戰，乃採避戰方式。高志航看見日機張狂情況，乃毅然請命率四機迎敵而戰，雙方經激烈對戰一場，各無損傷而結束，這種勇敢悍衛國家領空，不畏強敵的精神，堪稱英雄中的英雄。更重要的是，高志航充分發揮了空戰之特性——空戰不同於地面作戰，空戰（戰鬥機）只有攻擊，沒有防禦，展現強烈的攻擊，就是安全的防禦。

中彈的感覺

　　呂基淳，空軍第四大隊二十三中隊分隊長。民國二十六年八月下旬，在南京與句容之間上空追擊敵「九六」式轟炸機群時，當攻擊後脫離，通過敵機群後方火網時，大腿中彈，帶傷仍然安全警急降落南京機場。送進醫院，對前往探視戰友敘述中彈的感覺說：「當時中彈的感覺--穿進大腿肉的子彈，是涼涼的，而不是灼熱的，亦不覺得疼痛，而只覺得腿肉擠進一個脹脹的東西。而流出的血，滲透飛行衣，亦是覺得涼涼的。以後疼痛的感覺，隨分秒而加劇。當忍痛駕機降落後，劇烈疼痛情況，幾達難忍程度」。

頭部中彈被俘又逃脫

　　苑金涵，空軍第四大隊二十一中隊飛行員。戰初，民國二十六年八月下

旬，在上海蘊藻濱支援地面作戰時，為敵炮火擊中，彈穿右臉並擊落右耳，坐機亦被擊毀，迫降於敵陣內稻田中。飛機翻背腹朝天，拼力掙扎，以手挖掘稻田泥水，奮力爬出機外，血和泥沾滿頭臉和全身，倒臥在田埂上，遂被俘。日軍五人看他血流滿頭滿身，奄奄一息，認為已無生存可能。該五日軍齊去二百公尺遠處一農家，放棄看守，苑金涵偷窺無人看管，乃起身向西狂奔，一口氣急跑千餘公尺，進入我軍哨前陣地。苑金涵過去是華北十餘省市徑賽名將，四百、八百公尺的高手，以四百公尺的速度跑回我陣地，勇哉！壯哉！

空中蓮花奇觀

張光明，空軍第四大隊二十二中隊飛行員。戰初由八月十七日起，空軍第四大隊即展開對上海陸上、海面各敵軍，施以日夜空中攻擊。民國二十六年八月二十七日晨，奉命單機執行任務，先行俯衝投彈攻擊上海匯山碼頭後，再行偵查浦東一帶沿岸敵情。晨曉由南京飛往上海，飛達上海匯山碼頭，高度四千七百呎，俯衝而下，擬投彈轟炸匯山碼頭。當時為一塊行雲籠罩碼頭，目標不清，無法投彈，乃復行升高，重作再次投彈動作。此時，在我機前方、下方、與左、右方，發現有六組煙朵，每組約有五、六朵。第一次遇此情況，初見時甚感奇觀，有如遊行於荷花池中。即刻意識到，為敵高射砲彈爆炸之景象。乃立即作不同方向、不同高度、不同速度、多變化曲折飛行。每隔約兩、三分鐘，即在機體前、後、左、右、上、下，爆發一次彈群煙朵。雖在閃避中行動，而終為彈片所擊中，發動機冒出縷縷白煙，運作頓失正常，知為敵高射砲所傷，但不知機傷如何，檢視儀錶指示尚為正常，仍俯衝而下，轟炸匯山碼頭後，偵查任務無法執行，脫離戰區，航向蘇州機場作緊急降落。經檢查發動機外罩和一汽缸蓋，為彈片擊破，幸無大礙。

仰天觀戰回馬槍

劉粹剛，空軍第三大隊十七中隊中隊長。該中隊使用的飛機，是美國波音飛機公司研製的第一代單翼全金屬的波音（Boeing 281）戰鬥機，於一九三

四年間,當時由廣東空軍購入十架,後隸屬空軍第三大隊十七中隊,駐防南京。淞滬抗日戰起,多次護航戰鬥機出擊任務,其主要任務護衛首都地區的空防。民國二十六年九月間,日機空襲南京,波音中隊起飛迎敵。當日晴空萬里,雙方之空戰,即在南京市上空進行,因空襲無轟炸機,僅是「九六」式敵戰鬥機,故萬民仰天觀戰。在敵眾我寡情況下,劉粹剛被一架敵機尾隨追逐,急行俯衝而下,敵機仍尾隨不捨,衝至僅百餘呎高度時,劉機則猛然回頭反轉升高,顯然採取與敵對頭攻擊戰法,而敵機或因技術經驗不足,或不想作對頭戰,在其脫離之時機與角度、方向上均有不當,正為劉機反轉仰攻所乘,被劉機一個「回馬槍」擊落墜地。在萬民親眼目睹,而難得一見的擊落敵機場面下,群情雀躍、沸騰、讚譽、歡愉之情滿城池。

漢口空戰「巧」、「幸」故事一籮筐

民國二十七年二月十七日午後四時餘,空軍第四大隊大隊長李桂丹,突奉命飛離老河口訓練駐地。第二十一中隊(中隊長董明德,蘇聯造E-16型飛機),第二十二中隊(中隊長劉志漢,蘇聯造E-15型飛機),進駐漢口機場;第二十三中隊(中隊長呂基淳,蘇聯造E-15型飛機),進駐漢口北方的孝感機場。十八日凌晨三時餘,傳來敵機有空襲漢口情報,全體即刻整裝進入機場,由大隊長作作戰指示與作戰編組。總領隊大隊長編組為四架E-15型飛機,二號機為分隊長鄭少愚,三號機為筆者,四號機為巴清正,為第一編組群。第二十二中隊為第二編組群隨後。第二十一中隊為第三編組群,擔任支援掩護,高度六千至八千公尺。第二十三中隊為第三編組群,由孝感飛來加入戰鬥行列。

當時上午九時餘,在緊急警報中起飛,總領隊四架編組群,起飛不即三分鐘,高度僅千餘呎(其餘編組群尚在陸續起飛中),我即發現後上方高空有敵機群,乃迅速靠近總領隊,以手勢示警。此時四機編組,仍以大仰角抬升高度,在此同時,敵機十餘架已由後上方衝下,接近射距位置,情況如此,十分不利,凶多吉少,立即作側滑飛行以避中彈,遭第一次攻擊,即見總領隊機即刻著火下墜。二號與四號機,同時均呈螺旋狀態而下墜。筆者未中彈,隨即陷入群敵圍攻中,展開單機與敵多機的生死戰鬥。在被輪攻的情況下,沒有還擊

餘地，乃採連續性的大動作特技翻滾飛行，翼求避免在圍攻中中彈，以待友機支援解圍。

不料雪上加霜的事又發生，筆者因為上下左右監視圍攻的機群，將頭探出座艙，飛行眼鏡突被強風吹歪，遮蓋了左眼，在遭群機圍攻中，雙手忙於操縱飛機，無暇用手扶正眼鏡，用一隻右眼索敵對戰。

被圍攻十餘次後，筆者環視周圍空際，現時僅剩有三架敵機，居高仍輪攻不捨。此時相戰高度，僅有百餘呎，無法再作大動作飛行，乃繼續做多變化飛行，使飛機每秒均不在直線軌跡上運動，以閃避攻擊，並伺機反擊（按E-15機速度雖慢，其靈敏度尚優越，火力亦強）。相互纏鬥正在機場與漢水之間上空，當時筆者心想，沒有友機解圍、亦無地面火力支援、即使不被打掉，亦恐被敵三機逼至地面。乃決心採對頭攻擊（在上海、南京諸多空戰，每次遭遇，均是敵眾我寡，況日本「九六」式機性能佳、速度快、火力亦強、空戰中予取予求，絕不採用「機會均等」的對頭戰法）。當稍作平直飛行取得速度時，果由後上方衝下一敵機，我在適當距離，猛然反轉作仰角對戰時，敵機升高脫離，我加大速度隨之升高，作有效的一擊，敵機冒出白色煙霧，顯被擊中。在攻擊之同時，筆者未能察覺，有一敵機由後下方跟蹤偷襲，我機左下翼、座艙下前方子彈箱，頓時「開花」，飛機有失去平衡態勢。此時，冒煙敵機搖擺機翼集合另兩敵機，迅沿江東去（後來消息，該三機其中一架，迫降予馬當北岸）。我的左下機翼，有斷裂危險，立即減小速度，傾傾斜斜的迫降予機場。

經檢查，飛機中彈兩百一十餘發，中彈部位均在左下翼與機腹部。最危險的三顆子彈，仍存留在保險傘的座墊內，如在高半吋，臀部即將「開花」。尤以為奇者，在腳中間前面之子彈箱開了花，和機腹兩側中彈多發，而雙腳及腿，竟未中彈損傷，如此情況，除了幸運，還是幸運！

另有第四編組群，第二十三中隊，由孝感飛來參加了戰鬥。出敵不意的，來了一股奇兵，先期空戰中，敵機已失去高度，被這股奇兵，擊落數架。其中第二十三隊飛行員信壽異，在空戰中緊追擊敵機，因距離過近，擊中敵機後，敵機漏出滑油，塗滿信機風檔，失去視界，致無法繼續戰鬥，亦乃空戰中少有的鮮事。

上：①鄭少愚烈士②佟彥博烈士
下：③劉志漢④張光明⑤苑金涵

高空缺氧的反應

　　鄭少愚與筆者，是空軍第四大隊二十二中隊的分隊長和飛行員。民國二十七年四月間，在漢口上空，捕捉敵偵察機，鄭分隊長與筆者起飛後，迅速升空，採取最大極限高度。過去，每次敵偵察機臨空，均利用大高度與速度，安然脫離。因之，必須採取以高度制敵的戰法。E-15機性能高限為九千五百公尺，我兩機爬升到一萬零五百公尺時，飛機似乎只在空中飄浮，同時有左右搖擺、失速的現象。筆者處此狀態兩三分鐘後，感於頭暈、噁心與視線模糊。E-15機裝備氧氣，是用一木製嘴含在口內吸入，或有吸量不足；又或因筆者已患感冒數日，身體抵抗力減弱關係，頭暈、噁心隨之加重，亦隨之昏厥、失去知覺。不知經過多少時間，內心微弱意識中，感覺飛機在旋轉，習慣性駕駛意識下，踏平舵平衡了飛機，拉成平飛，高度只有千餘公尺，（或因降到了低空，氧氣充分，恢復一點知覺），繼之嘔吐連連，胃空所嘔出均為黃水，繼之為綠水（膽汁），極度難受的情形，實非言語所能形容。人近休克狀態下，見一機場即行降落，當機輪一觸地，恍惚知道飛機打地轉，人又失去知覺。經場站醫護救下飛機，昏睡六小時醒來，竟躺在孝感航空站。

台兒莊空戰跳傘

　　民國二十七年三月至四月間，空軍第四大隊（駐漢口）與空軍第三大隊（駐孝感），總兵力E-15式飛機約四十餘架，對當時台兒莊中日大會戰，曾多次作長距離突擊，支援地面友軍總攻作戰。

　　駐漢口第四大隊第二十二中隊（隊長劉志漢）、第二十三中隊（隊長劉宗武），奉命支援台兒莊作戰。民國二十七年四月九日凌曾三時餘，在星夜中起飛，天明時分，降落在駐馬店機場，加油後續飛向歸德機場，再行加油掛彈（二十五公斤殺傷彈四枚），再航向台兒莊、棗莊與嶧縣一帶，攻擊敵軍陣地及補給品。因油量關係，僅能在戰地上空停留十五分鐘，即需返航歸德。在返

歸德加油後，正在返回漢口起飛時，有敵雙翼機六架、單翼機三架，突臨機場上空，當此情況下，不解敵機為何，未予居高臨下攻擊？而各隊則安然陸續起飛航向原駐地。此時天色將晚，乃在中途周家口機場降落過夜，待明日起飛返漢口。當晚又接獲命令，明日再行出擊。領隊將歸德上空敵機突現情況與油量問題，報告指揮階層，然仍照原計劃出擊行動。大家均有預感，心理準備，明天必然與敵一戰，最擔心的是油量問題。

十日拂曉，航向歸德機場，加油掛彈後，對敵陣地轟炸掃射後，返航歸德。在返航中高度，二十三中隊五千公尺，二十二中隊六千公尺，第三大隊七千公尺以上。十時餘返航至歸德附近，二十三中隊發現敵機，突迴旋轉向，二十二中隊即刻與敵發生戰鬥，敵我群機互相追逐，混亂一團。不數分鐘，不知為何，雙方飛機竟全部失去蹤影。我急速升高，發現在我下方，有敵我飛機各六架，敵機為「九五」式雙翼戰鬥機，其性能、速度、火力與E-15機相若，彼此一前一後，互相追逐戰鬥，在空中形成一個大圓周，我單機居高警戒，必要時予友機支援。

因雙方飛機性能相近，雖然彼此一前一後追逐，都以最小半徑迴旋，雙方都沒有射擊機會。兩分鐘時間，圓圈中飛機，頓成敵多我少（後來方知，我數機因油量耗盡，而脫離戰鬥，有的迫降機場，有的迫降在野外）。正當此刻，敵一單翼機很快速度，銜尾攻擊一友機，處此情況，我立即衝下，銜敵尾攻擊。當敵機發現我在其後時，猛然回轉脫離時，正撞上友機機尾，雙方都同時翻滾下墜。

好戲正在上演之際，突發現三架敵單翼機在我上方，且已有一架衝下接近攻擊位置，我乃以翻滾動作避之，隨之陷入三敵圍攻中（敵單翼機速度快，其外形較「九六」式敵機略大，在敵機情報資料中，未見有此型敵機）。在與一敵機回避攻擊時，我作翻轉半滾上升動作時，不意被敵擊中，我的座機立刻變成強力外螺旋動作，即刻頭脹，失去視力，想拉回油門，改正螺旋動作，但油門操縱系統鬆動失去作用。此時，用手探摸，是熱熱的滑油流出，即刻意識到，敵機擊漏了我的油箱，在失去視力下，惟恐著火，乃決定跳傘。當我的手輕觸保險帶扣，兩肩迅即衝開座艙小門，人體即刻飛出，人拋到空中仍在旋轉不停，飛行衣口袋（在左右小腿前）的地圖、尺、筆、半圓規、鞋子、飛行

眼鏡、手槍——等物，全部在空中拋脫飛去，我心想不能在空中飛轉，乃用力曲腿，雙手一抱，人停止了旋轉，感覺人在下墜中，此時頭尚脹，眼猶黑，但心裡很清楚，不知道此時是否該拉開降落傘？高度又如何？又計算接戰時高度六千公尺，在戰鬥中失去了若干高度，此時還應有約三千公尺左右。又稍遲片刻，我拉開了降落傘，當傘張開時，覺得人體在下墜加速中，驟然有個拉力發生，身體感受一股很大震動壓力後，在緩緩飄盪中下降。我又在想，傘張開可以安全著陸，如果落在黃河北岸，則將被俘。又想到當年，在日本的威迫下，訂下北平城下之盟，全國沸騰；北平師範大學校長李蒸先生和北平軍分會政務處長劉健群先生邀見，面囑國難當頭，應從軍報國，以及為何瞞過父母家人，進入中央航空學校——過去諸事，很迅速在腦海中，像電影一幕幕閃過。此刻令我驚喜的，我的視力由黑變昏黃，由昏黃漸變淡黃，又變青藍，又淡藍而恢復了視力。一看高度很高，乃急速操縱傘繩，翼其加速下降。此刻危難又臨身，敵機三架輪攻降落傘，第一次攻擊，散光彈穿過傘之上部，將傘頂洞穿數洞，打斷五根張力拉繩，而傘呈現偏斜，降速加快，且左右擺盪；第二架敵機又來攻擊，將張力拉繩又打斷三根，速度與擺盪角度均增大，高度已低，敵機脫離而去，最後人與傘摔落在歸德東方的夏邑縣內任樓村旁的菜園壟背上，傷及腰部，至今已數十年，仍隱隱作痛。

　　鄉人告知我，在任樓村南約三里處，摔落中、日飛機各一架，中國飛行員受傷，我不顧數日的心身疲憊，急行趕去探視，傷者為二十三中隊的陳懷民，正是被日機擊中撞上尾部下墜迫降者。他腿部中彈，乃脫下襯衫紮緊止血，傷痛難忍，鄉村又無醫藥，要求鄉長派兩牛高輪大車相送。我陪著在牛車上抱著呻吟傷痛的陳懷民，星夜西行，天曉抵歸德航空站，我即刻將陳懷民送進醫院後，在市區買雙布鞋穿上，至航空站進食休息。于上午十時進機場，檢視一架機翼中彈的E-15機，係屬第三大隊飛機，認為機翼主樑雖彈穿重傷，尚不致斷裂，內心極想早時回到漢口部隊，不願搭兩天兩夜火車的行程，乃決定以最小航速，高高度，駕機飛回漢口。失去消息兩天，部隊人員均認為我已戰死，出人意表的，我又飛回來了。

遠征日本

　　民國二十六年（1937）八月十三日，淞滬戰起，日本空軍對我浙江、江蘇、安徽、江西、湖北各省之軍事設施及機場，施以普遍猛烈轟炸。十二月南京首都淪陷，抗戰重心西移。

　　經淞滬血戰三月，重擊了日本軍方侵華預期，對侵華戰爭產生深重挫折，遂對武漢採取策略性，試探結束侵華步調。

　　我最高當局之構想，擬定空襲日本計畫，宣示空軍有能力空襲日本，喚醒日本民眾應反對軍閥的黷武侵略。以馬丁B-10機兩架，組員八人而成。籌備集訓駐地為四川省成都鳳凰山機場，作航行遠征諸項訓練，如空地通訊聯絡、電台、空對空通話、飛越空間儀之裝設、短波通訊以及地面電台之設置，以及越洋航行、欺敵設計、海洋氣象之蒐研工作等，歷經三個月訓練完成。

　　於民國二十七年（1938）五月十三日，蔣委員長及夫人宋美齡在武昌南湖機場，召集遠征隊組員八人，剴切訓勉，任務重大，希盼勇敢達成，並祝順利成功。

　　聆訓後，隊長徐煥昇率組員七人，即乘專車化裝成商人，由漢口直赴寧波，分住旅館內。於十九日下午四時，由另派飛行組員將兩架馬丁飛機，由武昌飛至寧波，經檢查加油後，換上徐煥昇、佟彥博兩組員八人，架機起飛，航向日本。在東海海域為敵艦發現，曾遭高射砲火猛射，仍續東飛，直抵日本的福岡熊本佐世保長崎大阪等城市上空，分別下宣傳品，數百萬份後，返航。沿航路上，曾遇敵高射砲射擊，在海洋上空遇有極惡劣氣候，均安然度過，於二十日上午十時餘安抵漢口，圓滿達成我空軍遠征扶桑三島的光榮任務。

（本文刊載自北美《世界日報》2004.07.18）

馬英九總統致贈陳光斗將軍「懋績勳業」百歲壽屏

1938年2月20日遠征日本歸來的組員，左起吳積冲、徐煥昇、劉榮光、蘇光華、蔣紹禹、陳光斗（右二）。政治部主任蔣堅忍（右一著軍服者）、何應欽（著西裝）。

參加重慶首次空戰紀實

張光明

前言

　　科技之進步，使昨今事物有所差異。武器的創新，可使戰爭形態有所改變。更何況六十年前的飛機性能裝備與地面設施，和現代的飛機性能裝備與地面完備的設施，更不可同日而語了。

　　就空中作戰而言，速度快的飛機，對速度慢的飛機，可說是予取予求，想攻便攻，想脫離便脫離，完全可主導作戰情勢。速度慢對速度快的飛機作戰時，除非先行得奇襲，或者有制高優勢，或者有相對攻擊機會之後，想尋求再次攻擊得機會，可謂大為不易。速度慢的飛機，在接戰中，如想脫離戰鬥，被擊落的危險性更大。唯有堅決的，勇敢的與敵機死纏死鬥戰勝敵機，方能保住自己。

　　這篇文章是回憶六十年的一次大空戰經過實況，可以看出，在當時中國的稚弱空軍，在怎樣的情況下，如何的在長空中，與敵機艱苦的週旋作戰。

空戰實況

一、當時空軍第四大隊整備兵力概況

　　民國二十七年，空軍第四大隊衛戍武漢時，空戰頻繁，並不時出擊或支援南昌、台兒莊、武勝關、隨樊各地戰役，兵力大減，撤守漢口，空軍第四大隊移駐四川梁山機場，進行人員補充與訓練。三個月後奉命赴甘肅蘭州，接受蘇聯第二次軍援飛機，E-15式飛機約四十架，乃進駐陪都廣陽壩機場，除每日加強飛行訓練外，並作各項戰術研究與演練。為增強大隊整體戰力，除原有第二十一、第二十二、第二十三、三個中隊外，另擴編第二十四中隊。初編時，只有副隊長（是作者），分隊長楊孤帆、與飛行員張哲、張南衡共四人，暫有

E-15式飛機三架。當時全大隊兵力完妥飛機，約有三十二架。

二、來襲敵機

民國二十八（1939）年5月3日，日本96式重轟炸機五十四架，由六個編隊組成一個大編隊群，初次空襲我政府所在地──重慶。這是日本對華軍事侵略以來，使用空軍兵力最大的一次空襲。

三、重慶空防兵力

當時我方佈署空防重慶的作戰兵力，除空軍第四大隊三個又四分之一中隊兵力外；尚有駐重慶西南方白市驛機場的空軍第二十七獨立中隊（中隊長賴遜岩），可用總兵力飛機四十三架。雙方飛機近百架，我方總領隊，空中指揮官是第四大隊董明德大隊長。

四、激烈空戰

當日上午九時餘，即傳來敵由漢口起飛情報。空軍第四大隊，即刻舉行作戰指示與編組，二十一、二十二、二十三，三個中隊共九個編組，大隊長五架與二十四中隊兩架，共編一組。總共為四個編隊，與E-15式飛機三十四架。

於十一時二十分起飛升空應戰，低層作戰高度六千五百呎，巡邏在重慶上空，正午時分，即發現敵機大編隊群，幾乎成一字隊形，利用陽光，由南而北航入重慶，在未投彈前，我機群居高，紛紛俯衝而下，展開猛烈攻擊。我兩機小組（僚機張哲），正處在敵領隊機之正前上方，認為得此良好攻擊位置不易，立即對敵領隊機展開猛烈攻擊，一直開槍猛攻，不肯停止脫離。因相對速度，俯衝射擊角度越來越大，形成彎直角度，射擊仍不停止，因兩個相距過近，即將相撞，幾達無法脫離險境，情急無計可施之下，猛然作個快滾動作，直覺得敵機身影迅速掠過身旁，雖之又感覺機體，有一陣連續敲打聲音，當離開敵機群後方時，頓感減速，飛機已無爆發聲而停車（發動機停止運作），立即檢查儀表，並迅速檢試飛機受損情況，亦即準備危險時逃生打算。經檢試飛機操縱系統尚有效，再試啟動無效後，隨飄隨試，進行迫降工作。此時高度兩千餘呎，遙望廣陽壩機場，尚在隔山的那一邊，雖然向機場方向飄，飛機在失

去動力後，失高加快。盡量維持高度和最低速度，也無法預測能否飄進機場，隨時迫降江邊。高度僅餘百呎，乃斜向滑入機場，竟然安全迫降成功。經檢查後，飛機中彈八十七發，發動機被擊毀，我的僚機張哲，奮勇攻敵中彈，壯烈殉國。

作戰檢討

一、我方損失：

壯烈殉國者，張明生、李志強、張哲；機毀三架、彈傷二十四架。在短短時間裡的激烈空戰，僅八架飛機完好無損。

二、敵機損失：

被擊落三架（重慶北方兩架、中途因傷墜落一架）。傳來情報，敵機返回漢口機場時，已有二十餘輛救護車等侯接運傷亡人員。亦可知敵機損傷之嚴重程度。至於被擊落三架敵機，因我機都作了攻擊，也無法確定是誰擊落。

三、戰後彙報：

空戰落地後，即舉行全體作戰經過彙報。在舉行彙報前，大隊部已接獲司令部轉來電話：「蔣委員長用望遠鏡觀看空戰的全部情況，有一架飛機猛攻不捨，並直衝敵陣者，查明何人，報來」。在彙報會上每個參戰者，報告作戰經過說明後，確定為作者，即報主席。作者特被召見，當面蔣送刻有主席名，特製手錶一只，衣料一件，記大功一次並作嘉勉。（抗戰其間物資短缺，手錶毛料均成名貴之物）

四、指揮對空戰之重要性

空軍作戰，指揮是否恰當，對空戰之成敗，影響至鉅。本次作戰指揮官，為空軍重慶司令部司令官毛邦初，對敵情之判斷，指揮作戰時機之適當，得能佔有攻擊諸元先機，適時在空中取得制高之利，發揮空中整體戰力，予來襲敵機痛擊重創，乃屬指揮之功。

　　以E-15式戰機之性能速度，而僅有兩小時留空油量，為想在空戰時，取得有利攻擊，位置與時機，機會實在不多。回憶過去，多次空戰中，來襲日機，戰術運用變化多端。如是轟炸機時，則常運用在目標區外圍徘徊，高空偵察機狀況指揮，適時達成轟炸任務，如有敵戰鬥機隨護時，則採急速進入目標空襲，有時敵機交互混合作戰術運用，使我在作戰指揮上，失去制高先機，造成空戰失利，折損了若多精英。（南京、漢口、南昌等地諸空戰，均有此類問題）。

五、本次空戰是攻擊轟炸機群的範例

　　當攻擊大編隊轟炸機群時，能取得在敵機前上方的攻擊位置，展開攻擊行動，脫離時又能在敵機群火力較小的前方，或者是敵機群的側方，避開敵機群火力強大的後方，這是最理想的攻擊方式。如此E-15式飛機性能，想取得這種有利的攻擊機會，可能性不多。對敵機96式性能速度裝備優越的飛機作戰，一但得有前上方攻擊機會，常以機會難得，猛攻不捨，脫離較晚，因相對速度關係，脫離時，則陷於敵機群後方的火網中，凡是通過敵群後方火線區（亦稱之為彈雨區），十之八九必中彈，當敵機投彈後，必然加速脫離戰區，E-15式飛機，意圖再次攻擊機會，則成為空想之事了。本次空戰，第四大隊二十餘架飛機彈傷，正是因此而造成。

後語

　　一、唯實際身臨空戰者，方能了解空戰飛行員的心理。保國衛疆是一回事，而生與死又是另一回事，身軀和生命被保護，是應有的權利，培育一位能夠戰鬥的飛行員，至少需要三年以上的時間，而且培訓的費用，亦相當龐大。抗日戰起，雙方空軍作戰，純為優劣對比之事，在作戰上，折損相當數量有戰力的飛行員，關注的去看這個問題，極有必要把傷亡的數字減少。在當時參戰的飛行員，在劣勢的作戰下，都非常希望能有一件防彈背心，保護身體，這也應是作戰飛行員的要求和期盼。需求防彈背心，並不是怕死，是更有其正面作用，可增加作戰心理安全感，可增加作戰冒險性，可減少空戰的死亡率。以本

次空戰論，如有防彈背心，張明生副隊長不至燒傷太重而殉國，李志強與張哲身雖中彈，可能不至陣亡。戰初，即應將防彈背心，列為空勤人員的必須與重要裝備之一。當時在香港、或國外也可買到，相信空軍的工廠，應能製造。這一個輕而易舉，所費不多，利益很大的小事，竟無人關心，殊堪費解。

既如此，為何當時不提出此項要求？事情就是「怪」，世間有許多事，只能意會，而不能言宣。這事件有其潛隱的默守的觀念。憶述於後──在當時空軍裡，蘊育著濃厚的，空軍特質文化精神，你知、我知、人人知，但決不表露，在當時如任何人提出這個問題，深恐被人恥笑，被人鄙視。當時飛行員心理，如果被人說飛行技術不好、不勇敢、怕危險、怕死、等於受了奇恥大辱，甚而痛不欲生，這是當時在空軍中，廣泛潛存著的意識。這種特質文化意識，在艱苦的抗戰中，淋漓而勇敢的發揮在空戰上，以弱抗強，以少勝多的大無畏表現。這也是後來所謂的「筧橋精神」。

二、當發生一次激烈空戰之後，人員和飛機損傷程度之大，非局外人所可想像。由本次空戰情況而論之，在短短過程的一次空戰，第四大隊飛機損傷到達二十六架，約佔全部出動兵力四分之三強。空戰過程在時間上很短暫，雙方互攻後，所造成的損傷率，確實驚人。等待復原戰力，尚須端視修護補充之能力如何而定，由此觀之，建立一個科技型，有戰力的空軍是需要深厚國力的支援，想維護國家和民族的安全，勢須建立天空的戰力（包括飛機和飛彈）而有付全民之努力。

張光明寫於1997雙十前夕

（本文刊載於《傳記文學》689號，第71卷5期，頁74-76，1997.11）

民國二十八年空軍第四大隊駐防重慶廣陽壩機場時，五月三日大空戰後合影。
照片中三分之一人員在隨後戰鬥中為國捐軀。

郁春槓　藍錫芳　王殿佐　黃龍金　周志開　張光明　張華成　韓孝　蔡良　柳哲生

　　　　梅倪丹　張南衡　楊明標　劉英俊　余拔峯　劉孟晉　林悅雄　鄭松亭　李延毅　杜兆華　梁添成

　　　　張義德　高品芳　江志雄　王文鱗　劉志漢　董明德　司徒堅　范新民　王達波　曾培復　李宿光

日本九六式陸攻轟炸機大編隊空襲轟炸戰時陪都重慶

被日機轟炸時的重慶大火濃煙掩蓋了整個山城

筧橋老兵懷往
──空軍軍魂高志航

張光明

「藝高方膽大，膽大藝更高」。空中拒殲敵人，戰技和士氣，是致勝第一要件。中國的空軍第四大隊（一般稱之為志航大隊），能在中華民國二十六年「八一四」擊潰日本「木更津」航空隊，實有賴深具戰術研究的高志航大隊長，所訂周詳的實戰訓練計畫，嚴格要求，反復演練，不達標準不停止訓練所致，懷述於後。

空軍第四大隊在筧橋成立數月，移防江西省南昌青雲浦的新建基地。大隊長高志航釐定部隊炸射訓練計畫，將此一炸射訓練，連續竟達六個月之久，如單機之格鬥，乃至分隊、中隊、大隊之戰鬥，空靶和地靶及水上浮靶，各方向角度距離之炸

東北飛鷹空軍戰神高志航

射，各天侯狀況──拂曉、黃昏、陽光、夜間、雲、雨、能見度不佳時之攻擊演練。因驅逐部隊（即今稱之為戰鬥部隊）第一任務是拒殲敵機進入領空，故須具備機警而精確的攻戰能力，方能達成任務。大隊長高志航嚴格要求所轄三個中隊（二十一中隊長李桂丹、副隊長劉志漢，二十二中隊長黃光漢、副隊長賴名湯，二十三中隊長毛瀛初、副中隊長李用）全體戰鬥飛行員的技術及炸射命中率，必須達到百分之九十以上，如在每一課訓練最後階段，其每項成績不達標準者，「不要休息，不要吃飯」。繼續不停飛行演練，達於規定成績為止。全大隊飛行員在空對空，空對地各類目標炸射測驗通過後，在一次空對水上浮動目標射擊測驗中，全體飛行員，均通過測驗，命中率均達百分之九十六

以上紀錄。唯獨我們的大隊長報來的成績未達規定要求。這位中國空軍的「紅武士」當即面露愧色，然而仍然流露技術超群，充滿自信的英雄本色，他立刻一次又一次飛上去落下來，做不休止的射擊演練。我們全體奉命回營房休息。真的，他不休息，也不吃飯了，由近中午一直打到天黑，才傳來他達到射擊標準的消息。翌日晨，在飛行線上講解訓練課目時，把他的浮動標靶，給全體觀看，證明他的記錄是真實的。

藝高則膽大，自然有持無恐，高昂士氣，勝敵信心，自然鑄成矣。當時中日關係情勢，已達風雲緊急階段，報國衛國之心，早以躍躍欲試。「八一四」之接觸，一舉殲敵空際，日機被一一擊落，火團紛紛墜地。蓋致勝因素早已達成矣，「八一四」空戰僅表現而已。

當時中國的空軍第四大隊，百分之百的炸射記錄情報，傳達日本空軍後，引起日本驚懼，日本空軍曾對志航大隊，作深切的對策研究，列作為其未來的主要目標。

空中殲敵的士氣與信心，是潛在精湛的戰技中。戰技是要嚴格而反復長期的演練，方能產生有效的一擊，克敵致勝。

注一：以上所述是四十五年前往事回憶，把親歷真實情況寫述，作空軍「八一四」勝利紀念日獻言，也是空軍資料補遺。

注二：時代不同，進步有別，僅作早年空軍故事補述，戰技士氣與必勝信心之訓練培育原則仍有其存在性。

注三：令人懷念的「不休息，不吃飯」這句話，並不是罰則條例，其中深深含蘊著親愛精誠部隊中深厚情誼的感情。人人都情願的誠意接受，沒有懷疑不合理，也沒有去觸犯或批評，甚而認為是「鐵律」。

（本文刊載於《中國的空軍》，台北，1981.08）

民族英雄吉星文

張光明

　　民國二十六（一九三七）年七月七日全面抗戰至今（民國九十四年）已屆六十八年正。這不過七十年的事件，從歷史的層面看，可說是記憶猶新的史頁。在國民教課書的課文上，在抗日戰爭史的記載上，在全中國人的認知上，都知道當時盧溝橋的駐防軍，是第二十九軍卅七師二一九團，團長是吉星文。對抗日軍挑釁侵略，放第一槍的是吉星文，國人尊稱之為抗日民族英雄吉星文。

219團團長吉星文

　　民國四十六年，我與吉星文，同在國防大學受訓，入學編號接聯，坐息接近，作業同為一組。在受訓一年間，彼此接觸密切，對於盧溝橋事變，交談甚多，較有廣泛瞭解。我也告訴他，當「七七」事變發生後的七月中旬，空軍第四大隊（我當時是二十二中隊的飛行員），奉命由江西南昌駐地，在黃昏時刻祕密進駐河南周家口機場待命。賦予第一項任務是準備攻擊天津市南開區的日本兵營指揮所。第二項任務是準備攻擊綏遠省百靈廟機場的六架日本飛機。第三項任務是準備在河北保定外圍新防線與陸軍協同作戰，也就是第二十九軍與吉星文團西撤部署的新防線。當時彼此雖不相識，但共同在同一戰場上。今值「七七」事變六十八週年日，緬懷記述，以表追念。

「七七」事變前夕華北情勢

　　「七七」事變前夕，華北局勢十分嚴峻，當時的北平，已處於日偽軍包圍之中。北寧鐵路由北平到山海關沿線，均有日軍駐紮，冀東二十二縣，有殷汝

耕偽自治政府的保安部隊，向北平東郊及北郊騷擾；北面長城一帶，已集結大批日偽軍；西北面有日軍收買的李守信和王英的部隊；日軍飛機每天都在北平上空侵擾；城中可聞日軍在城外演習的槍砲聲。

北平四方四個戰略據點，東面的通州（是南北大運河終點），南面的豐台（北寧鐵路通往北平的孔道），北面的南口（平綏鐵路通往北平的咽喉），西南面的盧溝橋（與盧溝橋平行一座鐵橋，是平綏與平漢兩鐵路的交叉點）。除盧溝橋外，三據點均為日軍佔據。

在當時日軍亟欲取得盧溝橋，切斷北平與外界唯一交通孔道（平漢鐵路）；又可與豐台日軍成為犄角之勢，使日軍可無後顧之憂，使北平變做孤城後，成為日方囊中物。在日軍侵略華北戰略上，佔領盧溝橋，是日軍必須採取的軍事行動。

「七七」盧溝橋事變經過

民國二十六（一九三七）年七月七日的黃昏，日軍又在盧溝橋附近演習，並構築工事。未幾，在北平的日本特務機關長松平，即電話向冀察政務委員會聲稱「日本陸軍夜間在盧溝橋演習，宛平城中的中國軍隊開槍射擊，造成演習部隊混亂，致一名日兵失蹤，要求進入宛平縣城搜尋；中方如不允許，則將以武力攻城……等云」。

當時我方已知悉，駐豐台之日軍，已開向宛平，對盧溝橋宛平城構成包圍態勢。當入城要求談判破裂時，日軍即用砲火攻城。入夜戰鬥更形激烈，日軍已攻佔盧溝橋，並切斷宛平與外界聯絡電訊。午夜時分，中國軍隊施行夜襲，展開反攻。吉星文率團，從永定河西，長辛店過河，手握大刀、手榴彈，從四面八方進行「摸營」奇襲，衝鋒、砍殺，吶喊聲、爆炸聲、震撼四野。盧溝橋上的日軍，被殲殆盡，橋上橋下，躺著許多日軍屍體，日軍敗走豐台方向。這一戰成為二十九軍，吉星文團的大刀隊，最成功的「摸」的戰術。這一戰成為戰史上，少有的戰例。這一戰也使吉星文成為抗戰的「民族英雄」。

吉星文來台後

民國三十八年（一九四九），吉星文到台灣後，先任軍官戰鬥團長，後在澎湖防衛司令部，任胡宗南的副司令。民國四十六年，國防大學畢業後，調金防部中將副司令官，「八二三」金門砲戰，當天趙家驤（陸）、吉星文（陸）、章傑（空），三位副司令官中彈，當時封鎖消息，直到遺骸運到澎湖林投軍人公墓下葬時，才宣布殉國消息。政府明令追晉吉星文為二級上將。民國七十（一九八一）年國軍示範公墓建成，又由澎湖遷葬台北縣汐止五指山國軍示範公墓，安息一代忠魂。

編後感

緬懷先烈，回顧「七七」，歷時六十八週年，歲月雖長，往事猶新。八年抗戰，乃是全國軍民救亡圖存的奮鬥史，是中華民族求生存的血淚史，是犧牲三千餘萬生命換得的光榮史。凡中國人應珍惜這段歷史，更要清楚的瞭解這段歷史。令人遺憾的是，在權利慾、黨派爭的情況下，竟有一撮中國人，故意扭曲抗戰史，另有一小撮人，蓄意揚棄抗戰史。國人堅信，被扭曲或揚棄的抗戰史，必在歷史學家追求考證下還原，也必能在國人知的權利下還原。並且呼籲大陸盧溝橋畔的「抗日戰爭紀念館」中，標出吉星文三個字，以供國人瞻仰，紀念一代抗日先鋒，民族英雄。

二〇〇五、四、五於洛杉磯

編者註：張光明將軍為筧橋航校五期（民國二十四年）畢業，在校原名張世民。抗戰軍興，隸屬空軍第四大隊，高志航大隊飛行員，參與八一四、八一五空戰，各擊落日機乙架。現年九十有三，身體健朗。

（本文轉載自《中外雜誌》464號，第78卷4期，107-109頁，2005.10）

2005年8月洛杉磯舉辦「抗戰勝利六十週年回顧演講會」，四位主講人合影，左二為作者張光明。

2005年8月14日洛城藍天美展，三位九旬抗日老將張光明（中）、陳光斗（右）、張儒和（左）合影。

抗日戰爭結束後的感想

張光明

　　自1937年中國對日抗戰至今，我們中國人尚未為這場民族存亡絕續的八年血戰，傷亡超過3500萬人的戰爭，留下任何一部客觀、公正、完整的翔實記錄。

　　六十七年歲月流逝，對這一場空前慘烈，歷時八年的民族戰爭，到今天在中國大陸上，至少有十億人不知道這段歷史真相。這是中共特意扭曲、湮沒抗戰史實使然。希望中國人和世人瞭解，領導全國軍民八年抗戰勝利的是中華民國，而不是中華人民共和國。在1945年日本投降，抗戰勝利時，還沒有中華人民共和國。

　　在八年拋頭顱灑熱血、救亡圖存的血戰中，傷亡三千餘萬軍民，他們都是中國人、是同胞，要在歷史上還給他們一個公道。

　　對台灣兩千多萬同胞而言，八年抗戰的事，他門僅僅知道是歷史課本上的一個空洞概念而已。目前台獨推行「去中國化」，割斷中國的歷史文化，爾後恐怕連這個歷史上的概念都沒有了。

　　如沒有八年浴血抗戰的勝利，就光復不了台灣，也建設不成今日的台灣，就更沒有台獨的餘地。台灣同胞應該瞭解珍惜這段歷史。

　　對侵略的日本而言，至今六十七年，從沒有對這場血腥侵略戰爭認錯，並且竄改歷史，扭曲真相，矢口否認是侵略者，並仍存有對中國人藐視的霸道心態。不認錯、不賠償，我們認為這是天下最不公道的事。日本如不撫平被害者的創傷，將成為民族永久的仇恨，必將無寧息之日，不公道就會失去和平。

　　對西方人而言，在二次世界大戰中，他們只記得珍珠港奇襲、敦克爾克大撤退、諾曼地登陸、硫磺島浴血戰。但是對於在二次大戰期間，人類有史以來，最慘烈的廝殺戰爭中，中國人在幹了什麼？提供了什麼？卻瞢然無知。

　　在這場最大規模世界大戰中，如沒有中國八年的浴血抗戰，在中國戰區牽制百萬日軍，盟軍方有先行收拾德、意，然後再收拾日本的時間，方結束了大戰。世人不能漠視中國在這段歷史上卓越貢獻的真相。

　　我們希望把這一段經歷，能有一部完整記述，傳閱中國人後代和世人。我們無意重揭傷疤，製造仇恨。只想把歷史還給歷史。讓真向歸於真相。今天還活著的中國人，有責任要為抗戰犧牲的三千餘萬亡魂，討回公道。天地悠悠，人生幾何？中國人，你應該怎麼想，也應該怎麼做！

（本文刊載自北美《世界日報》，2004.07.18）

張光明抗戰勝利後之戎裝照勳獎章等身（1947年）。右胸中為一等宣威獎章（轟炸敵陣地卅次以上），左胸中為四星星序獎章（擊落日機四架）。

抗戰勝利之痛

張光明

沒有過去，何來現在？
不知過去，就看不見未來。
亦敵亦友之沉痛歷史。

抗戰勝利，今屆六十週年，緬懷中國八年艱苦的抗戰勝利，感慨萬千。在抗日及二次世界大戰中，中國以慘重犧牲換來勝利，誠屬可貴。但中國亦飽嚐了同盟國、亦敵亦友的痛苦教訓。

抗戰期間，獲得有限的「援助」，是援助者為自身利益而援助，並非為正義而援助。並且列強有不約而同的謀略，「不讓中國統一，永遠處於分裂狀態，而便於控制中國，予求予取，竊取中國利益」。茲將亦敵亦友之沉痛歷史，扼要纏述之。

民國二十五年西安事變

張學良在西安，剿共不利。蔣介石委員長，於十月中旬，由南京飛赴河南洛陽，目的督師剿共。空軍第四大隊奉命亦隨之進駐洛陽。當時我是二十二中隊飛行員。（大隊長高志航，廿二中隊長黃光漢，副隊長賴名湯，分隊長樂以琴和鄭少愚）

張學良與楊虎城，被毛澤東、周恩來統戰，違反先安內後攘外的政策，誘蔣赴西安，於一九三六年十二月十二日，發動兵諫事件。十三日空軍第四大隊，出動攻擊渭南車站及軍隊；同時空軍洛陽分校主任王叔銘，派教官蔡錫昌，駕機飛赴臨潼，冒險迫降著陸，營救蔣委員長，未果而被俘。

由軍紀解讀，劫持統帥，就是兵變。在兵變險惡的狀況下，生死交關的危情下，蔣介石竟然在短期脫險，於十二月廿五日，由張學良護送，飛返洛

西安事變前，蔣介石和張學良合影。

陽，恢復自由，爾後領導起對日抗戰。這種情勢的急速轉變，與蘇聯的史達林有關。

在當時蘇聯史達林，在歐洲已強烈感受到，德國對蘇聯的強大威脅，也恐懼日本，由中國東北的進攻。如形勢發展到腹背受敵的狀態，蘇聯則面臨敗亡境地，史達林在戰略決策上，必須支持蔣介石領導中國抗日，擋住日本對蘇聯的威脅，集中力量對付德國。

西安事變中，如蔣介石身遭不測。在史達林的心目中，張學良與毛澤東，均非領導抗日之人。為蘇聯利益計，而必須平息西安事變，支持蔣介石抗日。

史達林這一決策，平息了西安事變，軍援蔣介石抗日，免除了蘇聯腹背受敵，也救活了困居延安的中國共產黨。

民國三十二年開羅會議

一九四三年美國總統羅斯福、英國首相邱吉爾、中華民國主席蔣介石，在埃及開羅舉行會議。當時英美先歐後亞策略上，先集中軍力，打擊義大利投降後的德國。借重蔣介石在東方繼續抗日，拖住日本在太平洋上，無力侵略

民國32年（1943）
開羅會議，確定台灣
回歸祖國

擴張，免除英美聯軍有東西兩面作戰之苦。有充裕時間集中兵力，先行擊潰德軍，然後轉移兵力，再收拾日本。

在開羅會議上，英美承諾，援助中國軍隊裝備與軍需補給，並歸還日本所佔領的中國土地。嗣後將承諾的援華軍事裝備，大部分轉給蘇聯。

蔣介石仍堅守開羅會議，三大盟國團結作戰之承諾。統領中國軍民，在中國戰區，與日軍拼鬥，拋頭顱灑熱血，死傷軍民三千餘萬，拖住日本百萬大軍，無法脫身轉移戰場。英美聯軍得能集中全力，擊潰德軍，方取得歐洲戰場勝利。蔣介石統領中國軍民，浴血抗日，對二戰的勝利，有不可抹滅的貢獻。

民國三十四年雅爾達會議

盟軍於一九四四年六月六日，在諾曼第登陸成功後，德軍節節失利，顯露敗象。美國急欲轉移部分兵力，進攻日本。英美邀蘇聯舉行雅爾達會議，要求蘇聯出兵中國東北，協同攻日。蘇聯趁機要求在中國權益和外蒙古獨立。同盟國的英、美，竟然允訂出賣中國的密約，令人椎心泣血，匪夷所思。

民國34年（1945）雅爾達
會議

　　蘇聯在日本無條件投降前夕，進兵中國東北，未費一兵一卒，而獲得日本
投降後的利益，大量物資與工業設備及軍事武器。隨手將大批軍事武器與投降
的偽滿軍隊，交給中國共產黨林彪。因而迅速膨脹了中國共產黨叛亂的力量，
擴大了中國戰後的內亂，中國失去戰後復員與重建國家的機會，也使國府退到
台灣。

　　這些歷歷史實，世人可清楚看到了世態的炎涼，國際無道義的面貌。令蔣
介石情何以堪！令中國人又情何以堪！

（本文發表於《大紀元報》，2005.07.06）

七七抗戰六十九週年回顧與感想

張光明

抗戰史實留給後世

　　民國二十六年（一九三七）「七七」盧溝橋事變，是中華民族全面抗日的紀念日，今屆六十九週年。緬懷這場存亡絕續的八年血戰，傷亡超過三千五百萬軍民的戰爭，尚未有一部、客觀、公正、完整而翔實的紀錄。而且在文字認知上有許多扭曲或不實記載和評論，令人不無遺憾！究其原因，是國民黨、中國共產黨、美、英、蘇、日，以及個人寫作，對抗戰史各有立場、說法，莫衷一是。令人存疑的，各方對於抗戰情形陳述，其所用資料來源，其真實性與其實際考證性，不無疑問，且含有政治性色彩濃厚，或有抄襲或杜撰意味，而竟使抗戰史，支離破碎，眾說紛紜，不完整、不公正、不翔實。國人企盼，有志軍史學家、愛國的出版家和企業家、愛國的人士，齊力共同著手完成這一大工程，把抗戰真實史實，留給後世。

歷史真相不容誤導

　　六十九年歲月流逝，中共對這場空前慘烈歷時八年的民族戰爭，作了深度扭曲誤導，致使大陸上，至少有十億人，不清楚這段歷史真相。自二〇〇五年，連戰先生訪大陸後，中共領導人胡錦濤先生亦公開宣佈，承認八年抗戰，國民黨是在正面作戰。這種思維轉變，令人讚揚。日本侵華，是中華民族的存亡絕續的全民戰爭，而非國民黨一黨之事，亦非蔣介石一人之事，而是中華全民族之事。戚戚不可，以抗戰作為兩黨政治鬥爭的對象，才是正軌。國人企盼中共將抗戰史，作正面歸真的「熱處理」，必為全民所讚揚、所諒解。

對台灣同胞而言，八年抗戰的事，他們僅僅是在歷史課本上知道的一個空洞概念而已。目前台獨推行「去中國化」，蓄意割斷中國的歷史文化，八年民族抗戰史，自不例外。但是如沒有八年抗戰勝利，就光復不了台灣，如沒有國庫的黃金外幣，與胡適之、梅貽琦、蔣夢麟等若多知名學者教育家，及若干企業家工程師們，亦建設不成四小龍之首的台灣，更沒有台獨的餘地。台灣同胞應該瞭解珍惜這段歷史。

為抗戰亡魂討回公道

對西方人而言，在二次世界大戰中，它們只知道「珍珠港奇襲」、「敦克爾克大撤退」、「諾曼第登陸」、「硫磺島浴血戰」。但是對於在二次大戰期間，有史以來，人類最慘烈的厮殺戰爭中，中國人在幹了些什麼？提供了什麼？卻嘗然無知。

在這場最大規模的世界大戰中，如沒有中國八年，前仆後繼、死傷慘烈的浴血抗戰，在中國戰區（印度以東──韓國），牽制住百萬日軍，使日本在太平洋，無力作侵略行動，免除美國東西兩面作戰之苦；亦為爭取作戰時間，盟軍集中力量，先行擊潰德、義，然後再收拾日本，方結束了大戰。世人不能漠視中國在此段歷史上，卓越貢獻的真相。

對侵略的日本而言，揮兵侵略中國，在八年血戰中，中國傷亡超過三千五百萬，億萬家庭破碎，流離失所，財產損失無算。一九四五，八一五，戰敗投降。尤有不情不願，對中國人仍存藐視霸道心態，不認錯、不賠償，中國人認為這是天下最不公道的事。

侵略的遺患無窮，造成國家民族長久存在問題。日本如不撫平，被害者的創傷，將成為民族的永久仇恨，亦無寧息之日。無意揭人瘡疤，道人之短，而主旨在，讓歷史還給歷史，讓真相回歸真相，企有一部完整、翔實、公正的抗戰史，留給中國人的後代。

今天還活著的中國人，有責任要為抗戰犧牲的三千餘萬的亡魂，討回公道。

（本文是二〇〇六年七月七日，在洛杉磯
舉行「七七」抗戰六十九周年紀念大會的演講稿）
（本文轉載自中外雜誌475號，第80卷3期，頁65-66，2006.09.）

編者按：張光明是中華民國的空軍。民國二十年「九一八」日本武力侵佔中國東北，繼而
　　　　揮兵西侵，民國二十二年，日軍兵臨平津（北平天津）城下，全國沸騰，青年學
　　　　子，奮起投效救國。張光明考入中央航空學校，二十四年畢業。二十五年參與西
　　　　安事變救駕，二十六年參加八年抗戰，四年戡亂，二十年保衛台灣，均在第一線
　　　　服勤工作。

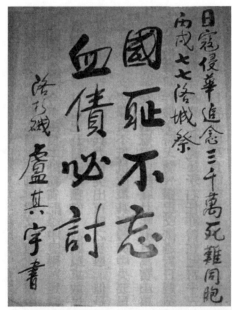

左：洛杉磯盧其宇為追念日寇侵華時的三千萬死難同胞，親書「國恥不忘，血債必討」。
右：作者張光明將軍在美國洛杉磯紀念盧溝橋事變八年抗戰六十九週年大會中，致辭時留影。

評鑑抗日空戰史應持之觀點

張光明

在中國抗戰與二次世界大戰中，有蘇聯與美國兩大航空國之軍援與參戰，而侵略者日本亦是航空先進國，形成三國在中國戰場上較量的態勢。因此，在中國戰場之空戰史，乃為世界各國軍史學家所重視。其目的無非是在研判各國的航空發展態勢，與戰略戰術方面之研究及情報之收集。因此，中國八年的抗戰空戰史之完整性與真實性，顯為重要，乃武器戰術之情報蒐集。然如何確認其為真實性，權威性的空戰史，應有合於邏輯性之評鑑觀點，試述之。

在不同的年代，所發生的事物各有不同。如以現時思維觀點，評鑑七十年前所發生的事物，則將有相去千里之遙。固須於評鑑前，先確立時空之認定，應以過去實境情況，評鑑過去空戰之過程，方有正確性之求證。

評鑑史料，應持公正求是之態度，歷史不屬黨派個人，而為人類所有。不可以既有的，沿有已久的空戰史料，作為評鑑其他不同史料的憑據。雖公開發佈沿用之史料，亦應予審慎重做考證。這不需視為公信問題，而應看作歷史的問題──不真實，就不是歷史。

舉例證實，中國的八年的抗戰史，六十餘年被中共在在宣傳上，充滿扭曲各式謊言，在文字上，有千千萬萬冊抗戰的記述，都說成國民黨不抗戰 ，是共產黨擊敗日本獲得勝利。二零零五年共黨領導人胡錦濤先生宣佈承認，國民黨是在正面戰場抗日作戰。這就是證明，歷史沒有人能夠改變。胡錦濤先生公開宣佈抗戰史實後，數年來對中共沒有任何不良影響，反有許多讚揚。

空戰史每一戰役，須有合於邏輯性而詳實的記述，為空戰是什麼年月日時間，什麼地點，什麼部隊，什麼人，敵我當時情況，如何進行空戰，戰鬥過程與結果（包括敵我損傷與敵機型別性能數量）以及當時天候，友機支援，地面火力支援，雙方指揮戰術之運用等。

每一戰役，其合於邏輯性的記述越完整，其真實性則越高。不實杜撰的空戰史，無法通過合於邏輯性的條件所檢驗。空戰史當以參戰人的見證口述或筆

錄，此為真實性高的第一手資料。但亦應檢視參戰人的全部作戰資料，以證虛實。使不實戰史，還原歸真，尚有待軍史學者之求證。

（張光明將軍對何邦立為文武漢空戰之考證，給予高度肯定，有感而作。）

挽高志航大隊長歌

憶首已黎同學時單飛未久君倒飛低空翻翼頭在下絕

藝驚人險不知覓橋美機來表演俯兜外圈危復危升空

依祿君兜圈心雄無畏逞英姿航校眼醫勤檢察謂君目

力或差池笑答驗光徒費事昌來機場看我飛羅馬軍士

擅奇技軍官不屑較高低君與競飛勝多倍官耶士耶祇

適詞不顧險兮大無畏善破例兮豈拘泥磨礪以須及鋒

試終礪木更津大隊重霆機敵機趙海來侵犯君領鐵鷹

緊緊追瞄準先斃機尾之槍手再挺背後發射機師敵機六

架紛紛墜鐵鷹昂昂整隊歸君之左臂受彈學我去探視

問端倪笑指此乃隊員之錯誤絕非東洋小鬼而皆為傷

瘉北往同家口接收新到驅逐機惜哉警報夫靈炸彈落

君死機側最堪悲俚詞難狀萬夫勇無畏精神世所稀志

航志航高無極魂兮魂兮其在玆

王承黻先生紀念高志航大隊長詩文。王承黻早年與奉張之東北空軍頗有淵源，此詩文為紀念空軍烈士高志航，憶當年在法國共習飛行之交往情形。

百齡感言

張光明

歷史是一個國家民族的紀錄。真實的歷史，亦是一個國家寶貴的財富，更是一個民族無價的資產。歷史可鑑往知來，可去蕪創新；其價值大小，影響如何，端視國人如何去接受，如何去珍惜。

國家

國共兩黨經數十年之鬥爭，對國家民族意義何在？為識者所共知，而僅是一人一黨之鬥爭而已。非國人所願所需。更非可取，為民所厭惡。

今後，世勢所趨，國共勢需步上正確途程，為國事為民生，竭誠合作，作良性競爭，取得民心所向者勝，國家方得長治久安，民富國強。希有共鑑，幸甚！

空軍

一、高度優勢為空戰命脈

建設空軍，要看國力科技能量大小，決定其強弱。空軍亦是一個極富攻擊性軍種，如將空軍用於防多攻少的作戰時，則將失去空軍的本質特性，凡是空中的武力，無不以高度為優先考決。

回憶八年抗戰中，尤其在抗戰第一、二階段防空作戰上，每每起飛時間較遲，失去制高優勢，戰鬥機如失去高度優勢，可斷言該戰役態勢、已經輸了一半或全部，其損失將不可估量。如佔有高度優勢，飛機數量性能雖差，亦能戰、亦可勝。

舉證：在1937年10月中旬、高志航傷癒後，在南京率僅有的五架霍克III飛機，迎戰來襲之日本96式戰機十餘架。我方佔有高度優勢，縱敵多我寡，經激

烈空戰後，毫無損傷。充分表現了，攻勢作戰與高度優勢之優越性。

二、弱勢空軍尤重攻勢作戰

由八年數百次空戰中得知，中華民國的空軍，勢需追求弱勢空軍的攻勢作戰戰術。依據敵我態勢情況，研擬各種方式可行攻勢作戰，大有發揮弱勢兵力空間，亦可取得理想戰績。但這點關係指揮階層的智慧、才能、與膽識。舉例：徐煥昇於1938年，率隊由漢口遠征日本，在數月準備與諸段行動，嚴密保密下，順利完成空襲日本任務，這是完整的弱勢空軍攻勢作戰呈現。

三、小空軍大勝利的抗日空戰史

希望能看到空軍有一部詳實完整的抗戰史。空軍八年抗戰，亦是空軍的茁壯史、空軍的壯烈史、空軍的光榮史。不僅可作空軍教材鼓舞士氣，亦可使國人瞭解空軍。

戰後歲月流逝數十年間，看遍台灣、大陸，國外出版的千百抗戰史冊，大都強調打掉、打傷敵機數量，很少描述：空戰前的情況、空戰中的情況、以及空戰後的情況，這三段時間所發生的情況，才是戰史中最寶貴、最需要的東西；遺憾的是，充滿杜撰宣揚的文字。一部詳實的空戰史，不只是在天空打仗，而地面場站：勤務、情報、命令傳訊、部隊行動、飛機數量、天侯氣象、起飛時間等。在空戰中接觸：敵我狀態、高度、隊形、機型、架數、天侯、戰鬥情況、空戰時間等。在空戰後：空中與地面諸多情況、敵我損失概況，均需加以詳實記述，方是一部完整翔實的抗日空戰史。

此光榮事績，可激勵國人的愛國心，更可使世人知道，中華民國的空軍有不可輕忽的戰力。回顧七十餘年前，當時稚嫩的中華民國空軍，在抗戰初期使用少數性能差的飛機，亦能在數周內，擊潰日本裝備、訓練精良的木更津與鹿屋航空隊，這正是小空軍大勝利的抗日空戰史，堪稱世界一流。

四、部隊不重戰史焉談戰力

深以為憾為念者，為何取消空軍第四大隊的番號？空軍第四大隊，在空軍各重要戰役上，可為無役不與。在八年戰中，是護衛國民政府的部隊，是創造空軍勝利紀念日的部隊，是部隊長、飛行員傷亡人數最多的部隊，是創造國家榮譽最多的部隊，在抗戰史上佔有極重要地位。縱觀世界戰爭史上，若多國家無不標榜其戰功彪炳的部隊、名稱、與事績，供世人紀念頌揚。空軍第四大隊有太多輝煌壯烈的史實，更是一個使國家光榮、空軍榮譽的部隊。在各方面言之，均應恢復空軍第四大隊的番號，這不但延續國家與空軍的光榮史實，更可紀念空軍軍魂高志航、以及為國犧牲諸多烈士的英魂。

抗戰百齡老兵　張光明　於2012年春寫於洛城寓
（摘錄自張光明《抗日空戰拾粹》，196-198頁，2012.07）

張光明駕霍克三2205號座機擊落日本九六式重轟炸機圖（八一五南京空戰）

飛將軍憶烽火線上的蔣夫人

季媛

　　跨越三個世紀，2003年10月23日，蔣宋美齡女士在紐約溘然長逝。儘管從1975年蔣公逝世之後便淡出政治舞台，淡出人們的視線，但是作為中華民國「永遠的第一夫人」，她沒有被遺忘。她的美麗、她的高貴、她的睿智、她的才華、她的勇氣，仍被世人傳頌。

　　蔣宋美齡在上個世紀的動盪年代裡、在抗日戰爭的艱苦歲月中，為中華民族做出過卓越的貢獻。二戰中，中華民國空軍像一個初生的嬰兒，在蔣夫人的親手哺育下長大，而蔣夫人也因此有了「空軍媽媽」之稱。蔣夫人仙逝，曾經親身參加過二戰的退伍空軍老將軍們感慨良多，回憶起當年蔣夫人為建立發展空軍嘔心瀝血，在戰火中不顧個人安危，深入前線鼓舞軍民士氣的大智大勇，仍然歷歷在目。

　　參加過1937年8月14日中日「八一四」首次空戰，並擊落首架日本飛機的張光明將軍回憶道，西元1928年12月，國民政府北伐戰爭結束，東北割據勢力張學良宣佈服從中央，掛起了青天白日旗。馮玉祥、閻錫山等也宣佈停戰，軍閥割據的局面從此結束，中國實現了統一。當時，在東北、雲南、四川、廣東、北平等地都有一些零散的空軍，所謂空軍，也只不過是有幾架飛機而已。蔣夫人當時極力主張統一中國空軍，凝聚各地的力量，建立一支中國空中武力，以便有效抵禦外侮。

　　1932年，國民政府在杭州筧橋創立了第一所中央航空學校，並於全國各地大學在就讀學生中選拔招收飛行員，張光明將軍同輩的中華民國空軍飛行員都是筧橋航空學校的畢業生。1936年，中華民國航空委員會成立，由蔣夫人親自擔任秘書長。航空委員會隸屬中華民國軍事委員會，蔣中正是委員長。此後，有了正式的名義，由蔣夫人主導空軍的建設和發展。

　　八一四空戰的第二天，即1937年8月15日，張光明將軍所屬的空軍第四大隊奉命由筧橋急馳南京，在飛行途中與剛剛轟炸完南京的日機遭遇，還沒落

地就在空中接火交戰，並擊落敵機3架。在那以後的一段日子裡，戰鬥極為殘酷、頻繁，大小空戰，每日發生。蔣夫人每天都到航空基地和部隊在一起。空襲警報一響，她和地勤人員撤離機場，而戰鬥機還沒返航，她就回到機場等候了，三個月的時間裡，天天如此。

　　江南的八月是梅雨季節，天天下雨，當時物資十分匱乏，甫成立的空軍健兒衣服淋濕了也沒得換。戰鬥命令一下來，有的飛行員穿著背心、光著腳丫就登機升空迎敵。在幾千呎的高空中，溫度只有攝氏幾度，戰鬥結束著陸以後，飛行員凍得嘴唇發黑，上牙嗑下牙，話都說不出來。蔣夫人馬上吩咐「勵志社」到市內百貨公司去收集鞋、襪、內衣、外衣，也把餅乾牛奶等食物拿來，給餓著肚子打仗的飛行員充飢。「那些找來的衣服鞋襪，大大小小、五顏六色、甚麼樣的都有，但總好過沒有。衣服淋濕了，也不管大小，抓過來就穿」。九十高齡的張將軍記憶猶新。

　　在上海作戰期間，有一次蔣夫人坐著汽車到前線慰勞將士，被日本飛機追擊，汽車被追得翻在稻田裡，使蔣夫人受了傷。談到這裡，張將軍說，蔣夫人最令人敬佩之處是她的愛國情操和博愛精神。她外柔內剛，沒有享受元首夫人的特殊地位，而是在戰爭年代身先士卒，與抗日軍民並肩作戰，是一位極不尋常的女性。

　　另一位參加過遠征日本的陳光斗將軍也回憶了蔣夫人的一段往事。1938年5月20日，陳光斗將軍的戰鬥小組執行空襲日本九州、四國的任務，這是中國武裝力量有史以來第一次到達日本，將面臨地面和空中的多重阻擊，十分危險，飛行員們都做好了為國捐軀的思想準備。

　　這次空襲東京，帶去的不是炸彈，而是「心彈」──根據蔣夫人的意見印製的反戰傳單，是一次旨在喚醒日本民族良知的攻心戰。出發前一天，蔣公與蔣夫人專門接見機組成員，勉勵大家「為國而死，重於泰山」。當晚陳光斗等八人駕駛2架轟炸機從武昌南湖機場起飛，經過12個小時，勝利完成任務返航。

　　陳光斗特別指出：這次出征被稱之為「人道遠征」，亦是蔣夫人為之命名的。

　　蔣夫人在抗戰時期的豐功偉績，她在西安事變中臨危不懼、化險為夷的沉著冷靜；她在美國國會演說、為中國贏得國際同情的外交才幹；她在開羅會議

上所展現的魅力風采，早已被人們所知。張光明將軍說：「我們所講的，只是我們親身經歷、親眼所見的點點滴滴。」這點點滴滴，折射出蔣宋美齡這位中國近代史上的傳奇女性，在國難當頭時的勇敢、堅韌和博愛。

（轉載自大紀元電子報，第135期，季媛採訪，2003.10.30）

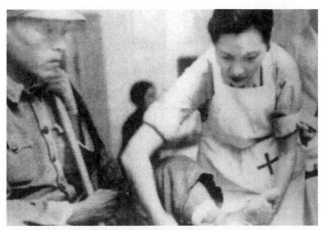

蔣宋美齡抗日戰爭時期在戰區為抗日戰士包紮傷口（法新社／Eye Press）。張光明將軍對蔣夫人在抗戰時期與空軍將士並肩作戰的往事記憶猶新。

1937年戰爭初期，南京各中隊的飛行健兒都收到蔣夫人的慰勞品。待命飛行員在機場大汽油桶上，撥放留聲機以為消遣。

左上：1936年宋美齡任航空委員會祕書長照
右上：1941年6月於美國出版的LIFE雜誌介紹宋美齡女士
　下：1961年2月1日空軍總司令陳嘉尚在岡山官校代表全體空軍官兵呈獻蔣夫人榮譽飛鷹
　　　胸章一枚，由蔣總統親為夫人戴上。事實上，早在1936年2月24日航空委員會就已
　　　授予祕書長宋美齡榮譽飛鷹胸章。

美國洛杉磯大鵬聯誼會公鑒貴會七十一年
八月十四日大函敬悉遠承函候至深感荷先
總統與余創建空軍鞏固國防昔時戎宣軍
健兒忠誠奮勇捍衞疆土經常以寡擊眾
創立輝煌戰果功在國家中外同欽諸君退
後後安居海外荟逢佳節集會紀念致惠政
府良為欣慰特函覆謝諸希朗照并候各位
會友健康

蔣宋美齡　七十一年九月九日

上：民國71年（1982年），洛杉磯大鵬聯誼會成立，宋
　　美齡女士題字賀函。
下：張光明將軍為美國大鵬聯誼會（ROC Association）
　　創始會長（1977年）。與老虎將軍王叔銘合影，
　　1977年於台北。（ROC為鷹鳥縮寫，指的是大鵬聯
　　誼會，實暗指中華民國。）

抗日英雄張光明將軍空戰傳奇

季媛

您聽說過國軍八一四空軍節的來歷嗎？您瞭解中華民國空軍是怎樣打日本飛機的嗎？您知道在八年抗戰中，有1600位年輕的空軍飛行員（包括國軍和少數外國友軍）為中國捐軀嗎？讓我們來聽聽中華民國英雄飛行員張光明將軍的事跡吧。

張光明將軍是66年前參加過八一四對日空戰僅有的兩位仍健在的飛行員之一，他也是打下第一架敵機的功臣,現居加州洛杉磯。90歲高齡的他，精神矍鑠、思維敏捷、記憶驚人。幾十年的戎馬生涯，使張將軍至今仍保持著軍人的風度。他背不駝、腰不彎，走路大步流星，開著汽車到處都能去。在他身上，仍然能看到當年那位叱吒風雲、令敵人聞風喪膽的空中英雄的影子。

空軍節前夕，我們有幸聆聽張光明將軍講過去的戰鬥故事。「我跟你們講的，都是我親身經歷、親眼所見的真實的事情。」張將軍微微地靠在沙發上，陷入了往事的回憶之中。時間已經流逝了半個多世紀，他仍然幾乎記得每一個細節。一次次驚心動魄的激戰，一個個呼之欲出的英雄，在張將軍緩緩的語調中展現在我們面前，把我們帶到了抗日戰爭時期烽火連天的鐵血歲月中。

註：2015年張將軍高壽103歲

以下為專訪報道之一

熱血青年投筆從戎

張光明1913年出生在河北昌黎一個殷實的家庭。他出生時，張家在東北經營的產業已有300餘年，是當地的首富，他又是家中7個孩子中唯一的男孩，受寵愛的程度可想而知。

　　上中學的時候，父親知道他喜歡體育運動，就在家裏為他修了跑道、沙坑、籃球架，還請木匠做了10個高欄讓他練習。後來他參加全國運動會，得了中學組110米高欄冠軍，並創造了全國記錄，那個記錄後來保持了11年之久。

　　不過，張光明並不認為自己的童年很幸福，因為那時，日本人已顯露出擴張的野心。張作霖在瀋陽被日本人炸死的時候，張光明15歲，他開始懂得為國家和民族的前途擔憂了。到九一八事變之後，國恨家仇已深植於他們那一代年輕人的心裏。所以，當他在北平師範大學讀到一年級、報國的機會降臨時，他義無返顧地投筆從戎，加入到反抗日軍侵略的行列之中。「那時我們完全是為救國才參軍，從沒有想過其他目的。」

　　「那天我接到一封奇怪的信，」張光明回憶道，「裏面只有一個地址和約談時間，沒有署名。」這是誰寫的信呢？張光明懷著好奇又忐忑不安的心情，花了幾個鐘頭，按著信上的地址尋到了一個處所，意外地發現校長李蒸和時任軍事委員會北平分會政務處長的劉健群正在等他。

　　就這樣，經李蒸和劉健群的推薦，張光明報考了當時唯一的航校－位於杭州筧橋的中央航空學校。那一年，僅北平就有5500多名像他一樣的大學生報名。經過兩個多月嚴格的體檢及學科的初試複試，他成為50名幸運兒中的一員。他瞞著父母進入了航校。經過一年半嚴格的飛行訓練，1935年12月，張光明從航校畢業，不久便加入了中華民國空軍第四大隊擔任飛行員。從此，他駕駛戰鷹，出生入死，殲敵衛國，掀開了人生中輝煌的篇章。

八一四空中大捷永載史冊

　　1937年7月7日，盧溝橋事件爆發，抗日戰爭全面展開。8月13日中午，張光明所屬的空軍第四大隊奉命從駐地河南周家口機場飛往杭州筧橋。一路上，大雨滂沱，視界模糊，他們駕機冒險低空曲線飛行，中途曾遭遇敵機，因雲層厚重，敵機潛入雲層逃遁，沒有交火。

　　當他們抵達目的地時，筧橋已遭日機轟炸，從空中望下去，烈焰熊熊，一片火海。這時雨還在下著，機群安全著陸後，由於地勤人員避空襲未返，場站無人工作，飛行員們只得親自動手為飛機加油。

「我們把小桶汽油扛到飛機旁邊，用石塊把油桶敲開，再倒進飛機油箱中。這種事一個人沒辦法做，大家互相幫忙，一直忙到半夜一點半。」張將軍記憶尤新，「由於從中午就沒有進過餐，再加被雨淋了幾個小時，真是飢寒交迫、疲憊不堪。但戰情緊迫，大家隨手拿來寢室主人的衣服，換掉濕透的衣服，趕快抓緊時間就寢休息。」

僅過了一個多小時，凌晨三時左右，空襲警報就把剛剛入睡的飛行員們驚醒。年輕的飛行員們飛快地奔向機場，登上戰機。機場上空，夜幕低垂，陰雲密佈，戰機一架接著一架呼嘯著騰空而起，衝向夜空。

那時，空軍的霍克三式飛機沒有無線電通訊設備，飛機上天以後都是單機作戰。夜色中，能見度低，視界不清，張光明擔心筧橋上空群機巡防，有相撞的危險，於是便決定飛至錢塘江南岸，在杭州市與筧橋的南方巡航。

此時，已是8月14日拂曉，天邊開始發白。張光明在矇矓的視野中，發現南方遠處地平線上，有一條蠕動的黑線。瞬間，黑線由遠而近，變粗變大。看清楚了，原來是機群！張光明立即升高接近，進入攻擊位置。

敵機已經近在眼前，機身上的日本紅太陽標誌看得清清楚楚。張光明辨認出敵機群為大型雙翼四架編隊，他瞄準領頭的長機，從前側方開火，機上的兩挺大口徑機關槍噴出一串火舌，使敵機立刻成為一個大火球，翻滾著墜落下去。

打下第一架敵機後，張光明掉轉飛機，正準備進行第二次攻擊，見到另一架敵機也被擊中，正在著火下墜，原來是分隊長鄭少愚開的火。他剛準備和鄭少愚合力發起第二次進攻，另外三架友機又把餘下的兩架敵機擊中，變成兩個火球在錢塘江上空墜落。至此，四架編隊的敵機被全殲，整個戰鬥歷時僅3分鐘。

這時，天已破曉。張光明和分隊長鄭少愚編隊向筧橋機場返航，遙見敵機兩個編隊群正在受到攻擊，兩架敵機被擊落，敵機群倉促丟下炸彈，潛入雲層，向東逃竄。張光明和鄭少愚乘勝追擊，一直追到上海金山衛上空，無所獲而返。

這次空戰，是中國空軍第一次大規模的空戰，也是世界上第一次大規模的空戰。空軍第四大隊，以初生牛犢不怕虎的精神，在雙方兵力對比為12比1的劣勢情況下，奮勇作戰，以寡敵眾，共擊落日軍雙翼大型轟炸機4架、九六式

轟炸機2架,而參戰飛機全部安全返航,取得六比零的驕人戰績。八一四空戰的勝利,粉碎了日軍妄圖把中國空軍扼殺在搖籃中的陰謀,為中國空軍後來的發展壯大奠定了基礎,也鼓舞了全國軍民的士氣。消息傳來,舉國歡騰。後來訂8月14日為空軍節。

漢口保衛戰飛機中彈219發

　　1938年2月18日上午9時,頭天晚上才剛剛奉命進駐武漢的空軍第四大隊接到緊急警報,大隊長李桂丹迅速率領全隊四個編組戰機群起飛迎戰來犯之敵。張光明駕駛3號機,另外還有2號機、4號機,與大隊長在同一四機編組。由於當時通訊設備落後,情報不及時,飛機起飛時已太遲。張光明回憶,他升空不到3分鐘,高度僅1000多呎,其他編組還在起飛,就發現敵機群已飛臨機場上空。他緊急向大隊長的飛機靠攏,用手勢示意大隊長敵機就在上邊。

　　轉眼之間,十幾架敵機從上邊俯衝下來。此時張光明與大隊長等四架飛機都還在以大仰角搶升高度,已經進入敵機射程之內,情勢極其危險。就在這千鈞一髮之際,張光明猛踩左舵,飛機立刻改變航向,向左側滑行,只見子彈嗖嗖嗖地從旁邊飛過。他自己躲過了第一波彈雨,但眼見大隊長的飛機中彈著火,正在下墜。轉眼一看,2號和4號機也被擊中,正在呈螺旋狀向下掉。

　　頓時,張光明的3號機陷入重圍,他單機和數架敵機週旋,展開了以寡敵眾的殊死搏鬥。敵機輪番向他進攻,失去友機的掩護,他無法還擊,只得連續採取大動作的急上、急下、忽左、忽右、翻、滾的特技飛行,以避免在敵機的圍攻中中彈,等待友機的援助。

　　雪上加霜的是,由於經常把頭探出座艙,以監視上下左右的敵機,張光明的飛行眼鏡被強風吹歪,擋住了左眼。在敵機的圍攻中,他雙手忙於操縱飛機,根本無暇用手扶正眼鏡,只能用一隻眼睛監視敵機應戰。

　　在被圍攻十幾次後,張光明發現只剩3架敵機對他緊追不捨。此時雙方的距離只有百餘呎,無法再作大動作飛行,只能進行多變化飛行,使飛機每一秒均不在直線軌道上運動,讓敵機無法瞄準。張將軍說,當時他駕駛的是蘇聯製的E-15型戰機,雖然速度慢,但靈敏度不錯,火力也很強。當時他與3架敵機

在漢口機場與漢水之間的空中纏鬥，既無友機解圍，也沒有地面砲火援助。他發現敵機打不中他，正企圖把他逼到地面上。他決定以攻為守，採取對頭攻擊，殺個回馬槍。

說時遲，那時快，一架敵機從後上方俯衝下來，張光明猛然反轉機身，仰角對向敵機。那個日本飛行員可能想不到對手會突然來和他對頭拚命，趕緊升高欲逃，張光明加速追擊、開火，敵機被擊中，冒出白煙。

不幸的是，正在張光明攻擊那架敵機時，另一架敵機從後下方對他偷襲，頓時，他的座機左下翼與座艙下前方的子彈箱中彈開花，飛機幾乎失去平衡。這時，那架被擊中的敵機搖擺機翼，集合另兩架敵機沿江向東撤走，後來聽說其中一架迫降於馬當北岸。而張光明的座機由於左下翼幾乎斷裂，他趕緊減速，傾傾斜斜地把飛機迫降到機場。

後來經檢查，張光明的飛機中彈210多發，中彈部位均在左下翼及飛機腹部。最危險的3顆子彈仍留在保險傘座墊內，若再高半吋，他的臀部就會「開花」。更令人驚奇的是，在雙腳中間前面的子彈箱開了花，機腹兩側佈滿了彈孔，而他本人竟毫髮無傷。他說自己「除了幸運還是幸運」。

8/13/2003

以下為專訪報導之二

台兒莊之役空戰跳傘

1938年3、4月間，駐漢口的空軍第四大隊和駐孝感的空軍第三大隊，曾多次對當時的台兒莊中日大會戰進行長距離突襲，支援地面部隊作戰。

對於長途奔襲的機群，油料是最大的問題。四大隊從漢口起飛，要到河南駐馬店和歸德機場加油掛彈，再飛向台兒莊、棗莊和嶧縣一帶，攻擊敵軍陣地。因油料關係，每次僅能在戰地上空停留15分鐘，即須返航。

4月10日拂曉，第四大隊22、23中隊，以及第三大隊，完成對台兒莊敵軍陣地的轟炸後返航歸德機場。在機場附近突然遭遇大群敵機，雙方機群互相追

逐，混亂成一團。沒幾分鐘，正在追逐敵機的張光明突然發現雙方飛機都不見了蹤影，他急速升高，發現在他的下方，有雙方飛機各6架正在互相追逐，形成了一個大圓圈。他單機居高警戒，準備隨時給予友機援助。

由於日軍的95式雙翼戰鬥機與E-15式戰機性能相近，在追逐中，雙方均以最小半徑迴旋，均沒有射擊的機會。不過兩分鐘，張光明發現圓圈中的飛機已是敵多我少。後來才知道，許多友機因油料耗盡而不得不脫離戰鬥，有的迫降在機場，有的迫降在野外。突然，他看到一架敵機正快速尾隨攻擊一架友機，他立即衝下，咬住那架敵機的尾巴發起攻擊，為友機解圍。敵機猛轉機身，想擺脫他的攻擊，未料正撞上友機的機尾，雙方同時翻滾下墜。

正在惋惜之際，張光明突然發現3架敵機就在他的上方，其中一架已經俯衝下來，他趕緊做翻滾動作避開，隨即陷入3架敵機的包圍中。在與敵機週旋、做反轉半滾上升動作時，飛機不幸中彈，一下子變成強力外螺旋旋轉。強大的離心力使血液湧到頭部，他立即感到頭漲、雙目失去視力。他想拉回油門，改正螺旋動作，無奈油門操縱系統已經失靈。此時，他感到腿和腳熱熱的，用手一摸，是熱的滑油漏出，他知道油箱已被擊漏，恐怕飛機著火，於是決定跳傘。

他被彈出機艙以後，身體在空中仍然飛快地旋轉，口袋裡的地圖、尺、筆、半圓規、飛行眼鏡、以及鞋子、手槍等全部被甩飛。他用力曲腿，用雙手抱住雙腿，旋轉停下來了，這時才感到人在飛快地下墜。他計算著高度，估計自己已從交戰時的6000呎降到了3000呎，稍等片刻，拉開了降落傘。降落傘一拉開，一股巨大的向上的拉力使他的身體劇烈地震動了一下，然後，就開始緩緩地向下飄落。

此時，張光明的雙眼仍處在暫時失明狀態，眼前一團漆黑，什麼也看不見。他努力想象著自己降落的方向和位置，擔心落到黃河北岸被日軍抓俘。那是他連想都不願想的事，他寧死都不願落到日本人手裡。他飄蕩在空中，思緒萬千，想到了當年瞞著父母棄學從軍的經歷，想到了指引他參軍報國的校長李燕，想到了為他擔驚受怕的父母家人，想到了一次次出生入死的戰鬥，……突然，眼前出現的一片黃色打斷了他的思緒，他的視力開始恢復，黃色變成淡黃，又變成青藍、淡藍，終於看見了！

正當他操縱降落傘繩，試圖控制降落的方向，並讓速度加快些的時候，3架敵機發現了他的降落傘，又輪番發起攻擊。第一次掃射過後，降落傘頂被打穿了幾個洞，傘繩也斷了5根，第二架敵機攻擊過後，傘繩又被打斷3根。降落傘失去平衡，劇烈地擺盪起來，下降速度也加快了。敵機看高度太低，就飛走了。

由於兩天沒有休息，沒吃沒喝，張光明已經無力操縱降落傘，他連人帶傘重重地摔在歸德東方夏邑縣境內一片菜園的壟背上，傷到了腰，此後的幾十年腰部常常隱隱作痛。

他起身走到菜園邊的一棵大樹下，一位老太太坐在樹下。老太太關切地撫摸著張光明問：「剛纔3架飛機追著打你，你都沒被打死呀！你受傷了嗎？」「不知道，我快餓死渴死了。」老人端來了水和飯，水是渾濁的黃河水，飯是發酸的倉米飯。

喝了水、吃了飯，張光明正在休息，聽村裡人說，附近摔落中、日各一架飛機，中國飛行員受了傷，還活著。他顧不得極度的疲憊，趕忙叫村人帶路前去探視，原來傷者正是在空戰中與日機尾部相撞墜機的飛行員陳懷民。張光明脫下襯衫為陳懷民中彈的傷腿包紮止血，叫鄉長派了一輛牛車，他一路上抱著傷痛難忍的陳懷民，經過一夜的顛簸，天亮才趕到歸德航空站醫院。

安頓好傷員，張光明在航空站休息了幾個小時。怎麼回漢口駐地呢？此時，部隊人員已經坐火車返回漢口。他歸心似箭，嫌坐兩天兩夜的火車太慢，就跑去檢查停在機場的幾架受傷的飛機，認為其中一架E-15飛機，雖然機翼主樑彈穿重傷，但不致斷裂，於是獨自駕駛這架受傷的戰機飛回了漢口。歷盡磨難、大難不死的張光明又回到了戰鬥的行列。由於兩天沒有消息，部隊以為張光明犧牲了，正為他準備追悼會呢。

英勇無畏的筧橋精神

作為英雄航空大隊的英雄飛行員，張光明將軍有理由為自己及其英勇的戰友們驕傲。在八年抗戰中，空軍四大隊犧牲的飛行員最多，僅大隊長，就先後有四任：王天祥、高志航、李桂丹、鄭少愚為國捐軀。

　　在八一四空戰之後的六週內，空軍第四大隊夜以繼日、連續在京滬杭地區作戰，打擊日本空軍，支援地面戰鬥。大小空戰，每日發生，使日軍遭到重創。張光明清楚地記得蔣委員長在南京大校場基地召集參戰人員訓話時說：「中國空軍在六週內，把日本木更津航空隊擊潰，而使該航空隊司令剖腹自殺。這是空軍將士用命，創造了輝煌戰果。」

　　身經百戰、九死一生的張光明將軍說自己「早就死了幾回了，不知怎麼能活到今天。」在慘烈的空戰中，生死僅是毫髮之間的事。每次升空迎敵，都有可能血灑長空，永遠不再返航。而年輕的飛行員們從不考慮個人的安危，即使被擊落，寧願犧牲報國，也不願被日軍俘獲。八年抗戰，1600位飛行員壯烈犧牲，他們全部是30歲以下的青年，他們用青春熱血譜寫了中華民國空軍光榮的戰史，捍衛了中華民族的尊嚴和生存權。

　　「八一四」筧橋空戰大捷，不僅是空軍的光榮，也是空軍的精神財富。張光明將軍說，「那時的飛行員，如果被人說飛行技術不好、不勇敢、怕危險、怕死，等於受了奇恥大辱，甚而痛不欲生。」這就是在當時空軍中的一種特質文化精神，這種精神在戰鬥中，就表現為機智勇敢、寧死不屈、以弱抗強的大無畏的英雄氣概，也就是空軍代代相傳的「筧橋精神」。

8/14/2003

以下為專訪報導之三

重慶空戰受委員長嘉獎

　　1939年5月3日，日軍空襲中央政府所在地——重慶，發動了侵華以來規模最大的一次空戰。

　　張光明所屬的空軍第四大隊不久前才接收了蘇聯第二批援助的40架E-15式戰機，正駐紮在陪都廣陽壩機場進行飛行訓練。

　　上午9時許，從漢口傳來警報：日軍54架九六式重型轟炸機，組成6個編隊的龐大機群，已從漢口起飛，飛往重慶。

11時20分，由空軍第四大隊隊長董明德率領的4個編隊共34架E-15式戰機升空迎敵。時任副中隊長的張光明與僚機張哲組成了一個戰鬥小組。

半個多小時後，敵機已出現在視野。由南向北的大編隊敵機機群，利用陽光的反射，幾乎成「一」字隊形向重慶上空撲來。張光明和僚機張哲正處於領隊敵機的正前方。這是一個難得的有利進攻位置，他們立即向領隊敵機俯衝開火，並且咬住不放，持續射擊。

由於飛機的相對速度，張光明與敵機的距離迅速接近，俯衝射擊的角度已成直角，他仍不停火。就在幾乎相撞的剎那間，他情急之中，突然一個鷂子翻身，以快滾動作甩開敵機。他覺得敵機在身旁掠過，接著又聽到自己的機體一陣連續的敲打聲。

脫離敵機機群後，張光明才發現自己的戰機發動機已經熄火，只好迫降。此時高度2千多呎，遙望廣陽壩機場，還在山的另一邊，雖然飛機在向機場方向飄，但飛機在失去動力後，失高加快。他竭力控制著飛機，在高度只剩百餘呎時，斜向滑入機場，安全迫降成功。

這一場近百架飛機參與的規模空前的空戰，中日雙方各有3架飛機被擊落。張光明的僚機張哲，在戰鬥中中彈，壯烈殉國。中方的34架飛機，只有8架完好無損。日方在返回漢口時，已有20餘輛救護車在機場等候救護傷亡人員，可知傷亡慘重。

戰鬥剛結束，大隊部接司令部電話：「蔣委員長用望遠鏡觀看了空戰的全部情況，有一架飛機猛攻不捨，並直衝敵陣者，查明何人，報來。」

經過總結作戰經過，確定蔣委員長所指即張光明。隨後，張光明被蔣委員長召見，親自獎給他一塊刻有蔣委員長姓名的特製手錶、一件衣料，並記大功一次。

對於這次殊榮，張光明說，那時戰爭極為殘酷，出生入死，每天每時都有可能犧牲，腦子裡想的全是如何作戰殲敵，對於榮譽之類的事情看得很淡，並沒有特別的感覺。

抗戰時期物資匱乏，手錶、毛料都是十分稀有的物品。張光明把這些珍貴的紀念品當禮物送給了姐妹，可惜後來在戰亂中都遺失了。

超高飛行缺氧昏厥

張光明是家裏的獨生子。小時後，母親找人給他算命，算命的對母親說，你這個孩子將來會遇到很多危險，但都能化險為夷。

看來這個算命的說的還挺準。身經百戰的張光明，無數次與死神擦肩而過，竟然都能安然無恙、毫髮無損。

1938年4月間的一天，他與當時的四大隊分隊長鄭少愚在漢口上空超高飛行，執行捕捉敵偵察機的任務。

他們駕駛的E-15戰機的飛行高限為9千5百公尺，而他們卻升高到1萬零5百公尺，飛機幾乎只在空中飄浮。

也許是由於缺氧，或是連日感冒身體虛弱，張光明先是感到頭暈噁心、視線模糊，隨後陷入了昏迷。失去控制的飛機在空中迅速螺旋下墜，當降至離地面僅有30多公尺時，昏迷中的張光明微弱的意識感到飛機在旋轉，竟習慣性地踏平舵，平衡了飛機，把眼看就要撞到地面的飛機拉成平飛，奇蹟般地又一次死裏逃生，令人不得不相信冥冥中有神靈在保護。

低空氧氣充足，張光明開始恢復了一點意識，但卻狂吐不止，在幾近休克的狀態下，把飛機降落在機場，恍惚中知道飛機在就地打轉，隨即又失去了知覺。機場醫護人員把他救下飛機，他昏睡了6個小時才醒來，發現自己竟把飛機降落在孝感機場。

西安事變　張學良受騙　做了錯事

1936年12月12日，張學良、楊虎成在西安發動兵變，打死打傷數名衛士，用武力將剛從洛陽到達西安的委員長蔣中正劫持，製造了震驚世界的所謂「兵諫」，使本已內憂外患、風雨飄搖的中國政局更是雪上加霜，把中華民族推上了生死存亡的危難關頭。

張學良把蔣介石抓起來以後，張光明所在的空軍第四大隊奉命轟炸張學良部的重地陝西渭南火車站，「炸得那個火車站都翻過來了。」第二天，張學良

請求不要炸了，說他不是背叛中央，不是兵變，只是想和委員長商量國事，蔣委員長的安全沒有問題。張學良又求何應欽出面，才停止轟炸開始談判。

張將軍說，當時張學良受了中共和周恩來的指使，把老總統騙到西安，是要把他殺掉的。因為張學良有野心，毛、周要他殺掉蔣中正，說「殺了蔣，全中國都是你的了。」

後來中共的後台老闆、蘇俄頭子史大林說，你們不能殺蔣中正，你們都不是抗日的料子，只有蔣中正能領導抗日，這樣蔣中正才保住一條命。

史大林為甚麼不讓殺蔣中正呢？張將軍說，當時如果殺了蔣中正，中國勢必陷入群龍無首的混亂局面，給日本亡華造成可乘之機。日本的擴張野心人人皆知，一旦日本佔領了中國，它的下一個目標就是蘇俄，這樣就會使蘇俄陷入腹背受敵、受到德國和日本兩面夾攻的威脅。史大林需要中國在遠東戰場鉗制日本兵力，而那時中共的軍隊沒有那樣的能力，只有蔣中正才能領導全國的抗日戰爭。

「其實張學良早就和共產黨來往，西安事變之前已經作鬼作了一年多了，兵變前曾背著中央潛伏到共產黨的延安去了6天。」張將軍回憶，周恩來騙張學良，說共產黨有多少多少軍隊。實際上，那時共產黨的軍隊只有兩萬多人，在蘇北有一些，其他地方都是零零星星的，只能打游擊，集中不起來，補給交通都有問題。

當時蔣中正堅持「攘外必先安內」的政策，中共怕被消滅，才慫恿張學良去劫持蔣中正。而這個西安事變也確實救了中共，讓他們得到喘息發展的機會，所以張學良逝世的時候，中共送他「千古功臣」的匾牌。

西安事變之後，張學良被長期關押，但是生活待遇還是很高，每月消耗相當一個團的經費。當他獲得自由、定居檀香山後，大陸方面多次邀請他回家鄉看看，並要為他100歲祝壽，他都拒絕了，至死都沒有回去過。張將軍認為，這說明張學良最後明白做了錯事，知道受了騙，被共產黨利用了，他後悔了，恨死共產黨了。

救了國毀了家，英雄心中永遠的痛

　　張光明將軍在河北昌黎的老家是在一座財神廟的後邊，當地的人都管他家叫「廟後邊的」，而不叫「老張家」甚麼的。張家在十幾個縣都有產業，富甲一方。

　　張光明的祖父三兄弟，他父親一輩，到他們這一代，全都住在一起，是個40多口人的大家庭。他母親非常能幹，是大管家，從早忙到晚，他很小就會幫母親做事。

　　張將軍家祖輩都相信積德行善，福蔭後人。他記得祖母在世時，每年冬天過年前後的那兩個月都要「放賑」，預備很多棉衣、糧食發給窮人。沒房子住的，家裏打開大門，誰都可以來住。因為北方冬天太冷，怕他們凍壞，天暖後再走。每年從夏、秋開始，就請鄰里的嬸嬸、大娘來家裏幫忙做棉衣，一針一線的縫好，冬天誰沒有棉衣都可以來領。

　　張光明的祖父做生意常常趕馬車到關東，關東的「鬍子」，也就是土匪是出了名的，但土匪從來不搶張祖父的車隊。因為他們沒有吃喝的時候，張祖父曾開門把他們請到家裏，給他們吃的喝的。那些人都講義氣，把張祖父當恩人，從來不搶他的車隊。

　　張將軍說，那時他不管家，離家又早，所以到底有多少家產，他並不清楚。共產黨來了以後全部給分光了，包括他父親在內的六位親人被鬥死。幾十口人，死的死，逃的逃，現在家鄉甚麼人都沒有了。

　　「我一直對父母家人感到愧疚，」提起家人，張將軍黯然神傷，「我是救了國，毀了家，我對家裏沒盡到一點責任，家人反而受我連累。我當國軍空軍，他們就因為這個鬥我的父母，還說是大地主。」

　　土改時，張將軍的母親住在天津女兒家，但還是被抓回老家。那時張家已經是家徒四壁、一貧如洗。沒有柴、沒有米、沒有工具，張媽媽每天挨鬥，戴高帽子，然後還要種地，甚麼工具都沒有，只能用雙手刨地。想起母親遭的罪，張將軍仍然心痛不已。

　　後來，張將軍住在天津那個妹妹搬到北平。另外兩個妹妹，一個逃到甘肅，一個逃到貴州，她們之間幾十年都不敢來往，斷絕了關係，直到1993年張將軍回去探親，給她們寄去路費，讓她們全家到北京會合，分別40多年的兄妹、姊妹才又見了面。

8/12/2004

（轉載自大紀元記者季媛洛杉磯專訪報導）

註：張光明將軍今年（2015.02.）已103歲崇壽，身體健朗。

左：張光明將軍。民國25年，任空軍第四大隊第二十二中隊飛行員，在霍克三座機前留影。
右：張光明將軍。民國26年11月在蘭州接收蘇聯軍援飛機I-15型，該機靈敏性佳火力強，唯速度慢。

我寫不好但是我要寫
──專訪抗日空戰英雄張光明

潘嘉珠

　　六十一年歲月流觴，「八一四」筧橋空戰的的戰史，依然鮮活的存留存在曾於抗日戰爭期間，參加過各大小空戰的中華民國空軍英雄張光明的腦海裏。那些曾經並肩作戰，飛天入地穿雲過霧的夥伴，有許許多多已在這場抗日戰爭中，為國捐軀走入青史；但是曾經發生在張光明與他同袍身上的故事，卻是真實的存在過，張光明說：「老天爺讓我活到今天，可不就是要我把它們寫出來」。

　　張光明決定寫下「抗日空戰拾粹」的一個個故事，倒不是蘊釀已久的事，他一直認為：「在我們這個年齡層，那個時候參加抗戰，就是為了捍衛國家，大家都有為國捐軀的決心與準備」。因此也才能寫出「八一四」的空戰英雄史。張光明認為這是時代所創造出來的，發生在自己與同袍之間的大小故事，是從軍報國必須經歷的；能夠為國犧牲是個人的光榮，只要對國家有利，能夠報國殺賊，更是人人爭先，不肯落人於後。因而，這許許多多的空戰英雄史，也不足道出多言。

　　然而一九九三年一趟中國大陸行，改變了他的想法，一九三四年〔民國廿三年〕離開北平，投入空軍的張光明，歷經時代風浪浮沉後，重回到北平，作為一名職業軍人，軍史館是必到之地；然而在這裏，卻讓他有著深深地失望。軍史館裏他看到敘述對日抗戰史的「黃河在咆哮」巨著，這本多達六十萬餘言，有上百多幅圖片的軍史，竟然不提國民黨的抗戰事實。

歷史事實怎可抹殺？

　　「對日戰爭主要是誰在打的，大家應該很清楚」。張光明說，在國民黨的領導下，全民投入對日抗戰，「一寸山河一寸血」的昭示，激勵多少青年投筆

從戎，誓驅日寇；而抗日戰史，更是中國百年近代史上最重要的一段，不論海峽兩岸的政治立場如何不同，政治歸政治，歷史總是歷史，事實怎可抹殺？

如今，在大陸的共產黨不提國民黨的對日抗戰，而臺灣方面，近年來也不願多提這方面的史績。「我不是歷史學家，沒有治史的才學」。張光明說，他只是想說出自己身邊發生過的故事。

今年八十六歲的張光明，是河北昌黎人，民國廿二年〔一九三三年〕日本威逼於北平訂下城下盟，讓中國蒙恥受辱導致民眾激憤，當時在北平就讀師範大學一年級的張光明，受到校長李蒸，軍事委員會北平分會政務處長劉健群的昭示，鼓勵他投筆從戎。

隨後，他通過多次嚴格的體格、學科初複試，考取中央航空學校。當時在北平有五千五百餘人報考，僅錄取五十人，瞞著父母家人報考的張光明，很高興自己獲得了從軍報國的機會，這年他廿一歲。

民國廿三年一月，張光明在杭州筧橋接受嚴格的飛行訓練，想到自己即將飛上青天打日本鬼子，可以和敵人在天上周旋，即便是經歷一甲子後的今天，回想起當年的點點滴滴，張光明依然有著青年急待上戰場，準備一展身手奮勇爭先殺敵的澎湃情懷。

無人想過個人安危

回顧自己的一生，張光明自一九六九年從軍中退休前，全在軍旅中度過，他所參加過的大小空戰無數，其中有許多更是名列中華民國空戰青史的著名戰役。談到這些空戰，他表示，能參加便是榮耀，而每回駕機升空迎敵，大家所想的便是如何痛擊敵機，即便是被擊落地，也寧願犧牲報國，不肯為日軍所俘，同袍間，沒有人想過個人的生命安危。

民國廿五年〔一九三六年〕初，張光明自中央航空學校畢業，在校中擔任一年的教官職，便分發到空軍第四大隊廿二中隊任飛行員，展開他在空中接敵與戰的生命扉頁。

空軍四大隊調到南昌集中訓練，不及一年，戰況日緊。七七事變後，四大隊於七月十三日進駐河南周家口集結，奉命備戰，當時綏遠百靈廟機場已為日

軍所佔領。八月十三日，在上海地區，我陸軍已與日軍於地面接觸，展開慘烈的淞滬保衛戰，空軍四大隊奉命飛赴筧橋，在十三日這天，大隊長高志航已打下一架日本敵機，次日拂曉，日機分三批空襲杭州，我國空軍健兒打下六架敵機，創下名聞中外「八一四空戰」六比零大捷的歷史。

接著是保衛首都南京，「天天都升空迎戰敵機，每天有個二、三次空戰是很平常的」。張光明說，日軍攻勢淩厲，空襲不斷，但是空軍健兒更不畏戰，人人摩拳擦掌，爭著出勤好打落敵機。

抗戰往事記憶猶新

直到南京失守前，民國廿六年十一月〔一九三七年〕，四大隊轉至蘭州，接受從蘇俄轉來的軍機。才剛接到飛機，二月十八日便在漢口迎戰日機，接著，支援台兒莊大會戰⋯⋯點點滴滴，對日抗戰初期的空戰往事，歷歷在張光明的心頭淌過。

此後，張光明一直在飛行部隊作戰，他曾經在敵陣的高射炮火中完成任務安然返航；也曾空戰中隻身迎敵，座機中彈二百一十餘發而安然無恙；並曾在跳傘降落時遭敵機追擊⋯⋯就這樣九死一生地在駕機機升空迎敵、轟炸日軍陣地，為捍衛國家而追生避死，度過了五年多的歲月。

民國卅一年〔一九四二年〕張光明調到新疆伊犁的訓練總隊，一年後，美國援助的飛機自滇緬而來，他帶著學生重回戰場，民國卅四年抗戰勝利，他率部進駐南京，是國民黨第一支進入南京的部隊，「那時候地面部隊還未到達，守城的仍是日本兵」。張光明表示，那種勝利後還都的感覺，有著興奮，更夾著無盡的酸苦淚水。

從中國大陸再轉入臺灣，在少數存活的空軍健兒中，張光明豐富的作戰經歷，成為空軍薪傳的可貴資產；他歷任中華民國空軍作戰司令部政治部主任，聯隊長及督察室主任等多職。一九六九年奉准退役，一九七五年移民來美，至今廿多個年頭。

我要寫一定要寫

「在我們那個年代，一心所想的就是參加抗戰」。張光明回憶往事，有許多老夥伴的故事他依然記得。他從來不曾料到，自己能活到今天八十六歲的年紀，在那些機聲隆隆，炮火綿密的歲月，他和其他夥伴一樣穿梭敵陣，而今他不但留下生命，對於走過對日戰爭的步履印記，也還記憶清晰。他覺得，自己應該有所責任，將這些故事一個個寫出來；「雖然我寫不好，但是我要寫、一定要寫！」

（刊載於《世界週刊》，潘嘉珠，1998年8月9日）

抗戰初期中國空軍霍克II機群校閱（文良彥先生提供）

抗日空戰拾粹新書發表

袁玫

　　2012年7月28日，抗戰英雄張光明將軍新書「抗日空戰拾粹」公開發表，此著作見證當年將軍與同僚碧血長空的歷史，為未來中華兒女帶來啟示。

　　「南加州空軍大鵬聯誼會」與「空軍子弟小學校友會」28日在洛僑中心聯合舉辦新書發表會暨文物展覽。經文處處長龔中誠、中華民國前行政院院長唐飛、傳統僑社大老黃金泉、羅省中華會館主席馬國威，南加州空軍大鵬聯誼會會長王崝華、理事長王秀發，空軍子弟小學校友會楊賢怡及各社團僑領及代表近200人參加了當天的發表會。

　　張光明將軍當年投筆從戎，為空軍第四大隊飛行員，曾參加過八一四、八一五、淞滬等空戰及支援地面作戰數十次。他曾擊落日機四架，亦是打下第一架敵機的功臣，是對日空戰兩位健在飛行員之一。今年100歲高齡的他，有數十年的軍旅歷煉，至今依然健壯，思維清晰，記憶驚人。

　　龔中誠表示，張將軍與中華民國同歲，他敬佩將軍及同僚為中華民族的生存和尊嚴付出寶貴生命和血汗，使國家在21世紀仍然屹立。書本的發表，還原了真相，讓世人更瞭解當年國軍抗日戰爭的英勇戰績，具歷史價值。

　　他說，目前兩岸關係漸緩，書內壯烈史實對照當前薄熙來事件的污濁，讓海內外中國人更易明辨那一種制度更適合中國人──孫中山先生創建的民主中華民國應為主軸。龔中誠並提及倫敦奧運中華民國國旗因對岸施壓，掛了幾天就被強制拿下，是對中華民國尊嚴的不尊重。

　　唐飛表示，此書闡述史實，使後人能了解空軍光榮事跡及國家得以生存的歷史，空軍一步步走來才有今天的臺灣，歷史的還原，價值不可磨滅。

　　碩果僅存的歷史證人、被王崝華形容為國寶的百歲人瑞張光明將軍，在會中回述當年同仇敵愾抗日英烈歷史。慨然表示「日本侵華，抗日戰爭非常艱苦，非常慘烈，多少家庭被破壞，多少人被殺害。十幾二十歲的年輕人，看著淒慘景況，藉青年血氣而毅然報效國家。」

　　張將軍說「日本是侵略者，而我們是被侵略者」。寫此書，旨在提醒大家不要忘記同僚救國家救民族不怕死的英勇，讓過去他自己的點點滴滴和為國犧牲的戰友能面世，不只是在忠烈祠裡一個名字，而要讓全世界了解他們的壯舉。

　　朱力揚和傅中利用每個週末30多個小時，歷一年多時間，記錄張將軍口述的一段段歷史。表示，八年抗戰中，中國空軍壯烈艱苦，那麼多的年輕飛行員，滿腔熱血，不畏死亡，鮮血染紅了中國大地。在抗戰中，能活下來的少之又少，他們堪稱「Best of the Best」。

　　這本書由大鵬文教基金會出版，不僅只是張光明老將軍的個人回憶錄，更是彌足珍貴的抗日史實，總編輯朱力揚和傅中表示，感觸太深，受益很多，難以忘懷當年先烈們奮不顧身的犧牲精神。

（大紀元記者袁玫艾爾蒙地市報導，2012.08.01）

百歲人瑞張光明將軍「抗日空戰拾粹」新書在美發表，前行政院長唐飛上將（中右）特來祝賀。

百齡抗戰英雄張光明將軍「抗日空戰拾粹」新書公諸於世，此著作見證當年碧血長空的歷史，為未來中華兒女帶來啟示。左張光明將軍、右王太佑當年黑貓中隊隊長。（攝影：袁玫。《大紀元》，2012.07.28）

張光明將軍與作者夫婦，左為王太佑夫婦（曾兩任U2黑貓中隊中隊長）合影於洛城（2009年8月14日）。

保家衛國後世留芳

袁玫

空軍抗日英雄張光明將軍，值一百零二歲誕辰，馬英九總統特贈上書「藎猷仁壽」賀框，四月一日由經文處處長令狐榮達代為轉交。張光明將軍當場提筆致謝，蒼勁有力的題字：「總統馬先生鈞鑒：盡粹無私，為國為民，辛勞備嚐，在中華民國史上後世留芳，承多關注，敬致謝忱。八一四空戰一百零二歲空軍耆兵張光明謝啟」，道出感謝。

「藎者忠良，猷者貢獻，仁壽者為道德高尚的長者」，對「藎猷仁壽」賀詞張光明將軍連稱不敢，他說，感覺多了一點，他自己一生就是當了空軍，為保家衛國而戰。

張光明將軍祖籍河北，1913年2月25日生，作為814空戰目前僅存的抗日英雄，是歷史最好的見證人。

814是中國第一次大規模空戰

1928年，日本炸死東北軍首領張作霖，意在謀取中國領土，未果；復於1931年揮兵鯨吞東北，1933年秋兵臨平津城下，民情沸騰，奮起抗日。20歲的張光明毅然棄學、棄家，投入空軍，以身許國，壯志凌雲。

當時，張光明為空軍第四大隊第二十二中隊飛行員，親自參與814空戰。張光明回述，814戰役，乃為在8月13日，接高志航大隊長電，進駐浙江筧橋，沿途大雨，視線模糊，抵筧橋，見已被敵機轟炸，欲尋敵蹤攻擊，無奈天氣惡劣，而折返；814拂曉，發現敵機，即刻升高迎敵，選定長機攻擊目標，立即開火，該長機立即著火墜落。另二架敵機被我另三友機分別擊落，此一戰鬥過程，僅約3分鐘結束。

張光明表示，此一空戰，為中國的空軍第一次大規模空戰，也是世界上第一次大規模空戰；中日空軍兵力對比約為一比十二，雙方情勢是劣勢與優勢空

軍的對抗；空軍第四大隊的英勇，是第一次中國空軍擊落多架日機，六比零的戰果，舉國歡騰，軍民士氣大振。

814空戰空軍第四大隊，在筧橋擊落六架敵機，是確實的記錄，張光明表示，他是參戰者，親身經歷，並且是最早發現敵機，最先遭遇敵機，最先攻擊，最先擊落敵機之人，他有責任有必要以負責之心，把814空戰重新見證。

老將軍是歷史最好見證人

張光明表示，大陸設立空軍資料館但其資料不實且作為宣傳之用，因看到諸如此類的張冠李戴不實報導，因而出書「張光明抗日空戰拾粹」，說出真實情況，以正視聽。與會者亦提到大陸的一些混淆視聽的報導，舉出其所拍「碧血長空」連續劇，內容不符，高志航將軍竟未為國犧牲，而當上重慶抗戰防空司令，由此可見一斑。

令狐處長以「文武全才」讚譽老將軍，「上馬殺賊、下馬展文采」。令狐表示，他最尊敬軍人，父親及父執輩皆為軍人，本身服兵役時為陸軍少尉預官，深感國軍為國家犧牲是榮譽責任。人的功過依事實和歷史背景而定，張光明將軍承先啟後，壯志凌雲，為現代及後世的活榜樣，中華民國歷史最好的見證。

令狐處長表示，抗戰全民一致對外是沒有爭議，但大陸過去一直對抗日戰爭所言非實，大陸應由修戰史開始，從抗戰到國共內戰歷史皆可作為比較，臺灣要堅持自由民主，作為大陸的借鑒，臺灣傳承中華傳統文化，是對中國人最大貢獻，「士不可不宏毅任重而道遠」臺灣國民及海外僑民提升作良好榜樣，是對全中國人最大貢獻。

張光明1975年來美，為大鵬聯誼會的創始人，張光明表示，大鵬聯誼會與經文處合作無間，絕對為國，沒有國家甚麼都不能說，令狐處長鼓勵大鵬聯誼會年年在麗都市雙十升國旗，即為最好的表現。

（大紀元記者袁玫西可汶納市報導，2014.04.05）

空軍抗日英雄張光明將軍一百零二歲誕辰，馬英九總統特贈上書「藎猷仁壽」賀框，4月1日由經文處處長令狐榮達代為轉交。（袁玫／大紀元）

一百零二歲空軍抗日英雄張光明將軍，題字回謝馬英九總統。（袁玫／大紀元）

下篇
抗日空戰追念英魂

與強敵八年的拼搏中，
他們用生命譜寫，
中國空軍的光榮歷史！
他們用生命悍衛，
中華民族的尊嚴生存！
無數空軍精英，血灑長空，壯烈犧牲。
多少凌雲壯志，光耀千秋，流芳萬世。

筧橋英魂（一）

張光明

「七七」盧溝橋事變，是中國八年抗日戰爭紀念日；「八一四」筧橋空戰，是中國空軍勝利紀念日。至今屆臨六十八週年。

在民國二十六年時，中華民國的空軍，初期成軍，戰力亟其有限。在抗戰初期階段與中期階段，中日空軍兵力對比，縱然在飛機、武器、裝備和數量上，均居於劣勢；然在長空血戰中，空軍的勇士們，奮不顧身，捍衛領空，常贏得「出人意表」的輝煌勝利，給敵人驚愕，給國人歡呼，得到世人稱頌。

與強敵八年拼搏中，有若多的空軍精英，血洒碧空，壯烈犧牲。其凌雲壯志，足可光耀千秋，留芳萬世。

今屆抗戰勝利六十週年，緬懷八年長空征戰的歲月，感懷頗多。昔日戰友，除為國犧牲者外，倖存者多已凋零。為追念戰友英魂，列舉懷述於後。

閻海文烈士

閻海文，遼寧北鎮人。幼年頗有愛國思想，每讀歷史忠烈事跡，則有仰慕之思。「九一八」東北事變，痛心國難，隻身走北平，考入航校六期。民國二十六年八月十六日，奉命炸滬敵，不幸飛機中彈，跳傘誤落敵陣中，日兵圍捕蜂擁至，度不得脫，乃拔佩槍射敵，斃數人，最後一彈自戕。敵欽其勇，尚以禮葬之。時年二十二歲。

沈崇誨烈士

沈崇誨，江蘇江寧人。父歷任法曹，蜚聲於時。隨父生長於華北，習土木工程，肄業於清華大學。「九一八」事變，國難當頭，乃投筆報國，畢業於航校三期。

在學時期，頗具學生領袖之風，品學兼優，為師長所讚美，為同學之榜樣。與其同伍，頗有「三人行，必有吾師」之感。

任空軍第二大隊第九中隊分隊長，於民國二十六年八月十九日，奉命出動轟炸奈山海面敵艦，座機發生機件故障，量必墜海，恰在白龍港外海，有敵艦數艘，乃決心俯衝與敵艦同歸於盡，壯烈殉國。消息傳來，令人無限惋悵！悲我空軍失去一位未來治軍幹才，時年二十五歲。

全正熹烈士

全正熹，貴州荔波人。所居荒僻，為苗猺雜居之地，文化隔絕，生活環境落後。惟君獨立性強，外出就教，勵志學業，得能畢業於航校二期，並留校任教。

君之特質，仍存有原始人性的誠樸氣質，接觸未語之前，在臉上與眼神上，讓人有一種說不出的親和感受。尤其愛國意志，更遠勝他人，久歷至今，令人感有永浴其春風之中。

以戰功擢升為空軍第十四中隊中尉隊長。於民國二十六年十月廿四日，奉命率隊由山東飛赴南京增援，中途遇敵，遭九六式戰鬥機群圍攻，眾寡懸殊，中彈著火，人機俱毀，不幸殉國。空軍失去一位苗族特殊人才。時年二十六歲，有子一。

高志航烈士

高志航，遼寧通化人。習航空於東北，留法返國，任筧橋航校教官，新進多出其門。民國二十五年出任空軍第四大隊大隊長。

他的思想，滿腦子都是第一次世界大戰，德國的空軍「紅武士，厲托豪芬」的影子，接觸他可嗅到滿身都是空中英雄的味道。

「八一四」筧橋空戰傷臂。十月傷癒，赴南京航委會報到。當時空軍第四大隊人員，已赴蘭州，接受蘇聯援機。當時我機久戰，損耗殆盡，無力再戰。高志航見到每日敵機在南京上空肆虐，內心憤怒。乃請命率僅有霍克五架，起

飛抗戰，經激烈戰鬥後，我方毫無損傷收場。眾曰不可戰，而能戰。高志航是英雄中之英雄，堪稱空軍之魂。

民國二十六年十一月十六日，蘇聯軍援E-16飛機七架飛抵蘭州，僅作講習及短暫飛行訓練。因南京戰況緊急，高志航率李桂丹，黃光漢、毛贏初、樂以琴、呂基淳、7架E-16飛機，於十一月廿一日飛南京。中途降落河南周家口機場加油時，敵機群突臨空，彈如雨下。高志航不畏死傷，仍搶先發動飛機，起飛應戰，不幸竟被炸殉國。消息傳來，眾皆同悲，可謂國家之慟，國人之悲，空軍之哀傷！時年三十歲。

樂以琴烈士

樂以琴，四川蘆山人。兄弟姐妹均以醫術蜚聲蓉城。烈士亦在齊魯醫科大學肄業。外侮國難，志在報國，棄學投入空軍，卒業於航校三期。

烈士之勇敢精神，殺敵意志，足為空軍楷模，可稱之為高志航第二。全身是膽識，充滿殺敵救國的思想。

回憶烈士在民國二十五年一段小故事。當時高級驅逐組訓練，一面訓練學生飛行，一面值班警戒，尤恐日本不時的空襲。某日傳來敵情，值班教官，登機備戰。烈士堅持拉下已登機的王蔭華，起爭執。樂稱：「我乃三期，你五期，我可以命令你。我負全責等云」。由此可證其勇，異於常人。在二十六年「八一四」及京滬沿海各戰役，殲敵多架，成為全國皆知的赫赫有名的空戰英雄。

民國二十六年十一月空軍第四大隊赴甘肅蘭州接受蘇聯軍援。南京戰況緊急，隨高志航駕E-16機七架飛南京應戰。中途在周家口機場加油被炸，倖免安全抵京。於十二月三日，日機群襲南京，六架E-16機與敵激戰首都上空，敵眾我寡，遭圍攻，在激戰中殉國。空軍又失去一位能征慣戰的勇士，令人悽惜不已。時年二十四歲。

呂基淳烈士

呂基淳，河北景縣人。就學於文化之都北平。「九一八」事變後，日軍侵華益急，乃奮起救國，考入航校三期畢業。

君性誠懇剛毅，公私信守不渝，待人謙和多禮，人皆樂交。

任空軍第四大隊第二十三中隊分隊長，於民國二十六年八月十八日，敵機空襲南京，駕霍克機，升空擊敵。當即擊落敵機一架。仍窮追猛打，連續攻擊，追擊至句容附近，腿部中彈洞穿，流血忍痛，仍飛回南京機場，安全降落，送進醫院。

於十月中旬，赴蘭州歸隊，接受蘇聯軍援，南京戰情緊急，又隨高志航飛南京一戰，高在周家口殉國。又返蘭州接機，擢升廿三中隊上尉隊長。李桂丹任空軍第四大隊長，毛贏初副之，第廿一中隊董明德，廿二中隊劉志漢。接機後，李桂丹率廿一、廿二中隊進駐漢口，廿三中隊進駐孝感。民國二十七年二月十八日，敵襲漢口，君率隊由北而來，夾攻殲敵十餘架，雙方損失相當。竟不幸於是役殉國。令人慟傷不已。時年二十五歲。

巴清正烈士

巴清正，吉林賓縣人。性剛毅誠慧，凡事認真求實。「九一八」後，痛心日寇侵華，荼毒國人。毅然棄家，隻身入關，投效空軍，畢業於航校五期第二班。配屬於空軍第四大隊第二十二中隊為飛行員。每念及國仇未報，不敢稍逸，學習益勤，技術益精。君參戰「八一四」及京滬各地，無役不與。於民國二十七年二月十八日，漢口之役，為李桂丹四號機，激戰中殉國。

烈士雖無顯赫戰功紀錄，然烈士無役不與，每戰均必拼戰到底，絕不脫離戰場。這就是空軍戰鬥飛行員的無價戰功，在空戰中彌足珍貴，更是筧橋最高精神。特予寫出追念表揚。時年二十三歲。

陳懷民烈士

陳懷民，原籍山東，生長於江蘇鎮江。好運動，習拳術，臂力過人。「一二八」淞滬之戰，曾參加學生義勇軍，目擊日機轟炸慘狀，深感航空救國重要性，乃投效空軍，在千百考生中，通過嚴格的航空體檢及學科，得入航校五期。畢業後，配屬於空軍第四大隊第廿三中隊飛行員。抗戰事起，轉戰於京滬杭之間，無役不與，擊落敵機多架，戰功彪炳，有空中勇士之譽。

民國二十七年四月十日，由駐地漢口，夜間起飛長程突襲山東、台兒莊、棗莊、驛縣敵陣。返航時於河南歸德上空，發生空中遭遇戰，於激戰中，烈士傷腿。傷癒，復於四月廿九日，敵機空襲武漢，敵我懸殊，遭圍攻與敵互撞，壯烈殉國。時年二十三歲。

梁添成烈士

梁添成，福建南安人。性堅毅，胸襟豁達，卓爾不群，嘗以英雄豪傑自期。卒業於筧橋航校六期。配屬於空軍第四大隊第二十二中隊飛行員。

自「八一四」及京滬各地戰起，無役不與。而烈士並無戰績紀錄，恐為遺漏所致，令人遺憾。烈士在各戰役中，作戰之勇，廣為同伍所欽讚，因功擢升中尉分隊長。民國二十八年五月十一日，敵機夜襲重慶，奉命升空夜戰，月夜空明，連續攻擊，追擊至涪陵上空，不幸中彈殉國。為欽念烈士，特予寫出追悼表揚。時年二十三歲。

2005年八一四空軍節
張光明時年九十三寫於洛杉磯

（本文轉載自《中外雜誌》465號，第78卷5期，頁58-61，2005.11）

上：①空軍英雄高志航②呂基淳烈士
下：③空軍英雄樂以琴④樂以琴烈士

上：①沈崇誨烈士②陳懷民烈士③巴清正烈士
下：④梁添成烈士⑤全正熹烈士⑥閻海文烈士

筧橋英魂（二）

張光明

在與強敵八年拼搏中，我空軍無數菁英，血洒碧空，壯烈犧牲，這些死難烈士之中，有多位與我同隸一個單位（空軍第四大隊），同一戰場併肩作戰，其中有五位為我在航校的同期同班同學，而今思之，心中有難掩悽愴之情。為追念戰友英魂，茲列舉十位烈士的事蹟，懷述於後。

王天祥烈士

王天祥烈士，浙江黃巖人。學齡讀史，仰慕文天祥事蹟，亦名天祥。一九二八年，航空隊成立招生，烈士於黃埔軍官學校六期畢業後，轉入航空隊受訓。一九二九年，閻馮作亂，毛邦初受命組隊，烈士為能單飛的十五人之一，馳騁於隴海道上，偵察、轟炸，逆敗戰平。授雲麾勛章。一九三二年，編入中央航空學校第一期。

一九三七年「八一四」筧橋空戰中，空軍第四大隊長高志航受傷，烈士受命接任空軍第四大隊長職。於同年八月二十二日，率大隊機群炸滬敵，與敵機發生激戰，擊落敵機一架後，而座機亦重傷，墜毀殉國。時年三十一歲，遺子女四人。

王志愷烈士

王志愷烈士，河北昌平人，生長於北平。一九三一年「九一八」東北事變，一九三三年日寇兵凌平津。烈士憤日侵華，乃奮起救國投效空軍。一九三五年底，卒業於航校第五期一班驅逐兵科。編入空軍第四大隊二十一中隊飛行員。原名愷，任官時改為志愷。

烈士篤實聰慧而沉穩，初學單飛十小時，在空中發生機件故障失去動力，

竟能沉著機智操縱飛機安然降於機場，表現優越。

一九三七年「八一四」戰起，參與杭京滬大小空戰，晝夜出擊滬敵，擊落敵機一架、炸沉敵艦一艘，戰功至偉。於八月廿五日奉命出擊上海外海敵艦，為敵艦砲火擊中墜海殉國，年僅廿三歲，遺留老邁雙親。

其胞弟王怡，卒業於航校六期二班，編入空軍第四大隊二十二中隊為飛行員，於一九三八年二月十八日在漢口空戰中彈殉國，兄弟二人均為國犧牲。

李有幹烈士

李有幹烈士，四川江油人，青少年就讀於北平，天資聰慧，務實求新，豁達樂觀，頗富藝術天才，五期畢業紀念冊之精美設計，乃出于烈士之手。

一九三三年秋，日寇兵臨平津城下，毅然投筆加入救國行列，投身航校第五期一班驅逐兵科畢業後，編入空軍第四大隊二十二中隊為飛行員，參與筧橋空戰，在「八一五」南京空戰中，擊落敵機一架，晝夜空襲上海敵軍，屢建奇功。一九三七年九月十九日，烈士奉命炸滬敵，為敵地面高射武器擊中陣亡。年僅二十三歲。

劉粹剛烈士

劉粹剛烈士，遼寧昌圖人。一九三一年「九一八」東北事變，勵志救國，先畢業於軍校八期，後考入航校二期畢業，飛行技術絕精，勇敢善戰，在學時期，屢受嘉獎。一九三六年，烈士任空軍第三大隊第十七中隊長，駐防南京，捍衛首都。翌年八月淞滬抗日戰起，多次護航轟炸機出擊任務。於九月間，日機空襲南京，烈士率波音戰機起飛應戰，當日晴空萬里，雙方空戰即在南京上空展開，因僅是敵戰鬥機來襲，萬民仰天觀戰，在敵眾我寡情況下，烈士被一架敵機尾隨追逐，烈士急衝而下，敵機尾隨追擊，衝至百餘呎高度時，烈士則猛然反轉升高，採對頭攻擊戰法，而敵機或因作戰經驗不足，或不想作對頭戰，在脫離時敵機在高度及方向上，均有不當，為烈士仰攻所乘，一個「回馬槍」，將敵機當場擊落，這種空戰擊落敵機場面，在萬民目睹，群情雀躍，歡

愉滿城池。

一九三七年十月二十五日，奉命飛赴中原支援作戰，中途因天氣突變而失事，人機俱毀而殉國。生平已擊落敵機七架，功蓋一時。時年二十六歲。

楊慎賢烈士

楊慎賢烈士，廣東梅縣人，短小精幹，思維敏銳，熱情洋溢，勇敢善戰，同伍欽賴。航校四期驅逐兵科畢業。一九三七年底，調入空軍第四大隊二十二中隊分隊長。翌年五月間，日寇圖由河南孟津渡黃河南犯，我軍扼河固守，勢危。於是月十三日，奉命由漢口飛赴河南，支援地面作戰，猛烈掃射渡河之敵，斃敵甚眾，戰果豐碩。返航河南駐馬店機場時，油竭，失速墮地殉國。時年二十五歲。

馮汝和烈士

馮汝和烈士，江蘇江寧人，原名馮汝楫，任官時改名馮汝和。一表人才，英俊瀟洒中有個性，為完美主義者，同學暱稱之「小洋人」。

一九三一年日軍侵略中國東北，次年又進犯上海。哀國勢，仇倭寇，棄學投效空軍救國。於一九三五年底，自航校第五期一班驅逐兵科畢業，留校任教。一九三六年夏編入空軍第四大隊二十二中隊飛行員。歷經杭京滬漢豫魯各地大小戰役數十次，擊落敵機三架，戰功顯赫。

一九三八年，駐防漢口時，於五月二十日奉命出擊河南儀封一帶日寇，並掃射轟炸渡河敵軍，戰果豐碩。當返航時，與敵機群發生空中遭遇戰。在敵眾我寡激戰中陣亡，墜落敵陣中，列為失蹤英魂。時年二十四歲。

張效賢烈士

張效賢烈士，安徽合肥人，原名為張效良，任官時改名張效賢。天性忠厚，親善合群，凡事認真負責，絕無戲言。

一九三一年日軍侵佔中國東北後，又續西侵平津，國勢危殆，乃奮起救國。一九三五年底，在航校第五期一班驅逐兵科畢業後，編入空軍第四大隊二十一中隊為飛行員，參與杭京滬漢及中原各戰役，數十次之多，屢建奇功，擊落敵機兩架，毀敵艇一艘，以英勇著稱。一九三八年五月卅一日，敵機五十四架進襲武漢，是役擊落敵機八架，烈士在空戰中，窮追一敵機，格鬥翻轉中，為另一敵機所乘，中彈陣亡。時年二十五歲。

劉福洪烈士

劉福洪烈士，察哈爾萬全人，初求學於東北，一九三一年日寇侵佔中國東北，鑒於國勢危殆，非用武力莫能挽救，乃奮起救國。先後畢業於軍校九期航校二期。在剿共諸戰役中，立功甚多，迭受嘉獎，擢升空軍上尉隊長。一九三九年二月五日，奉命率隊炸山西運城機場，任務完成後，返航飛抵陝西臨潼空域時，飛機發生故障，失事殉命。烈士秉性誠篤，豐儀俊秀，與夫人陳影凡女士情愛逾恆，烈士殉國後，陳女士竟聞耗而自戕。哀艷事跡，歎讚之聲，傳誦於時，時年二十六歲。

張明生烈士

張明生烈士，江蘇南匯人，求學滬上，曾任教師，沉穩清新，外秀內慧，奉親至孝，人皆讚譽。一九三一年日軍入侵中國東北，次年又發動上海之戰。國勢危殆，乃以身許國投效空軍。於一九三五年底，於航校五期一班驅逐兵科畢業後，編入空軍第四大隊二十一中隊為飛行員。抗日軍興，曾參歷「八一四」空戰，南京、上海、漢口、中原各戰役，立功至偉，並擊落敵機二架。一九三九年接受蘇聯援助飛機後，移防重慶，擢升中尉副隊長。同年五月三日，日機大隊群空襲重慶，我機三十二架起飛防空，雙方在重慶上空發生激烈空戰，在第一次攻擊中，擊落敵機二架，我機仍繼續追擊不捨，烈士飛機中彈起火，跳傘逃生，而燒傷甚重。殺畜養小熊取膽急救，亦未能挽救，三日後殞命。遺妻二子及老邁雙親。時年二十五歲。

王自潔烈士

　　王自潔烈士，河北豐潤人，慷慨豪爽，不失燕趙男兒本色，與人交，傾肝膽，急人之急，不惜傾囊，聰慧好學樂群好交往。

　　一九三一年日本侵佔中國東北，繼而入關「山海關」西侵，日本特務主導殷汝耕，在冀東二十二縣成立漢奸偽組織。在敵奸荼毒國人情勢下，決意投身救國，考入航校六期一班驅逐兵科畢業。任教士校，一九四〇年調入空軍第三大隊卅二中隊分隊長。於是年十月二十六日，敵機襲四川，奉命西飛邛崍、雅安，在新津附近空域。與日本零式戰機十八架，發生空中遭遇戰，敵眾我寡，在激戰中中彈機焚，人機俱毀而殉國。時年二十六歲，遺妻及幼子。

　　　　　　　　　　　　　　　　　　2006年八一四空軍節
　　　　　　　　　　　　　　　　張光明時年九十四寫於洛杉磯

　　　　　　　　　　（文中烈士依為國捐軀的先後排列）
　　　　（本文刊載於《中外雜誌》474號，第80卷2期，頁26-34，2006.08）

編者按：作者張光明將軍是航校五期生，在筧橋習飛時共有一百七十餘人，一九三五年底僅有七十九人畢業（驅逐機廿九人、轟炸機三十人、餘為偵察機），半年後加入空中征戰，八年浴血抗敵，抗戰勝利時僅卅六人倖生，仍服務軍旅，參與剿共作戰，最後全身而退役者僅十二、三人，且亦逐漸凋零，而今仍在世者僅三人，皆已年逾九旬。作者以衰邁殘軀，寄寓海外，回首前塵，感慨萬千，當年劣勢空軍所以能以弱勝強、以寡擊眾，迭獲戰果者，但憑一腔熱血、士氣干雲而已！

　　「八一四」筧橋空戰是我空軍抗日勝利紀念日，今年屆滿六十九週年。作者張光明將軍為紀念昔日捐軀戰友，曾於本誌四六五期撰寫「筧橋英魂」首篇，報導閻海文等九位烈士，本期刊出的為第二篇，報導王天祥等十位烈士，明年還要繼續寫下去，敬請讀者期待。

上：①王自潔烈士②張明生烈士③王天祥烈士
下：④劉福洪烈士⑤楊慎賢烈士⑥王志愷烈士

上：①劉粹剛烈士②李有幹烈士
下：③張效賢烈士④馮汝和烈士

筧橋英魂（三）

張光明

抗日救國與空軍建軍

今（二○○七）年逢抗戰七十週年，歲月已久，但昔日情景仍宛在眼前。抗戰一般均以一九三七年「七七」盧溝橋事變為起點，就廣義的戰史而言，自一九三一年「九一八」日本關東軍侵佔中國東北，即揭開漫長十四年的血淚痛史。繼而日寇步步進逼，熱河自治，華北特殊化，迫訂塘沽協定，乃至「七七」盧溝橋事變，繼之「八一三」日軍登陸淞滬，全國譁然，引發中國全面抗戰。

日軍侵華，是國家存亡絕續的大時代，是中華兒女救亡圖存犧牲奉獻的時代，是青年創造時代的年代。在當時凡自清光緒二十五年至民國十二年出生的人，均捲入了抗日救國行列，在漫長血戰歲月後，雖獲勝利，然亦犧牲軍民三千五百萬。

一九三二年六月建立筧橋中央航空學校，蔣介石兼校長，毛邦初為副校長，聘美國空軍上校裘偉特（J. H. Jouatt）為顧問。（一九三四年由周至柔接任校長）每年招收學員一期，全國只招生百名，投考資格年齡限十八至二十四歲，學歷限高中畢業或大學學歷，還必須有合格的空勤體格。分為初、中、高級三階段飛行訓練。由一九三二年至一九三七年「七七」抗戰，五年間，完成培訓的飛行員，有七個班次，即二、三、四期，五、六期各二個班次，約有五百餘人。（其中包括原中央陸軍軍官學校航空班畢業生；被列為筧橋中央航空學校第一期生）

一九三四年為建立獨立性空軍，將原航空署改為航空委員會，會址設在南昌，主任為陳慶雲。爾後遷至南京，仍由蔣介石兼委員長，周至柔為主任。宋美齡為秘書長。擴建空軍為九個大隊，總兵力各式飛機為三四六架。在這三四六架飛機中，僅適於作戰者，只有霍克II、III，波音281，諾斯羅普2E，雪萊克A12，馬丁139W和亨格爾111A，共一六六架而已。

碧血長空以寡擊衆

日軍挑起「七七」盧溝橋與「八一三」淞滬全面大戰。在抗戰初期，日本用於侵華的空軍兵力，日本陸軍有二十九個戰隊，約有飛機三五〇架；日本海軍有七個航空隊，三艘航空母艦，五艘水上飛機母艦，約有飛機五五〇架，合計各式飛機九〇〇架。日本顯然在飛機數量上、質量上、性能上、裝備上、作戰指揮上，有絕對優勢，日本有自造飛機工業基礎，在作戰上有持續戰力。反觀中國空軍在各方面均居劣勢，相形見絀。

中國空軍在總體上，雖然居於劣勢，但中國空軍的青年勇士們，目睹國土淪喪，懷於作亡國奴的苦難悲慘，在長空征戰中，不畏強敵，浴血奮戰，且能以少勝多，以寡擊眾，屢有出人意表的空戰勝利，其最大憑藉，乃國仇家恨的強烈愛國心所使然。

初建成軍的中國空軍，抗戰初期，竟能在杭京滬奮戰三月，擊毀敵機二百餘架，擊沉敵艦艇數十艘，炸射斃敵約萬人，譜寫了中國空軍在八年抗戰中，最英勇最壯烈的篇章。

捨身報國英靈不泯

然在長空征戰中，亦有空軍若多菁英，他們用生命，捍衛中華民族的尊嚴與生存，血洒碧空，為國犧牲。今屆中國抗戰七十週年，緬懷為國犧牲的戰友，內心無比沉痛，特予寫出，供國人追悼，並慰烈士遺孤。

黃正裕烈士

黃正裕烈士，浙江杭州人，一九一〇年生。西湖為山水佳麗之鄉，民性溫文，唯烈士性情豪邁，言行嚴謹，修身愛國，公私分明，一絲不苟。父黃元秀，為同盟會員，參與辛亥革命，推翻滿清。烈士幼承庭訓，愛國愛民薰陶，懷有岳飛精忠報國思想。一九二一年，在杭州岳廟正殿，書寫端楷勁挺的抱柱

對聯：「朱鎮壯聲威，想當年痛飲黃龍，誓恢復河山半壁；丹心貫日月，到而今名留青史，應享祀俎豆千秋」。童子黃正裕拜書，時年十一歲，名噪一時。該抱柱對聯在岳廟正殿懸數十年之久，至失去大陸，將岳廟改為別用，對聯亦被移去。

烈士初入陸軍官校六期，畢業於航空班，列為筧橋中央航空學校第一期。歷參剿共戰役有功，擢升空軍第八大隊第三十中隊上尉隊長。一九三七年十月十五日，奉命飛炸滬敵，全載重炸彈，在起飛時，機件突生故障，竟失事而殉國。空軍痛失一員未來建軍擎柱。時年二十七歲，遺有父母及妻與子。

梁鴻雲烈士

梁鴻雲烈士，山東栖霞縣人，生於一九一三年九月二十日。天資聰慧，力學不倦，學術兩科，冠於同儕。中央航空學校第二期畢業，參加剿匪戰役，屢建奇功，洊升上尉，任空軍第五大隊第二十四中隊副隊長。一九三七年「八一三」滬戰爆發，烈士於八月十四日，奉命出勤，轟炸上海日軍司令部及海上敵艦，炸沉敵艦一艘後，與敵機發生激烈空戰，陣亡。追贈少校，時年二十五歲，遺有父母及妻與二女。

李桂丹烈士

李桂丹烈士，遼寧新民縣人，生於一九一三年十二月一日。性堅毅守正，忠貞愛國。筧橋中央航空學校第二期畢業。在學時成績優異，留校任教。一九三六年夏，成立空軍第四大隊，為第二十一中隊長，頗為大隊長高志航所激賞。一九三七年參戰京滬杭各戰役，擊落敵機三架，授雲麾勛章。一九三八年繼高志航任空軍第四大隊長，於二月十八日，敵機傾巢犯武漢，突臨當空，烈士率隊倉卒起飛應戰，敵眾我寡，敵有居高優勢，在激戰中中彈，壯烈殉國。時年二十四歲，遺有老母。

黃保珊烈士

黃保珊烈士，江蘇江寧縣人，生於一九一二年八月二日。性聰慧，喜讀書，奮勉自勵，堅絕自強。初入陸軍官校八期，轉入航校三期畢業。任航校暫編大隊第三十二中隊中尉分隊長。一九三七年八月十六日，在嘉興機場，準備飛滬炸敵（後座航校四期吳紀權），敵機突臨空襲，不幸被敵擊中，機燬人亡。追贈上尉，時年二十六歲，遺妻孫氏及一子。

張錫祜烈士

張錫祜烈士，天津市人，生於一九一一年四月五日。父親張伯苓，為中國著名教育家，創辦南開中學，南開大學，中外馳名，為國作育無數英才。烈士在成長後，身高竟達二公尺有餘，在運動上頗佔身高優勢。當時全國皆知南開有二怪，一為烈士高人一等的身材，稱為陸怪；二為南開的啦啦隊長，短粗身材，聲音特別嘹亮，稱為海怪。

一九三一年「九一八」日軍侵略中國東北，國勢危殆，烈士毅然棄學離家，投軍報國，考入中央航校，第三期畢業。任空軍第八大隊第三十中隊隊員，駐防江西。一九三七年八月十四日，日軍登陸淞滬戰起，奉命由江西吉安飛赴南京對日作戰，當時氣象測報不良，又急於炸敵，冒險飛行，終因天氣惡劣，在中途臨川失事殉國。時年二十六歲。

譚文烈士

譚文烈士，山東海陽縣人，生於一九一二年五月十六日。性沉默，行篤敬，志願彌高，忠勇剛正。中央航空學校第三期畢業。參加討逆戰役有功，擢升中尉，任空軍第四大隊第二十一中隊分隊長。一九三七年九月三日，攻擊滬敵，在瀏河空戰中，油箱中彈著火，機焚人亡，追贈上尉，時年二十五歲，遺有父母及妻姜氏與一子。

林覺天烈士

　　林覺天烈士，廣東台山人，自幼隨父兄經商美國，及長在美習民用航空，「一二八」滬戰後，歸效回國，卒業於中央航空學校第三期。復奉派赴美，歷在美各大航空工廠實習試飛技術，對試飛各種飛機，均能操控自如。學成回國後，任中國空軍南昌飛機製造廠中尉試飛員。一九三七年十二月九日敵機空襲南昌，烈士奮勇單機起飛迎戰，敵眾我寡，著圍攻，在激戰中陣亡。空軍痛失學術均優的試飛員，時年二十六歲。

秦家柱烈士

　　秦家柱烈士，湖北咸豐人，生於一九一二年八月二日，性情剛烈，聰明機智，喜抱不平，處事果斷。其父為北京早期南苑航校之前輩。入中央航空學校，初習航空機械，嗣改習飛行，畢業於第四期驅逐兵科。任空軍第三大隊第十七中隊少尉分隊長，「八一三」淞滬戰起，空防首都，有擊落敵機一架，與戰友合擊落敵機三架記錄。一九三七年八月二十三日，攻擊滬敵，在吳淞空戰中陣亡。追贈中尉，時年二十五歲，遺妻與一子。

宋恩儒烈士

　　宋恩儒烈士，天津市人，生於一九一三年十月一日。幼讀勤學，潛悟識深，每讀忠烈史記，即掩卷太息，慨然興景仰之思。平居寡言笑，然每論時事，則輸瀉豪宕，慷慨激昂，不能自己。一九三一年「九一八」東北事變後，棄學考入中央航空學校第四期畢業。在剿共諸戰役中，迭以功受獎，晉升中尉，任空軍第三大隊第二十五中隊分隊長。淞滬戰起，轉戰長江各戰役，擊落敵機三架，炸沉敵艦一艘，戰功顯赫。一九三八年一月四日，於漢口空戰中陣亡，追贈上尉，時年二十四歲，遺有父母及妻邵氏與一女。

李鵬翔烈士

　　李鵬翔烈士，廣東澄海人，生於一九一三年十月十一日。溫文爾雅，倜儻風流，然每當臨陣當敵，則勇敢無比，銳不可當。烈士畢業於中央航空學校第四期，一九三七年調空軍第四大隊第二十三中隊分隊長。一九三八年二月十八日，日機傾巢空襲武漢，與李桂丹、呂基淳併肩作戰，奮勇對抗敵群，是役擊落敵機十餘架，烈士在激戰中，為敵所擊中，機人均重傷，血流遍體，壯烈殉國，時年二十四歲。

劉署藩烈士

　　劉署藩烈士，祖籍山東，生於一九一六年十一月十三日。父廷弼，經商遼寧開源，全家移居。性沉默寡言，溫順和善，克己自勵，守諾不二。一九三一年「九一八」日軍侵略東北，毅然投效救國行列，考入中央航空學校第五期一班驅逐兵科畢業，任空軍第四大隊第二十一中隊少尉隊員。一九三七年八月十三日，奉命由河南周家口駐地，馳援淞滬之戰，進駐浙江筧橋，經二時餘之長途飛行，抵達降落後，適敵機臨空來襲，烈士立即起飛應戰，在加速追擊中，油罄，迫降野外，觸及樹端，重傷殉國，為空軍抗戰犧牲第一人。時年二十二歲，遺有父母。

宋以敬烈士

　　宋以敬烈士，河北深澤縣人，生於一九一四年一月二十日。烈士沉毅果敢，奮勉自勵，敏而好學，酷愛國家。一九三一年「九一八」東北事變，日軍步步進逼，兵臨平津城下，國勢危殆，奮起救國，考入中央航空學校第五期一班轟炸兵科畢業。任空軍第二大隊第十四中隊少尉隊員。一九三七年十一月十一日，奉命轟炸外海花鳥島海面敵艦，投彈炸中一敵艦起火沉沒，任務完成後，在脫離返航時，竟為多艘敵艦砲火猛射，不幸中彈，人機墜落海中殉國。

時年二十三歲，遺有父母及妻王氏與二女。

敖居賢烈士

　　敖居賢烈士，遼寧鳳城縣人，生於一九一四年十月二十三日。沉默寡言，誠篤和善，守正負責。一九三一年「九一八」東北事變，奮起救國，考入中央航空學校第五期一班驅逐兵科畢業。任空軍第四大隊第二十三中隊少尉隊員。參與「八一四」筧橋空戰，及京滬戰場各戰役，無役不與，擊落敵機二架，轟炸沉敵艦一艘，戰功彪炳。一九三七年十二月一日，在江蘇溧水空戰中陣亡，追贈中尉，時年二十三歲，遺妻沈氏及子女各一。

洪炯桓烈士

　　洪炯桓烈士，福建長泰縣人，生於一九一二年四月十三日。烈士溫文儒雅，冷靜細密。一九三一年「九一八」日寇侵略東北，進逼華北，全國青年仇日情緒，如洪水決堤，遊行，請願，抗日，烈士毅然棄學，投效救國行列，考入中央航空學校第五期一班驅逐兵科畢業，留校任教。一九三七年「八一三」日軍發動淞滬之戰，筧橋中央航空學校西遷柳州。一九三八年九月十三日，敵機空襲柳州，烈士升空迎戰，被六架敵機圍攻，在激烈空戰中，終以眾寡懸殊，被敵擊中，機毀人亡，時年二十五歲，遺有父母。

彭仁卞烈士

　　彭仁卞烈士，山東德縣人，生於一九一三年六月一日。堅毅剛直，忠愛國家。就讀於北平，熱愛運動，田徑中距離項目，全國紀錄創造者。一九三一年「九一八」東北事變，繼而迫訂塘沽協定，日軍兵臨平津，全國譁然，烈士毅然棄學投效救國，乃考入中央航空學校第六期一班畢業，任空軍第六大隊第四中隊少尉隊員。一九三七年八月二十六日，轟炸上海敵軍任務完成後，在返航中，遇敵群遭環攻，在空戰中陣亡。時年二十四歲，遺有父母及妻。

任雲閣烈士

任雲閣烈士，河北雄縣人，生於一九一三年十二月三日。性剛直有大志，堅毅奮發，博覽群書，酷愛兵略。一九三一年「九一八」東北事變後，深感日寇侵略日進一日，與其坐而待斃，不如起而力抗。乃毅然投效救國，考入中央航空學校第六期一班轟炸兵科畢業，任空軍第二大隊第九中隊少尉隊員。一九三七年八月十四日，駕機轟炸上海外海日艦，被敵砲火擊中陣亡，追贈中尉，時年二十四歲，遺有父母尚未娶。

李傳謀烈士

李傳謀烈士，湖南醴陵人，生於一九一四年一月二十六日。父叔平，兄紹鄴，均為湘中教界名宿。烈士堅毅好動，喜求理想，從不休止，人皆敬佩。烈士肄業師範，一九三一年，仇寇侵華，乃投筆從戎，初習陸軍，嗣轉入中央航空學校第六期一班轟炸兵科畢業，任空軍第二大隊第十四中隊少尉隊員。一九三七年「八一三」日軍登陸淞滬，八月十四日奉命駕機轟炸上海外海敵艦，在投彈轟炸中，為敵高射砲擊中，飛機重傷，飛至常州附近，墮地殉國。追贈中尉，時年二十三歲，遺有祖母、母親及妻與二子。

張韜良烈士

張韜良烈士，（原名韜）河北寧津縣人，生於一九一三年。天資聰慧，有大志，剛直有毅力，求學不倦，學冠同儕。一九三一年日寇侵華，烈士毅然棄學，投效救國，考入中央航空學校第六期一班驅逐兵科畢業，任空軍第三大隊第八中隊少尉隊員。一九三七年十月十一日，敵機空襲南京，奉命起飛迎敵，在激戰中擊落敵機一架後，復為群敵包圍，陣亡，遺骸與機墮六合，經數日始尋獲，追贈中尉，時年二十四歲，遺有父母及妻侯氏與一子。

曹芳震烈士

曹芳震烈士，（亦名芳鎮）湖南湘鄉人，生於一九一三年五月十日，世代清芬，父規參，為湘中名教授。烈士初在湖南大學習航空機械，嗣轉入中央航空學校習飛行，卒業於六期一班驅逐兵科，任空軍第五大隊第二十四中隊少尉隊員。歷參與淞滬各戰役，與同僚合力擊落敵機六架，迭立功績。一九三七年十月十二日，敵機襲首都，奉命起飛迎敵，在激戰中陣亡，追贈中尉，時年二十四歲，遺妻李氏。

戴廣進烈士

戴廣進烈士，安徽合肥人，一九一四年十二月二十四日生，航校六期一班驅逐兵科畢業，授少尉。民國二十六年九月十九日，敵機襲首都，奉命迎敵，在激戰中陣亡，墜地人機俱焚。追贈中尉，時年二十三歲。

2007年四月六日

張光明時年九十五寫於洛杉磯

（本文刊載於《中外雜誌》486號，第82卷2期，頁26-34，2007.08.）

①曹芳震烈士　　　　②戴廣進烈士

上：①李桂丹烈士②梁鴻雲烈士③黃正裕烈士
下：④譚文烈士⑤張錫祜烈士⑥黃保珊烈士

上：①宋恩儒烈士②秦家柱烈士③林覺天烈士
下：④宋以敬烈士⑤劉署藩烈士⑥李鵬翔烈士

上：①彭仁卞烈士②洪炯桓烈士③敖居賢烈士
下：④張韜良烈士⑤李傳謀烈士⑥任雲閣烈士

筧橋英魂（四）

張光明

強鄰覬覦華夏蒙難

　　中國與日本是地緣近鄰，文經政治一直往來頻繁，號稱「兄弟之邦」，但日本自明治維新後，國勢日強，而我中華積年外欺內耗，國勢積弱，引起日本覬覦。

　　一九二七年日本首相田中義一上日皇的奏摺中力言：「欲征服支那（中國），必先征服滿蒙，欲征服世界，必先征服支那」。猖猖狂言，怵目驚心。嗣後幾年連續發生多起重大事件，突顯日本對我步步蠶食鯨吞，巧取豪奪，悉均在田中奏摺的戰略指導下進行。

　　一九二八年（民國十七年），日本謀殺東北奉軍首腦張作霖，圖一舉攫奪東北，但未竟全功；復於一九三一年（民二十年）「九一八」揮軍強佔瀋陽，步步進逼，復於一九三七年（民二十六年）發動「七七」盧溝橋事變，引爆中國八年全面抗戰，又進一步於一九四一年底，挑起太平洋戰爭，席捲東南亞，戰火直燒美國，引發亞洲的遍地烽煙。日寇的進軍步驟，正是田中所描繪的「先征服滿蒙，併吞中國，再征服世界」一整套的侵略藍圖。

熱血青年投效空軍

　　「九一八」事變後，日寇吞我華夏的野心畢露，許多愛國青年，目睹國土淪喪，同胞流離失所，滿懷悲憤，熱血澎湃，乃毅然棄家棄學，投身空軍救亡圖存。

　　投效空軍的青年勇士們，在捍衛領空的戰鬥中，「並不在乎日本強勢空軍，上了天空我最大」；在八年長空征戰中，不憂不懼，浴血奮戰；即使單機對敵，亦敢戰敢拼，且能逆勢取勝。勇士們空中克敵，靠的是意志堅決，一身是

膽，視死如歸。歷經八年血戰，這群投身救國的熱血青年，很多人為國犧牲了。

勇士們壯烈犧牲的精神，足以驚天地、泣鬼神，光耀千秋，流芳萬世，堪稱中華民族英雄。然而這群烈士的遺眷遺孤們，當年頓失依靠，在抗戰期間顛沛流離，吃盡了苦頭，還要自力更生的活下去，後來逐漸成長茁壯，成為國家社會的新生力量。

在此本人呼籲烈士遺眷孤兒們，應共組一個空軍遺孤組織，廣泛搜集史料，詳細記述成長的辛酸歷程，列入青史，砥礪後世。

茲將空軍八年抗戰中，為國犧牲烈士及英勇事蹟，追述於後：

吳紀權烈士

吳紀權烈士，安徽合肥人，生於一九一二年九月二十五日。中央航空學校第四期畢業，任中央航校暫編大隊第三十二中隊少尉本級隊員。一九三七年八月十六日，在嘉興機場駕機出發轟炸上海敵軍，起飛時，敵機突至臨空轟炸，不幸以身殉國。追贈中尉，時年二十五歲，遺妻徐氏與女君植、君培。

陳錫純烈士

陳錫純烈士，湖南長沙人，生於一九一六年。中央航空學校第五期二班畢業，任空軍第二大隊第九中隊少尉本級隊員。一九三七年八月十九日，與沈崇誨烈士同機出擊長江口外海白龍港敵艦，飛機發生故障，失去動力，與沈同機撞向敵艦，同歸于盡。追贈中尉，時年二十二歲，遺有父母及妻與二女。

吳可強烈士

吳可強烈士，陝西蒲城人，生於一九一三年九月十日。長於北平，父振璽為空軍前輩。初入陸軍官校第九期，轉入中央航空學校第五期二班畢業。任空軍第四大隊第二十二中隊少尉本級隊員。一九三七年八月二十日，在安徽廣德空戰中陣亡。追贈中尉，時年二十四歲。

張俊才烈士

張俊才烈士，湖南醴陵縣人，生於一九一三年十月十三日。好音樂，喜運動。中央航空學校第四期畢業。任空軍第九大隊第二十六中隊，少尉本級分隊長。一九三七年八月二十五日，攻擊上海羅店敵軍，飛機中彈受傷，在飛返南京途中，於鎮江墜毀起火，機焚身殉。追贈中尉，時年二十四歲，遺有祖母及父母。

吳志程烈士

吳志程烈士，原名志遠，江西南城人，生於一九一五年五月十二日，中央航空學校第六期一班畢業。任空軍第七大隊第十二中隊少尉本級隊員，該隊駐防西北。一九三七年九月二十一日，在山西太原空戰中陣亡。追贈中尉，時年二十四歲，遺有父母。

傅嘯宇烈士

傅嘯宇烈士，福建閩侯人，生於一九一五年四月十八日。雙親早逝，備極孤苦，與祖母王氏相依為命，刻苦奮勵。初習海軍，轉習航空，畢業於航空學校四期。任空軍第五大隊第二十四中隊少尉本級分隊長。於一九三七年九月二十八日，在句容空戰中，中彈重傷，於十月五日不治殉國。追贈中尉，時年二十三歲，遺妻與女。

喬倜烈士

喬倜烈士，山西祁縣人，生於一九一四年二月二十七日。中央航空學校第六期一班畢業。授少尉隊員。一九三七年秋間，平津淪陷，張垣旋亦棄守。十月六日，奉命向代縣繁峙一帶，偵察敵情，遇敵圍攻，墜敵陣失蹤。追贈中

尉，時年二十三歲，遺有父母。

方長裕烈士

　　方長裕烈士，浙江慈谿人，生於一九〇九年十月十四日。中央航空學校第二期畢業，復留學義大利，專習轟炸，學成返國，任空軍第八大隊第三十中隊中尉本級副隊長。於一九三七年十月十五日，隨隊長黃正裕同機，由南京飛上海轟炸敵軍，起飛時因飛機突生故障殉國。追贈上尉，時年二十七歲，遺有老母及妻周氏。

楊季豪烈士

　　楊季豪烈士，原籍上海，寄居北平，生於一九一四年。日寇侵華，乃棄學投身空軍救國。中央航空學校第三期畢業。任空軍第八大隊第三十中隊中尉本級隊員。於一九三七年十月二十三日，奉命飛赴上海轟炸日軍陣地，座機被敵砲火擊傷，返航至南京落地時，飛機失去動力，墜地人機俱毀。追贈上尉，時年二十四歲，遺有父母。

游雲章烈士

　　游雲章烈士，湖北漢陽人，生於一九一三年八月二十四日。目睹國難，撫臂太息，空言無補，唯武力救國。乃投身航空救國，卒業航空學校第六期一班。任空軍第二大隊第十四中隊少尉本級隊員。一九三七年十月二十四日，出擊上海敵軍，於江寧板橋鎮上空遇敵空戰陣亡，追贈中尉，時年二十四歲，遺有父母。

韓師愈烈士

　　韓師愈烈士，江蘇泰縣人，生於一九一二年一月十五日。好文學，工詞

翰，畢業於暨南大學。斯時日寇侵華，乃毅然投身空軍救國，卒業航校六期偵察科。一九三七年十月二十五日，奉命偵察平漢鐵路沿線敵陣情況，被敵砲火擊中陣亡。追贈中尉，時年二十六歲。

彭德明烈士

彭德明烈士，四川雙流人，生於一九一四年。幼學成都，稍長負笈上海，沉默寡言，潛心理化。值「一二八」日軍挑起滬戰，目睹日寇猖狂，乃投身習武報國。畢業於中央航空學校六期，任空軍第二大隊第十四中隊少尉本級隊員。一九三七年十一月十一日，自南京飛赴東海花鳥島一帶轟炸日艦，被敵艦砲火擊中，墜海陣亡。追贈中尉，時年二十三歲。

關中傑烈士

關中傑烈士，遼寧鎮東人，生於一九一三年三月廿七日。畢業於中央航空學校第五期二班。任空軍第三大隊第八中隊少尉本級隊員。自「八一三」淞滬戰起，轉戰京滬各戰場，幾無役不與，戰功顯赫。一九三七年十二月九日，日機空襲南昌，在激戰中，油箱起火，在跳傘時又被敵機攻擊殉國，追贈中尉，時年二十四歲，遺有父母。

楊晴舫烈士

楊晴舫烈士，湖南長沙市人，生於一九一六年三月十三日，中央航空學校第六期畢業。任空軍第五大隊第二十六中隊少尉本級隊員，歷參抗日戰役，頗著功績。一九三七年十二月十四日，在江西南昌空戰中陣亡。追贈中尉，時年二十二歲，遺有父母。

楊如桐烈士

　　楊如桐烈士，河北玉田人，生於一九一五年六月十六日。中央航空學校第六期畢業。任空軍第五大隊第二十九中隊少尉本級隊員。一九三八年二月二十四日，在廣東南雄空戰中陣亡。時年二十四歲，追贈中尉，遺妻趙氏及一女。

高熙其烈士

　　高熙其烈士，山東諸城人，生於一九一二年八月二十八日。生長在東北，在吉林省立大學肄業。「九一八」後，慨於國難，非書生所能為，乃毅然投身空軍救國，畢業於中央航空學校第四期偵察兵科，以戰功擢升為分隊長。於一九三八年四月九日，奉命飛赴台兒莊前線偵察敵情，任務完成後，返航中途油竭，在歸德緊急降落時，竟失事殉命。追贈中尉，時年二十五歲。

趙茂生烈士

　　趙茂生烈士，上海市人，生於一九一三年。唸中學時，值「一二八」日軍挑起上海瀏河之戰，目擊日機轟炸我軍民慘狀，深受刺激，乃投身空軍報國。在中央航空學校第四期機械科暨第六期飛行科畢業。任空軍第四大隊第二十二中隊少尉本級隊員。一九三八年五月二十日，對黃河藍封渡河之敵攻擊，發生空戰中陣亡。追贈中尉，時年二十五歲，遺妻江氏。

湯維廉烈士

　　湯維廉烈士，河南睢縣人。生於一九一四年八月十五日，中央航空學校第六期畢業。任空軍第五大隊第十七中隊中尉本級隊員。與丘戈烈士同隸一隊，情誼甚篤。一九三八年五月二十日，同在黃河藍封空戰中陣亡。時年二十五歲，追贈上尉。遺妻汪氏及一女。

王廷元烈士

王廷元烈士，遼寧錦縣人，生於一九一四年十月二十八日，「九一八」事變後，不堪日寇荼毒，投效空軍，畢業於中央航空學校第五期一班轟炸科。在抗戰中，屢建戰功，擢升為十一隊中尉分隊長。於一九三八年六月十八日，奉命轟炸馬當長江敵艦，油箱中彈著火，跳傘墜地失蹤。追贈上尉，時年二十五歲，遺有父母。

武維志烈士

武維志烈士，江蘇鹽城人，生於一九一三年一月十五日，畢業於航校二期。在剿共戰役中，屢建戰功受獎，擢升上尉中隊長；在抗戰中，率部轉戰京滬間，奏功甚多。於一九三八年七月二日，敵圖進犯武漢，奉命率隊轟炸長江馬當敵艦，阻敵西上，不幸為敵砲火擊中殉國。追贈少校，時年二十五歲，遺有父母及妻與子。

安家駒烈士

安家駒烈士，廣東高要人，生於一九一〇年三月九日，中央航空第一期畢業。性坦誠傾肝膽，對部屬愛護備至，多樂效命，以多次戰功，頒授七等雲麾勛章。升至少校，任空軍第十二中隊長。一九三八年八月二十一日，在武漢附近，執行陸空連絡任務時，被敵擊中陣亡。追贈中校，時年二十八歲，遺妻陳氏及四女。

周竹君烈士

周竹君烈士，廣東開平人，生於一九一二年十月十一日。性嚴謹，待人寬容，深為師友敬愛。中央航空學校第三期畢業。任空軍第三十中隊上尉本級

隊長。一九三八年十月十二日，由河南飛武漢增援，在鍾祥上空遇敵機襲擊陣亡。時年二十六歲，追贈少校，遺妻關氏。

楊夢青烈士

楊夢青烈士，原名春瑞，天津市人，生於一九一四年。中央航空學校第四期畢業。任空軍第四大隊第二十四中隊上尉三級隊長，在接任未及兩週，於一九四〇年九月十三日，率隊由駐地遂寧，支援重慶作戰，在返航途中，初遇零式戰機偷襲空戰中陣亡。追贈少校，時年二十六歲。

徐葆昀烈士

徐葆昀烈士，河北玉田人，生於一九一五年十月六日。中央航空學校第五期一班畢業。任空軍第四大隊副大隊長，升至上尉一級。於一九四三年五月十九日，駕P-40率隊由成都起飛，攻擊湖北長江段枝江日艦艇時，被地面砲火擊中，機毀人殉。追贈少校，時年二十八歲，遺有老母及妻何氏王氏與子女各一。

姚傑烈士

姚傑烈士，四川奉節人，生於一九一六年。中央航空學校第六期畢業。升至空軍第五大隊第二十六中隊少校隊長。於一九四四年七月二十二日，在湖南邵陽空戰中陣亡。追贈中校，時年二十九歲，遺妻高氏及子女各一。

後記

本文中描述，**在捍衛領空的戰鬥中，「並不在意日本強勢空軍，上了天空我最大」**。這兩句話，一般讀者，可能認為幼稚無知、愚勇或蠻勇。**請試想在七十多年前的中國空軍，是什麼狀況？在初創期，飛機設備與訓練是很落後的狀況，國難臨頭，想救國打日本，若不如此，又當如何？**

　　這兩句話，不華麗亦不驚人，但確實是當年真實情況。若不然，如何能在初戰擊潰日本「木更津」和「鹿屋」兩航空隊「熱血救國」是其源本。

　　多年來從沒有人，描述出「筧橋精神」何在？我是過來人，身臨其境，認為這兩句話道出「筧橋精神」之所在。

　　別的國家對國殤日軍人節，是如何的舉國隆重表揚紀念。對為國犧牲烈士的遺屬，是如何的撫卹與扶養？我們呢？不像悠久文化的民族！缺乏國殤的觀念。

　　八年抗戰，我沒有先陣亡，因而親自辦理過很多次戰友先烈的善後，看見很多遺眷孤兒的悲苦！那種悽慘景況，雖多年，仍深刻在心。

　　本文是為表揚被人遺忘的烈士，亦是要為抗戰的孤兒們吐吐心聲！

2008年4月4日清明節

張光明時年九十六寫於洛杉磯

　　（本文刊載於《中外雜誌》498號，第84卷2期，頁50-58，2008.08.）

霍克II戰機支援前線作戰，受傷迫降為我陸軍部隊官兵搶救後，合影留念（中飛行員）。（文彥良提供）

上：①吳可強烈士②陳錫純烈士③吳紀權烈士（湧泉）
下：④傅嘯宇烈士⑤吳志程烈士⑥張俊才烈士

上：①楊季豪烈士②方長裕烈士③喬個烈士
上：④彭德明烈士⑤韓師愈烈士⑥游雲章烈士

上：①楊如桐烈士②楊晴舫烈士③關中傑烈士
下：④湯維廉烈士⑤趙茂生烈士⑥高熙其烈士

①王廷元烈士
②武維志烈士
③安家駒烈士
④周竹君烈士
⑤楊孟青烈士
⑥徐葆昀烈士
⑦姚傑烈士

烈烈往事懷曾祖

趙儀安

　　一件不幸的事故，發生在一九三五年，當時國家正需要更多年輕人，尤其是年輕的戰機飛行員準備抗戰，在中國杭州筧橋航校的飛行訓練中，一位年輕人失去了他的生命，他沒能夠等到參加兩年後爆發的全面抗戰。

瞞住家人航空救國

　　這位年輕人的名字叫沈華棟，安徽合肥人，為家中長子，已婚。九一八事變後，國土淪喪，眾多青年學子，投筆從戎，自信航空能救國。二十多歲時，他離家去了杭州求學，他的一位叔父在浙江大學教書，家人以為他去了浙江大學，實際上，瞞著家人，他報考了建校三年的中央航空學校。

　　當年，有數十萬人報考航校，條件嚴格（當代學子考哈佛等名校，是不能與之相比的），每期全國只錄取一百人，他是其中的一位。入航校的第一件事就是剪髮理光頭，不少人用掛號信將剪下的頭髮寄回家中明志：「今後的兒子將永屬全中華民族所有，謹獻上這點頭髮，聊表身體髮膚受之父母的孝意。」這是航校五期的級史上記載的一段話。接下來的六個月，他們接受了嚴格的陸軍訓練。經過再次體檢和考核，只有半數的學員被挑選接受飛行訓練，他駕機在一次訓練中失事，機毀人亡，殉國那年，沈華棟二十三歲，遺下妻子和三個年幼的女兒，他的大女兒，就是我的祖母，當時只有四歲。

　　這是一段塵封多年的往事。七十年後，我父親通過報社記者季嬡女士聯繫上了退休空軍將領張光明老將軍，得知他與我曾外祖沈華棟是筧橋航校同期同學。張將軍給我們寄來了航校五期的級史，內有我曾外祖的烈士像，他是那樣的年輕，有和我祖母一樣的笑容。是張將軍幫我們揭開了那塵封了七十年的往事。

　　年前，我們打電話給住在加州的張將軍拜年，很幸運的向張將軍作了訪談，很難想像電話裡的聲音是一位九十四歲高齡老人。多年的軍旅生涯，出生

入死,他的聲音洪亮果斷,他說他從沒有忘記那一段歷史,他的聲音和記憶的清澈,就如他當年架著戰機穿越藍天白雲。

張光明老將軍生於一九一三年,祖籍河北昌黎。家境富裕,他是家中唯一的男孩,有六個姊妹。父母對他非常寵愛。讀中學時,他一心想考東北大學,立志做一個工程師。他的這一理想隨著九一八事變而改變。日軍侵占了東三省,就讀於北京師範大學。他憂國憂民,終於瞞著父母,去杭州報考了筧橋航空學校。那一年,報考航校人數眾多,單北京的考生就有五千多名,他憑著田徑運動員的體格和優秀的知識成績被錄取了。一九三五年,張光明畢業,他的父母被邀參加畢業典禮,才知道真相。隨後,他加入了空軍第四大隊。一九三七年七七事變,抗日戰爭爆發,同年八月十四日,空軍第四大隊在杭州起飛迎敵,張光明和他的戰友們擊落了六架敵機。中國這支年輕空軍的一場空戰勝利,強烈地鼓舞和振奮了國人抗戰的信心!隨後的八年,年輕的空軍壯士駕著有限的戰機抵抗強敵,浴血長空,張光明七次負傷,八百餘名前後期同學和戰友犧牲殉國,抗戰勝利時,航校五期甲班僅存三十二位同學。

慷慨捐軀視死如歸

聆聽張光明將軍的敘訴,又細讀了他的幾篇回憶文章,字裡行間,滲透著對昔日衛國捐軀戰友的緬懷之情!他們之中,有人們熟悉的名字:空軍之魂高志航大隊長,寧死不屈的閻海文,用自己的飛機撞向敵艦的沈崇誨……;還有那些我們並不十分熟悉的名字:苗族人全正熹,來自吉林的巴清正,山東的譚文,天津的宋恩儒,廣東的李鵬翔,湖南的曹芳震……。從他們的戎裝遺像上,看到的是年輕勇士的眼神,剛毅果決,視死如歸,令人肅然起敬!

撫今追昔,七十年前,中國有一群最優秀的青年,在自己國家生死存亡的關頭,棄家棄學,長空征戰八年,用他們的血和身軀寫了一段歷史,驚天地,泣鬼神。我的曾外祖獻身其中,他雖沒有能夠戰死在疆場,但為國捐軀,我們子孫後代以他為榮。

(本文刊載於《中外雜誌》498號,第84卷2期,頁50-58,2008.08)

編按：本文作者趙儀安（Ann Chao）生於美國，今年二十一歲，現住美國新澤西。二〇〇四年考入哈佛大學，主修社會學和東亞研究。平時喜歡音樂和寫作。今年獲得哈佛燕京學社獎學金，將去北京大學和南京大學學習一年並研究中國社會的發展。過去兩年她擔任哈佛亞洲中心學生會的中國分會的主席，她也是慈善組織Harvard China Care（哈佛中國關愛）的成員，幫助中國孤兒和他們的美國的領養父母了解中國。China Care每年都有志願者去中國幫助孤兒院的工作。她二〇〇六年暑假去了河北省廊坊市的盲童孤兒院（濟慈之家）當志工。在教英文和音樂的同時，對盲童孤兒有了更深的了解。她希望將來學有所成，對社會和國家有所貢獻。

編者按：本誌四八六期「烈烈往事懷曾祖」一文（六〇頁），有讀者熱心的回應指正，「航校生沈華棟，駕機在一次訓練中失事，機毀人亡，殉國那年，才廿三歲」沈君應為殉職非殉國。嚴謹的說，因學校尚未畢業，未任官應為殉學。

　　然一九三五年，東北國土淪喪，日寇鯨吞蠶食我中華，國家實處於戰爭狀態，熱血青年棄家棄學救國，投效中央航校，當時航校無論教官或學生飛行失事，均葬於半山空軍公墓，墓碑上所刻均為某某烈士。故該文稱沈華棟烈士殉國尚無不妥。

　　如今台海早無空戰，空軍訓練失事稱為殉職。敵我空戰捐軀為殉國，稱為烈士。蓋時空背景已截然不同！最近陸航空降旅直昇機載八人撞高壓線鐵塔，可稱為殉職。然此次空難純屬人為因素，從飛安角度正副駕駛均屬違紀飛行，至於後續處理追升等，均非正常作業！

杭州筧橋半山空軍公墓，空軍殉職人員均統一於329青年節，舉行年度祭禮下葬。祭堂會有多具停棺。

①作者趙儀安的曾外祖沈華棟烈士。
②目前就讀哈佛大學的作者趙儀安。
③沈華棟烈士遺下的三個女兒，右起：大女兒沈國瓊（作者祖母）、三女兒沈國英、二女兒沈國芳。

七十年前的金陵空戰

何邦立、徐夏

　　1937年9月17日，被譽為中國空軍之母的宋美齡，在南京孝陵衛的一棟別墅裡，對正在開會的國民政府航空委員會的將校們說：「將軍們，不說您們也知道明天是什麼日子，九一八事變六周年了。為了雪洗國恥，委員長命令空軍給日軍以最大的打擊，我把陳納德顧問帶來了，讓他與你們一起搞份作戰計畫──」。

宋美齡與陳納德

中秋夜襲敵陣

　　1937年9月18日，恰逢農曆八月十五中秋節。天高雲淡，月朗風清，親人團聚，祭天賞月，共享天倫喜悅氛圍，已被日本侵華戰爭破壞殆盡，中華大地一片蕭瑟。

　　駐守在南京大校場的空軍第四大隊、第五大隊的王常立、劉粹剛、李桂丹、劉志漢、董明德、王遠波、張光明、姜廣仁、張威華、鄒庚續、柳哲生

等一批東北籍飛行員，六年來每逢「九一八」都要絕食一天，以示不忘家仇國恨。「中庭地白樹棲鴉，冷露無聲濕桂花，今夜月明人盡望，不知秋思落誰家？」正當這群血氣方剛的年輕飛行員，悲憤地懷念著淪陷多年的東北老家，思念著遭受日軍奴役的三千多萬父老鄉親時，他們接到了上峰的命令，我們空軍要以必死的決心，由晚打到早，以雪「九一八」之恥。我們要做到人休息，飛機不休息，輪番飛到上海去、到海上去，炸平上海的日軍陣地，炸沉海上的日軍戰艦──。

終於盼來了報仇血恨的時刻，義憤填膺的飛行員紛紛求戰殲敵，請戰聲、歡呼聲響成一片，大校場沸騰了。

現僑居美國洛杉磯的張光明將軍，是七十年前中秋夜襲的參戰者之一，他現年94歲，身體健康，思維清晰，記憶過人。不久前張將軍在美國洛杉磯的寓所，接受以從事中國空軍抗日研究的台灣教授何邦立採訪時，回憶自己當年從筧橋航校第五期畢業後，就在空軍英雄高志航任大隊長的四大隊裡任飛行員。淞滬戰役開戰後的第二天，即著名的八一四首次空戰中，他就在筧橋上空擊落敵機一架。後來他又屢屢參加保衛上海、南京的空戰。

自1937年「八一三」全面抗戰以來，我空軍由於連續作戰，人員和飛機損失很多，為保存實力，8月21日發布的第十二號作戰命令，將空軍作戰的方式由群機出動，改為單機出發，白天行動改為夜間出擊。空軍第六中隊還以六架老式道格拉斯O2MC偵察機組成夜襲支隊。

1937年9月，張光明曾先後七次參與對日轟炸的任務，經常單機飛往上海，轟炸日軍的軍艦、碼頭。就在中秋夜襲的當天早上，他與同隊戰友李有幹飛往上海轟炸日軍司令部，曾在「八一五」保衛南京的空戰中，擊落一架日機的勇士李有幹，所駕2207號戰機，不幸被日軍地面高射砲火擊中，獻出了23歲的年輕生命。參加中秋夜襲的是我空軍第四大隊、第五大隊、與第六大隊。剛剛目睹戰友壯烈犧牲的張光明，當然不會放過這次報仇血恨殺敵的機會。

九一八晚上19時30分，首批參戰的李桂丹隊長、柳哲生，王遠波分隊長龔業悌、李有幹、巴清正等六位勇士，駕駛著六架霍克三，每架攜帶8枚炸彈，從南京大校場起飛，向東呼嘯而去。

從5000呎高空看茫茫大地漆黑一片，偶見城鎮螢火似的燈光若隱若現。上

海公共租界裡的發電廠，明亮的燈光為我空軍指航，勇士們很快就飛抵上海南匯上空。駐上海的侵華日軍正陶醉在、所謂支那空軍已被日本空軍擊潰的喜悅中。空中突然響起隆隆的飛機引擎聲，六機半翻滾而下，朝著目標低空俯衝，瞬間幾十顆炸彈陡然而落，日軍軍火庫頓時陷入一片火海，陣地上日軍士兵四下亂竄，又忙不迭地用高砲對空反擊。

海面上日本軍艦的甲板被我空軍投下的炸彈炸穿，日軍母艦上的飛機爆炸起火，幾艘護航的軍艦，亦被我方的五百磅炸彈炸沉海底。

20時30分，第二批由五大隊二十五中隊張偉華分隊長、率領鄒庚續、張慕飛等三位勇士，駕機前往上海參戰。

22時05分，第三批由四大隊長王常立率二十二中隊的張光明、曹世榮、梁添成、王文驊駕駛五架霍克三由浦東飛入楊樹浦，轟炸蘇州河一帶日軍。

23時20分，第四批由二十一中隊李桂丹隊長再次率王遠波分隊長、柳哲生、龔業悌，駕駛四架飛機前往上海吳淞口轟炸日軍基地。

午夜後，第六大隊五中隊「夜襲支隊」的飛行員陳歷壽、劉盛芳，封仕強、葉子雲，嚴鎮川、曹朝覺，分別駕駛三架道格拉斯O2MC機，503、504、507分三批單機前往上海轟炸日軍，直至拂曉。

在這次夜襲中，中國空軍出動了21架次飛機，對上海日軍實施通宵達旦的輪番轟炸，取得了「八一三」開戰以來的又一次空戰勝利，使日軍損失了價值700多萬元的軍火。

據陳納德將軍回憶：夜襲中，中國空軍曾以三枚五百磅的炸彈，炸毀了日本1904年從俄國購買的出雲號軍艦。出雲號中彈後船身起火，引起爆炸而沉入海底。

我方唯一傷亡的人員是王常立大隊長。王常立東北人，畢業於東北航校高級班，後任中央航校戰術學科教官。四大隊大隊長高志航8月中旬空戰負傷後，由王文祥代任大隊長，王文祥在8月22日空戰中殉國後，再由王常立代任大隊長。當晚23時左右，王常立駕駛霍克三返航落地時出了意外，不幸墜入大校場邊的壕溝裡，機毀、王常立因傷重不治而亡。

在中國空軍沉重打擊下，損失慘重的日軍當然不甘罷休，第二天就向我空軍進行了瘋狂報復。

誓死保衛首都

1937年9月19日，是日軍空襲南京的戰略轉折點，按照其「南京空襲計劃」，這天日軍出動三菱九六式艦載戰鬥機22架次、艦載轟炸機28架次、水上偵察機27架次、共77架次，以三菱九六式艦載戰鬥機打頭陣，分上下午兩批大舉空襲南京。

在雙方軍力明顯懸殊的情況下，中國空軍飛行員面對陣容強大的敵機群，早已將個人生死置之度外，它們浴血奮戰，誓死保衛首都南京。

早上8時30分，南京大校場上空響起了尖銳的空襲警報聲，44架敵機由東南方飛往南京，其中有12架航速每小時428公里的三菱九六式艦戰機，17架攜滿炸彈的艦攻機，15架水上偵察機。

嚴陣以待的中國空軍，分別從南京機場、句容機場起飛迎戰。

我空軍四大隊二十三中隊毛瀛初隊長，率領8架霍克三起飛迎擊，在青龍山上空，與日軍九六式艦戰機遭遇。交戰中，毛瀛初率先擊中一架敵機，日機見勢不妙，尋隙逃脫。

五大隊二十五中隊胡莊如隊長率領8架霍克三，分三個分隊升空攔截。雙方戰機在鎮江上空遭遇，我戰機率先衝入敵機群內，陣陣機槍聲、兩架被擊中的敵機，冒著黑煙墜落下來。一架落在鎮江附近的高資，一架落在揚州附近的儀征。

由於我空軍對日軍首次使用的九六式艦戰機性能不了解，激戰中我方損失慘重，黃居谷、劉熾徽、劉蘭清（又名劉龍光）、戴廣進四位勇士血灑藍天，為國捐軀。

9月20日上午10時，日本海軍以32架轟炸機和戰鬥機組成混合編隊，再次空襲南京，企圖澈底摧毀我大校場、明故宮等機場的空軍力量，並向南京城內的憲兵司令部、和警備司令部投擲燃燒彈、殺傷彈。

眼看著日軍如此囂張，我空軍將士卻因為沒有可與敵相抗衡的戰機，而悔恨交加。

10時30分，日軍3架戰鬥機、9架三菱九六式陸攻轟炸機，再次來犯，五大

隊二十四中隊隊長劉粹剛，忍無可忍，率領第五大隊僅存的九架霍克三、和第三大隊十七中隊僅剩的1706、1707兩架波音281戰鬥機，升空應戰。

劉粹剛的2402號霍克三，在空中翻了一個半跟斗，從敵機尾後拉起，咬住了一架九六式陸攻機，瞄準叩擊扳機，正欲逃離中彈起火的敵機，又遭我其他幾架戰機的圍攻，此刻劉粹剛再次俯衝射擊，將一架九五式水偵機擊落在南京城邊。

劉粹剛的僚機袁葆康也咬住目標不放，一舉擊落另一架架九五式水偵察機。

四大隊的樂以琴在空戰中素以勇猛著稱，他緊盯敵人一架轟炸機，一路窮追猛打，終於在鎮江以西將敵機擊落。

在敵強我弱的情況下，中國空軍一舉擊落敵機四架，又一次向全世界豪邁宣告：中華民族不可侮！

9月22日上午，日本海軍航空隊糾集51架飛機，再次分批空襲南京。敵機第一批21架，第二批8架，第三批5架。

淒厲的警報聲在南京上空響起，劉粹剛率領10架霍克三，從大校場起飛攔截，十七中隊的兩架波音281也升空參戰。

11時30分，龐大的敵機群在南京上空4500米高度出現，守候在5800米高空的劉粹剛，立即率領僚機俯衝而下，直接殺進敵轟炸機群中，待日軍戰鬥機有所反應時，劉粹剛和袁葆康已各擊落敵機一架。

這次空戰中，中國空軍擊落敵機3架，擊傷2架，我方受傷5架。

9月25日，日軍出動艦載戰鬥機20架次，艦載轟炸機52架次，艦載攻擊機10機架次，水上偵察機12架次，共94架次分四批空襲南京。

9月26日，日軍再次出動飛機61架次，分三批空襲南京。我空軍四大隊、五大隊先後升空攔敵。在棲霞山上空，劉粹剛、董明德、袁葆康殺入敵陣，一陣撕殺，劉粹剛一舉擊落敵九六式艦載轟炸機一架。

日軍違反國際法，不顧國際輿論的譴責，從9月19日至26日，在短短幾天裡，對南京進行了11次空襲，出動各式飛機324架次，投彈355枚，計32.3噸。中央社總社、中央廣播電台、電燈公司、自來水公司、市衛生局、醫院遭到炸彈襲擊，南京的政治、經濟、文化、教育設施均遭到嚴重破壞。慘無人道的日本空軍，還把炸彈投向人口密集的城南地區，一座座民居被炸成了廢墟，下關江邊數千座供難民避難的草棚，被炸成灰燼，成千上萬的平民百姓在戰火中喪

生。轟炸中，就連哈瓦斯（Haves）通訊社、海通（Transoceanic）通訊社、合眾社、和一些外國使領館也未能倖免。9月25日，法國領事館內就落下一顆炸彈。

南京城裡濃煙滾滾，血肉飛濺，國民政府的首都已成焦土一片，毫無人性的日本侵略者，使六朝古都的石頭城，墜入了萬劫不復的苦難深淵。

由此可見，滅絕人性駭人聽聞的南京大屠殺，其時始於1937年9月19日的大轟炸開始的，這是每個中國人永遠不能忘記的日子。

血戰長空存浩氣

日軍對南京轟炸愈烈，我軍民對敵人的仇恨也愈加深。

10月6日上午，日軍空襲南京，劉粹剛率領10架霍克三、1架波音281、1架菲雅特CR-32起飛攔截。下午日機再度來犯，劉粹剛又率領11架戰機升空應戰，待飛到4000米高度時，他率領大家飛到句容，準備在那裡阻截日機，返航掉頭時，劉粹剛發現下方有2架九六式艦戰機，遂在僚機掩護下擊中其中一架。在大校場著陸後，他發現自己駕駛的2407號戰機已被敵擊中多處。這次空戰中，中國空軍擊傷敵機兩架，我方被敵機擊落一架霍克三，飛行員馬金鐘為國捐軀。

10月12日上午，日本航空隊出動大機群轟炸南京。被譽為空軍戰神的中國空軍第四大隊長高志航率領四架霍克三出戰，空戰中擊落了日軍中島九五式水偵機兩架。下午日軍出動9架轟炸機，在6架驅逐機的掩護下再次前來轟炸南京。劉粹剛與高志航同時率領5架霍克三、1架菲雅特CR-32升空殲敵。第十七隊隊長黃泮揚也率領了僅存的2架281起飛參戰。他們都是中國空軍的佼佼者，戰術高超，其勇猛無畏的勇氣，使日本飛行員驚慌失措。駕駛1706號戰機的黃泮揚在5600米高空中，衝下咬住一架九六式艦戰機率先開火，將其擊落於南京城內龍潭北側。當黃泮揚欲再次攻擊新目標時，他座機的儀表艙被擊中爆裂，巨大的衝擊令其臉部受傷，幾乎無法控制飛機，只得忍痛突出重圍離開戰場。另一架由黃子沾分隊長駕駛的波音281也遭擊受傷迫降。混戰中，二十四中隊飛行員曹芳震，身中17彈犧牲於芭斗山北麓上空，目睹戰友犧牲的高志航，將一架九六式艦戰機擊墜於仙鶴門東側。

中國空軍的美製道格拉斯02MC-4輕轟炸機

劉粹剛駕駛的2407戰機，在機翼張線被敵機打斷多根的情況下，仍堅持與敵機在空中鬥智鬥勇。在機身低於城牆高度時，劉粹剛猛然拉桿作了一個直8字上升驚險動作，而日機駕駛員也隨之作了一個相同的上升動作，緊追不放。雙方格鬥十分驚險，劉粹剛的妻子許希麟和一些南京市民冒險出來觀戰。經過四次反復追逐，劉粹剛突然蹬舵拉桿，殺了一個回馬槍，對準敵機就是一陣狂射，被擊中的敵機墜落在南京城南水佐巷，撞上一座民房後爆炸燒毀。站在光華門城樓觀戰的南京市民，無不揚眉吐氣，紛紛揮臂或鼓掌，為英勇善戰的中國空軍歡呼。

這次空戰，我空軍擊落4架九六式艦戰機，擊斃3名日本飛行員。

10月14日，我空軍八大隊三十中隊分批夜襲上海楊樹浦敵軍，日軍誤以為是自己的飛機返航，被炸死百餘人、炸毀飛機16架、燒毀匯山碼頭敵軍用品4000餘箱。

10月16日，我空軍二大隊十四中隊5架飛機出戰，襲擊上海日軍的高爾夫機場（日軍已將球場改為機場），炸毀敵機十餘架。

10月25日，劉粹剛駕機從溧水回南京，奉命飛山西掩護八路軍129師、115師，馳援娘子關，阻止西進之敵。當日劉粹剛告別妻子後，即起飛出征，豈料這竟是他們夫妻的永別。1937年10月26日晚上21時左右，劉粹剛在尋找降落地點時，誤撞山西高平縣城的魁星樓，25歲的空軍英雄不幸殉國。

　　10月下旬，中國作戰飛機由開戰初期的346架，打得只剩下81架，而日本飛機卻不斷得到更新補充。在飛機愈來愈少的情況下，中國空軍已失去支持地面部隊的能力。

　　自「八一三」開戰後的四個月裡，中國空軍有103名飛行員，在保衛上海和南京的空戰中為國捐軀，他們用年輕的生命蘸著熱血，在藍天上譜寫了中華民族不可欺侮的正氣。

參考文獻

1　　《空軍抗日戰史》，航空委員會，成都，1940年。
2　　《空軍抗戰三周年紀念專冊》航空委員會，成都，1940年。
3　　《空軍忠烈錄　第一輯》空軍總司令部情報署，台北，1959年。
4　　《中國之翼》劉文孝，台北，1991年。
5　　《浴血長空──中國空軍抗日戰史》陳應明、廖新華，北京，2006年。

（原文刊載於《鐘山風雨》雙月刊，南京，2007年第6期，8-11頁）

抗日空軍烈士悲壯史詩

徐霞梅

　　燦爛陽光下的紫金山嵯峨嶙峋，逶迤起伏。在綿綿林海的紫金山北麓，我沿著彎彎的山路找到了王家灣。當【航空烈士公墓】這座歷盡人間滄桑，如今仍頑強屹立著的石牌坊映入我眼簾時，一股肅穆沉凝的氣息頓時就向我撲來。因為這山坳裡的一草一木日夜陪伴著的是：「捍國騁長空，偉績光昭青史冊。凱旋埋忠骨，豐碑美媲黃花崗」的中外空軍烈士的靈魂。

紫金山麓忠魂安息

　　1937年12月13日，南京淪陷後，曾遭到中國空軍沉重打擊的日軍，喪心病狂地對航空烈士公墓進行了報復性的破壞，不僅將所有地面建築物焚毀，更卑劣的是將烈士的墓塚和靈柩全部毀滅殆盡。如1932年「一二八」淞滬之戰中，在浙江喬司機場，為抵抗入侵日機為國犧牲的第一位空軍烈士趙甫明。〔當時國民政府曾將喬司機場命名為甫明機場以示紀念〕以及在1937年8月，在南京保衛戰中犧牲的24位烈士，其中包括在激烈空戰中擊落敵機11架的空戰英雄劉粹剛隊長。

　　熬過了國破山河碎的艱苦歲月，中國人終於盼來了八年抗戰的勝利。勝利後，國民政府對航空烈士公墓進行了澈底的修葺，並勒令二千多名日軍戰俘參與修墓。由於戰爭的殘酷性，許多烈士的遺骸都未能保存下來，留下的只有他們的名字，軍職和生卒年月而已。

　　七十多年過去了，烈士的靈魂在青翠寂靜的紫金山懷抱裡終於得到了安息。

　　每登上一層臺階，心裡就多一分沉重，多一份威嚴，多一分悲壯。我在每座墓碑之間徘徊，踩著那年年枯萎歲歲青的野草，輕輕拂去墓碑上的浮土，細細地辯認著這一塊塊在風雨中經受侵蝕的墓碑。太久遠了，實在是太久遠了，有些墓碑上模糊的字跡，已無法告訴我墓的主人是誰了。

寬闊的靈臺上，矗立著由張愛萍將軍題詞，用中英文書寫的《抗日航空烈士紀念碑》。紀念碑的基石上，鑴刻著幾組抗日空軍血戰長空的畫面：英雄的雙眼噴射出復仇的烈焰，熱血沸騰的英雄在吶喊，在怒吼……那一張張嚴峻的臉，那圍著敵機猛攻的中國戰鷹……被中國空軍炮火擊中的敵機在爆炸，在焚燒，在墜毀……

紀念碑前，栩栩如生的四位中外飛行員雕像，肩並肩警惕地巡視著藍天。他們懷著正義必將戰勝邪惡的信念，作V字型手勢威武凜然地指向藍天。我想起了膾炙人口的十六字令：「山，刺破青天鍔未殘，天欲墮，賴以拄其間」。

當中國處於「天欲墮」的危急關頭時，正是這些「賴以拄其間」的熱血男兒，用他們的血肉之軀，以掀天揭地驚鬼神的氣魄，力挽狂瀾，拯救了中華民族。

黑色的大理石紀念碑上，鑴刻著884名中國空軍烈士的名字，還有美國空軍烈士2197名，前蘇聯空軍烈士237名，韓國空軍烈士2名。陽光照耀著默默無語的紀念碑，紀念碑上3320個名字，不就是3320個激動人心的故事嗎？

中日戰爭爆發時，中國雖有600多架飛機，但能用於戰鬥的不及半數。而日本共有2700架飛機，侵華戰爭一開始，日本首批就動用450架，不久又增加到800架用於中國戰場。在軍力懸殊的情況下，中國空軍以威武不屈的精神，一次又一次給日本法西斯以毀滅性的打擊。

1937年8月13日；淞滬戰役打響後，中國空軍總指揮周至柔和副總指揮毛邦初聯合發佈作戰命令：令中國空軍首當其衝投入上海和南京的保衛戰。

在此期間，中國空軍先後出動飛機100多架次，投彈一百餘噸，多次出擊，轟炸泊在黃浦江中的日軍軍艦，以及碼頭、軍械庫和敵軍的陸戰隊司令部。炸毀炸傷日艦10多艘，在杭州筧橋的三天空戰中，中國空軍共擊落日機44架，給日本鹿屋、木更津航空隊以殲滅性的打擊。

血戰保國青春星沉

8月14日，老天也像特意要考驗中國空軍似的，一個300多公里的暴風雨圈波及上海東部和華中一帶的沿海地區，大颱風從上海東部的海面上朝西北方向

移動，天空中陰霾密佈，能見度極差。但中國空軍仍冒著惡劣的氣候升空起飛，上午8：40分，空軍第二大隊副大隊長孫桐崗，率領21架諾斯普羅式轟炸機，從安徽廣德空軍基地出發，直線飛行220公里，飛往上海轟炸侵華日艦。當我空軍出現在敵艦上空時，敵艦上高炮齊發，炮彈在飛機四周爆炸。無畏的中國空軍按平時訓練的戰術，呈品字狀隊形對準目標投彈，即命中《出雲》號旗艦。這是自1894年甲午戰爭以來，日本海軍艦隊首次遭到中國軍隊的攻擊。

江蘇常州籍空軍中尉高謨（中央航校五期），就是參加轟炸《出雲》號第六大隊的壯士之一。1937年8月25日，高謨駕著404號道拉斯號機在空戰中，遭到敵機圍攻，受重傷後，仍堅持駕機飛行，在浙江臨安附近迫降，終因失血過多，傷重不治，犧牲時才25歲。

出生於江蘇武進廟橋的惲逸安，曾是江蘇省常州中學的教員。「九一八」事變後投筆從戎。1937年10月15日，惲逸安跟隨第七大隊隊長吳元沛駕駛3105號戰機從山西太谷縣出發，前往轟炸駐守崞縣的日軍。他們冒著敵人的炮火，炸毀日軍兩個步兵連和營房、大炮、輜重等軍事設施。勝利返航時，惲逸安因迷航和油料不足，迫降在霍縣北校場外。三天後起飛失事撞山而殉職。

求仁得仁的惲逸安，以24歲的生命實現了他的錚錚誓言：「吾人唯有激發忠勇，共同奮鬥，與倭拼戰到底，直到我們獲得最後勝利為止！我們每個人都預備著我們的飛機和血肉與敵人同歸於盡！」

芮冠雄是江蘇武進嘉澤人，天津南開大學的學生，「九一八」事變後，他成為中央航校第七期的學員。抗戰時，在空軍第八大隊服役。1938年4月29日，他參加了保衛武漢的空戰。

這天是日本天皇的「天長節」，我空軍判斷日軍可能會前來偷襲武漢三鎮。果然不出所料，上午九時左右，日本海軍航空隊出動了40多架戰鬥機和輕重轟炸機竄入武漢上空。武漢上空響起陣陣緊急警報聲，早已做好戰鬥準備的中國空軍，立即升空攔截。英雄們駕駛著剛從蘇聯購回的E-15雙翼機和E-16單翼機投入戰鬥。雙方戰機在空中上下翻騰、追逐，戰鬥激烈；被我空軍擊中的日機，拖著縷縷濃煙墜毀于田野山谷。這天中國空軍共擊落日機21架。後來芮冠雄隨隊進駐四川，1940年5月18日，在成都上空試飛由蘇聯援助的DV高空轟炸機的時候，因超高飛行缺氧而殉職，這一天距他24歲的生日只有四天。

在這次保衛武漢的空戰中，還有一位年輕的空軍英雄，他就是出生於江蘇鎮江的陳懷民。陳懷民1933年進入中央航校五期學習飛行，1935年底畢業，在空軍四大隊二十三中隊任少尉飛行員。1937年9月19日在保衛南京的空戰中，擊落一架敵機，並負了傷，傷癒後又參加了台兒莊戰役。在次年四二九武漢空戰中，他擊落了一架日機後，遭到五架敵機的圍攻，當他的飛機油箱中彈著火後，他沉著的緊握操縱桿，扭轉機身向被日本吹噓為「紅武士」的高橋憲所駕的長機猛撞過去，隨著一聲巨響，22歲的陳懷民壯烈的以身殉國。如今武漢還有一條以英雄名字命名的陳懷民路。

1937年8月14日下午，日本出動18架九六式轟炸機，由臺灣台北起飛，經過溫州沿海妄圖襲擊我筧橋、廣德時，空軍四大隊隊長，被譽為「戰神」的空軍英雄高志航，這位了不起的東北漢子，率領27架霍克III戰鬥機，從杭州筧橋機場起飛，淩空攔截敵機，與敵人展開了空中博鬥。雖然中國的飛機性能遠遠不如日方，但中國空軍異常勇猛頑強，敢打敢拼，把號稱「打遍天下無敵手」的日本鹿屋航空隊打得暈頭轉向，倖存的日機被迫倉皇南竄逃生。半小時內，中國空軍一舉擊毀6架敵機，首戰以6比0告捷。當天晚間日方廣播：「18架飛機之中，13架失去聯絡。」

在這次空戰中，高志航首開紀錄，立功的還有李桂丹、譚文、鄭少愚、王遠波、龔業悌，張光明等。

對於這次空戰，蔣委員長在同年8月15日的日記中記道：「倭寇空軍技術之劣，於此可以寒其膽矣！」

在近一個半月的上海，南京保衛戰中，高志航率領四大隊和駐守句容的第三大隊一起多次擊落來犯敵機。頻傳捷報的號外，在街頭巷尾被人們爭相購閱，極大地鼓舞了全國人民抗戰到底的決心。

我英勇空軍以一對七劣勢，奮戰力拼，而飛機也消耗殆盡，四大隊轉往蘭州接受新機。同年11月21日，高志航率領自蘇聯新購的E-16戰機飛抵周家口，旋即日機來襲，高志航三次開車失效，不及起飛同軍械長馮幹卿被炸犧牲，時年僅30歲。

黃浦江頭撞向敵艦

1938年8月18日，中國空軍三大隊再次奉命轟炸日本海軍艦隊，擔任十七中隊分隊長的秦家柱，駕波音281機率先升空，他迎著薄霧向上海方向飛去，為了躲過日機的攔截，他們一路超低空飛行。就在即將飛抵目的地時，突然一枚日機關炮炮彈擊中了秦家柱的飛機，飛機起火後，秦家柱毅然決定與敵人同歸於盡，他把握好方向舵，對準黃浦江江面上的日本軍艦撞去，就在那一剎那，秦家柱的飛機再次被敵機炮火擊中，轟然墜落於黃浦江內，26歲的秦家柱壯烈殉國。

1938年5月19日下午15：23分，中國空軍第十四中隊隊長徐煥昇上尉和十九中隊附隊長佟彥博中尉，各駕駛著1403和1404號馬丁139W型轟炸機自漢口飛向日本。在寧波機場加油後，于20日淩晨02：45分到達九州上空，向長崎、久留米、福岡、佐賀等城市，以及這些城市的周邊地區散發了傳單，並于當天上午安然返回江西玉山、及南昌落地，全體遠征組員隨即飛往漢口接受表揚。

傳單上寫著：「中日兩國有同文同種唇齒相依的親密關係，應該互相合作，以維持亞洲和全世界和平，日本軍閥發動的侵略戰爭，最後會使中日兩國兩敗俱傷，希望日本國民喚醒軍閥放棄進一步侵華迷夢，迅速撤回日本本土。」

這是有史以來，外國空軍飛機首次空襲日本領空。當徐煥昇和佟彥博完成任務飛離日本時，日本方面才驚惶失措地命令日本飛機在上海、杭州上空進行攔截，但徐煥昇和佟彥博早已掩蔽在雲霧中安全返航，抵達漢口。

眾所周知；在1937年12月南京不幸淪陷後，日軍屠殺了35萬手無寸鐵的南京市民。日軍慘無人道的獸行震驚了整個文明世界，也激起了全中國人民對日寇的切齒痛恨。而在這次被譽為「人道飛行」中，中國空軍沒有以牙還牙地對日轟炸，只是扔下了20萬張譴責日本軍閥侵略中國，喚醒日本人民抵制戰爭，以求和平的傳單。這被譽為「紙彈轟炸」的威力，引起了日本軍閥的一片驚惶。而中國政府以禮儀之邦對待敵國的風範，也喚醒了日本人民的良知，促使許多日本的有識之士，在以後成立了反戰同盟，反對本國軍閥侵略中國。

參與「紙彈轟炸」行動之一的英雄佟彥博少校，於1943年1月4日，在保衛武漢的一次任務中，不幸壯烈犧牲，當時他才新婚不久。

廣東機隊慷慨赴義

在辛亥革命初期，孫中山先生就提出了「航空救國」的宗旨。並於民國13年底，親手創辦了國內第一所航空學校──廣東軍事飛機學校。從1924到1936年的13年間，廣東航校造就了大批飛行技能精湛的愛國飛行員。

1931年「九一八」事變後，日本覬覦我中華之野心昭然若揭，年輕的愛國飛行員再也不甘為軍閥割據而戰，決心駕機北飛投身抗日。1936年7月，在廣東空軍司令黃光銳和廣東航校校長胡漢賢的率領下，100多架飛機、300多名飛行員，浩浩蕩蕩飛往江西南昌。隨後全體飛行員在廬山受到了蔣委員長的接見。並編入中央空軍。使中央空軍原有的14個飛機隊，擴編為31個飛機隊。「七七」事變後，這300多名南國飛將全部參加對日作戰，八年抗戰中為國捐軀的廣東籍飛行員就有260多名，其中畢業於廣東航校殉職者88人，33位空戰英雄，共擊落日機70餘架。

我佇立在鄧從凱烈士的墓前，這位畢業於廣東航校第七期的飛行員，曾創下擊落3架日本轟炸機並與僚機合作擊落一架的記錄。1939年11月4日，擔任了飛行中隊副隊長的鄧從凱，在成都上空對敵作戰時，與日本空軍奧田喜多大佐相遇，他緊緊地咬住奧田的飛機不放，直至將奧田的飛機擊落。當發現機上沒有子彈後，他毅然衝入敵機群內與敵機相撞而壯烈犧牲。

韋一清，這位28歲的廣西青年，畢業于廣東航校第四期。1939年12月25日，他和大隊長陳瑞鈿、陳業新三人在廣西南寧上空迎戰入侵敵機時，三人配合默契，一舉擊落日機三架，在這次激烈的空戰中，陳瑞鈿受重傷，韋一清不幸中彈身亡。

抗日戰爭爆發後，先後有150多名愛國華僑飛行員從美國、日本回國參加抗戰，湧現了許多中華男兒立志報國，親兄弟爭相抗日的動人故事。

八年抗戰中，有39位華僑飛行員在空戰中壯烈犧牲，這些捨身衛國的華僑青年，向世人展示了海外赤子的愛國心。

　　祖籍臺山的黃毓沛、黃毓全兄弟倆，曾在美國芝加哥開設中國餐館，1925年在芝加哥成立「三民航空研習所」，帶領有志青年學習飛行。抗戰爆發後，兄弟倆回國抗日。1932年2月5日，第一次松滬戰爭時，27歲的空軍少校黃毓全，時任第六航空隊副隊長，在上海虹橋機場駕機，迎擊日本飛機時不幸陣亡。

　　旅美華僑空軍中校黃新瑞，是五大隊的大隊長。南京、上海、漢口、廣州、南雄、重慶、成都等地的上空，都曾留下他那矯健的身影，在多次對敵作戰中，創下了擊落敵機八架半的紀錄。1938年4月13日，在廣州上空迎戰入侵日機時，其個人就擊落敵機3架。在敵強我弱的情況下，難免有人有一些消極悲觀的情緒，黃新瑞便對戰友們說：「Fight with anything in my hand and your hands！」

華僑飛行員視死如歸

　　在他的激勵下，空軍五大隊的飛行員們團結一致，並肩抗敵，視死如歸的華僑飛行員擊落了一架又一架敵機！

　　1937年8月15日，日本木更津航空隊向南京進襲時，黃新瑞、黃泮揚、陳瑞鈿、蘇英祥、雷炎均等華僑飛行員，與隊友們一起駕機迎戰，當場擊落日軍的重型轟炸機3架。當時擔任中國航空委員會秘書長的宋美齡親臨句容機場慰問有功人員，並贈給每位勇士一件皮夾克，皮夾克裡面還寫著「捍衛祖國，抗戰到底」八個金字，以示鼓勵。

　　在上海，南京保衛戰中，屢遭慘敗的木更津航空隊司令石井義將大佐因此剖腹自盡，從此在中國的天空中再也沒有出現木更津航空隊的魔影。

　　1937年10月15日，蘇英祥廣東台山人，出生美國，自費學習飛行，學成歸效祖國，畢業於廣東航校五期，在山西欣縣與敵作戰時，與僚機關燕蓀，擊落日機一架後光榮陣亡。

　　1939年5月3日下午13：30左右，日寇出動了36架轟炸機對重慶進行狂轟濫炸，半個多小時內竟扔下116噸炸彈，在這次空襲中有4400人喪生，重慶的中央公園被夷為平地。我中國空軍奮起反擊，華僑飛行員彭均，中央航校五期畢業，時任二十四中隊分隊長，和僚機伍國培與敵機展開近距離作戰，並擊落敵

機一架。

1940年6月16日在保衛重慶的又一次空戰中，年輕的彭均獻出了寶貴的生命。

1941年4月14日，黃新瑞大隊長率隊在四川成都上空，迎擊入侵敵機時，不幸陣亡。

這一個個壯我中華，揚我國威的殺敵抗日英雄，以他們年輕的生命，向世人顯示了中華民族的脊樑是鋼鑄的。

在紀念碑上，我看到表叔陳家灼的名字時，我的眼睛濕潤了。這位師從於著名音樂家馬思聰先生的年輕人，拉得一手好提琴，在他的琴弦下，音律像林間黃鶯美妙的歌喉，似山澗叮咚的泉水。「九一八」事變後，熱愛生活的陳家灼便毅然放下琴弓，報考了廣東航校，與他胞兄陳崇文一樣，駕機鏖戰于藍天上。1938年10月17日，23歲的空軍少尉陳家灼在蘭州陣亡。

我含淚默誦著紀念碑上每個烈士的名字，他們的生卒年月。為了中國，為了中華民族，這些血灑藍天的生命，定格在晨曦般燦爛的時候。與這些朝氣蓬勃英姿颯爽的年輕人相伴的，應該是鮮花與愛情，相擁的應該是幸福和快樂。可是他們把自己的青春鮮血和生命，在抗擊日本法西斯侵略的英雄交響曲中，譜作一個個似江河咆哮的鏗鏘音符，永遠被後人世代頌唱。按照我們中華民族祭奠已故長輩的禮儀，我虔誠地向陳家灼叔叔，和所有為國捐軀的英烈們行了叩首之禮。

美俄飛將殞身華夏

過去在南昌機場附近，有一塊蘇俄陣亡人員墓地，埋葬著陣亡英烈，他們之中年齡最長者是史葛爾・史麥諸夫（Sergei Smirmv）亦僅27歲，他在莫斯科留下的親人有老母、妻子與幼女。長眠在此的還有寇斯汀・才伯路夫（Kostyn Zaboluev）、沙夏・奧拉哈夫（Sasha Orakhov）及伊凡・波特波夫（Ivan Potapov）……等。但該墓碑不幸在六〇年代文化大革命中遭破壞，真是情何以堪！

在美國飛行員蕭特、穆尼、和瑞德的墓前，我向他們深深地鞠躬致敬，在這些英雄面前，我懂得了什麼是真正的國際主義。

蕭特（Robert Short）在1930年美國經濟大蕭條時，乘船來華受僱於波音公司上海代理，1932年1月28日第一次淞滬戰爭，在閘北日本海軍陸戰隊與我十九路軍對峙六週之久，唯日方完全掌握制空權。2月22日被派駕駛波音單座戰鬥機至南京交貨，在蘇州上空巧遇日本3架，一三式艦上攻擊機，雙方纏鬥一名日本射擊手喪生，但蕭特被另三架一三式艦攻機偷襲喪生，為對日作戰，第一位在華犧牲的外籍飛行員。

李（Robert Lee），是首批援華抗日航空志願隊的分隊長，擊落日機十架半，1942年5月23日，在駕機轟炸日軍炮兵陣地時陣亡。

穆尼（Robert M. Mooney），是美國密蘇里州堪薩斯市人，首批援華抗日的飛虎隊隊員，1942年12月26日在雲南祥雲地區駕P-40單機，與9架敵機作戰時陣亡。

瑞德，首批援華的飛虎隊隊員，中美混合聯隊第三大隊中隊長，創下擊落敵機十架半的紀錄，1944年12月15日陣亡。

據有關資料記載，陳納德將軍率領的飛虎隊，在援華抗戰中，以500架飛機的代價，擊落日機2600架，擊沉或重創223萬噸敵商船，44艘軍艦，13000艘百噸以下的內河船隻，擊斃日軍官兵6700多名。

有2197名美國空軍烈士，長眠在我中華大地上。

我真誠地對他們說：「中國人永遠懷念你們，你們是我們真正的朋友。」

碧藍碧藍的天空中白雲朵朵，微風在這空曠寂寥的大山坳裡輕輕拂過，隨風飄來陣陣山花的幽香，繞圈飛著的山蜂，發出嗡嗡嗡的聲音。這嗡嗡地聲響，使我想起了飛機的引擎聲，想起了這些駕機呼嘯于藍天，在硝煙彌漫的炮火中，血灑長空的中外空軍英烈們……

突然一聲稚嫩的聲音把我從遐思中喚醒……，「爸爸，他們是開飛機的嗎？」一個可愛的小男孩指著中外飛行員的雕像天真地問道。

年輕的父親回答兒子：「是的，他們是開飛機打日本鬼子的英雄。」

小男孩認真地盯著那高大的雕像看了片刻，然後張開雙臂，模仿飛機飛了起來，一面笑著喊著：「我也會飛了，我也飛起來了。」

孩子在寬闊的平臺上歡樂地來回奔跑著，看著與這裡氣氛不太相符的童趣，我想說些什麼，但我忍住了。

　　因為我發現飛行員的雕像在微笑，因為他們的獻身，不就是為了讓天下到處都有孩子們的笑聲嗎！

（在紀念抗日戰爭勝利六十周年的時候，
謹將此文敬獻給所有為抗擊日本法西斯而戰的空軍英雄們）
（感謝台灣航空史學者何邦立教授，為本文所作之考證與修訂）
（本文刊載於《中外雜誌》498號，第82卷2期，46-55頁，台北，2007.08）

南京抗日航空紀念烈士公墓牌坊

上：南京抗日航空紀念碑
下：南京抗日航空紀念館3、4號館外景

抗日烈士後人的無奈和心聲

顧雪雍

輾轉收到兩本《中外雜誌》，有關抗戰七十周年特刊的報導，由於目疾嚴重，使用放大鏡艱難地看了大半天，終於讀完了〈抗日空軍烈士悲壯史詩〉大作，十分感動！

徐女士為中國抗戰史，填補了一個空白，把中國空軍捨生取義的愛國精神和英勇氣概作了如實的反映，使中國人民瞭解了抗戰的艱苦真相，從而激發了人們的愛國情懷；這種努力，將使後人為之感激，這一成就，是她多年來不懼艱苦奔波採訪的結果，為保存歷史的傑出工作，尤應受新聞界、歷史界所稱道和學習。

大作文筆流暢，感情充沛，有些地方使人看了流淚。由於政治偏見，國內書刊對抗日空軍烈士的事蹟竭力隱瞞和淡化，這是很令正直人士氣憤不平的。我建議此文的個別名詞改動一下，在大陸的刊物如《北京的人物》和一些歷史刊物上發表，使大陸人民瞭解抗戰的歷史真相，以打破封鎖、蒙蔽的罪惡企圖。我還要建議徐女士用文學筆調寫一本空軍烈士的傳記故事，以擴大影響，也可以先寫一些個別烈士的短篇故事，寄各地晚報和其他雜誌。

我近年來一直在寫較短的時事評論文章，由於只說真話，為國內所不宥，只能在香港書刊上發表，如〈歷史大趨勢〉、〈法治大手筆〉等。我還寫了幾篇抗戰回憶文章，直指中共對抗戰不力，自然也不能公開發表，只能給友人傳閱。該文揭露文革中紅衛兵搗毀重慶美國空軍烈士墓的慘案，其實中國空軍烈士也遭到同樣的厄運，特別是至今不予修復，這些都是滅絕人性的獸行，應受嚴厲的譴責。

抗戰的歷史真象應予還原，亦應為抗日烈士們申冤！

八十八歲老報人顧雪雍
二○○八年二月二十五日於香港

（本文刊載於《中外雜誌》498號，第84卷2期，頁59，台北，2008.08.）

編者註：顧老先生抗戰時是上海申報的記者，是中國空軍抗日烈士惲逸安的外甥，當年他在上海結婚時，新房是陳香梅女士借給他的；一九四九年大陸淪陷後的經歷，不說也是共知的。

惲逸安烈士

　　惲逸安烈士（空軍忠烈錄一〇二頁）江蘇武進人，中央航校四期（無線電專長）畢業，任七大隊十二隊。迭獲重要敵情，裨益作戰甚大。一九三七年十月十五日，吳元沛副隊長率可塞機四架自山西太谷出擊崞縣日軍，俯衝炸毀大炮、輜重車輛，予敵重擊。返航時晏文莊與烈士駕三一〇五機迫降霍縣北校場外，加油起飛觸山失事。

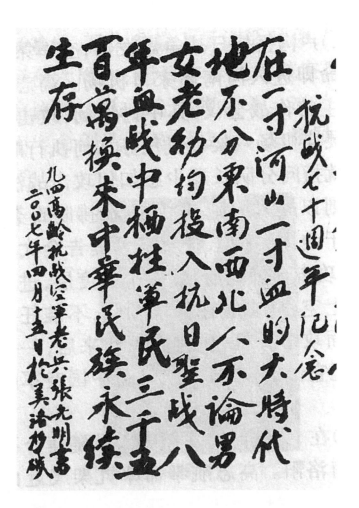

還給烈士應有的榮尊

黃群

金有德烈士

在半個多世紀之前，日寇闖我國門，破我河山，掠我財物，殺我同胞，無惡不作。在國家和民族生死存亡之際，有一批青年投效空軍，走出家中富裕的生活和全國軍民一起，懷著驅寇保國之志，以大無畏的精神與不可一世的日本空中強盜進行了氣壯山河前赴後繼的殊死鬥爭，最後獻出了寶貴的生命，把青春的熱血灑在祖國的山河土地上，實屬可歌可泣！

據有關資料，這些烈士犧牲時平均年齡還不足二十五歲，很多烈士在犧牲後，連屍骨都沒有找到，還有很多烈士的後人至今還不知道自己的先人是抗日烈士。

中國人永遠不忘紀念這些為抗日保國而犧牲的烈士，時隔半世紀後，在一九九一年三月大陸中央統戰部才批准，並經張愛萍將軍題詞，在南京建立了「抗日航空紀念碑」，總算給這些犧牲烈士亡靈的安慰，也給了烈士後人的撫慰。

我的大舅金有德就是該墓烈士中的一位，江蘇崇明縣人，生於一九一五年，在空軍軍官學校第九期畢業，任三大隊廿八中隊少尉飛行員。在一九四〇年九月十二日，敵機數批襲川，曹世榮副隊長率霍克機六架迎空截擊未遇，返航途中，烈士著陸失事而犧牲，是年二十五歲未成家，遺有父母。

自我從二〇〇六年三月，從金陵報上知道之後，先後找了南京航空聯誼會、中山陵園管理局、中共南京市委統戰部，均給開具了證明，特別是南京市委統戰部，給函件至我們崇明縣的有關單位。在這兩年之中，我也多次的奔走於南京至崇明之中，可是我們崇明縣的有關政府部門總是以種種理由不於認可我大舅是抗日烈士，這就是我的無奈。還不知道有多少烈士的後人像我同樣的

無奈。但我堅信總有一天，地方政府部門會給予落實，給予認可；這是烈士後人共同的心聲！

中國空軍抗日烈士金有德外甥黃群

二〇〇八、四、五

（本文刊載於《中外雜誌》498號，第84卷2期，頁60，台北，2008.08）

編者註：金有德烈士，事蹟詳見空軍忠烈錄二七二頁。

空軍烈士遺孤八年抗戰期間的艱辛歲月

吳君植

前言

自抗日勝利六十週年（二〇〇五）那年開始，張光明將軍在「八一四」空軍節前後，在中外雜誌上發表〈筧橋英魂〉系列文章，追念表揚為國捐軀的空軍英烈。

張將軍在〈筧橋英魂〉上特別提到當年烈士們為國犧牲後的遺眷孤兒們，是怎樣渡過八年抗戰這段悲愴困苦的日子，他們克苦奮鬥自立更生的長大成人，貢獻國家社會。並且有人呼籲烈士遺眷及孤兒們應有個組織，搜集記述遺孤們辛酸奮鬥的歷程。

我的父親吳紀權先生航校四期畢業，「八一四」的後兩天「八一六」在嘉興空戰陣亡。

我不會寫文章，加上來美五十年，中文忘得差不多了，只好勉強執筆，記下我在八年抗戰的艱辛生活。

父親陣亡陷入悲慘

年過七十，回頭想想這麼長的日子是怎麼過來的？常聽老人講「落葉歸根」，什麼地方是我的根？什麼地方是我的家？回去過大陸，也去過台灣，我已找不到我曾經住過的地方（曾經是家的地方）。在人生的旅途上，我只是水中的一片浮萍，一個過客。

四歲以前，我有個很富裕美滿的家，那是屬於祖父母輩的，是農家，是大地主，住宅的四週看得見的水稻田都是屬於我們家的。母親有陪嫁過來跟她同年相彷的丫頭（美珍），我和妹妹君培有「荷花」、「桂花」兩個十四、五歲的小姑娘侍候陪伴，四週住的是佃戶們。父親考進中央航空學校時，四鄰八戶

的鄉友們都認為我們是最幸福的家庭。

「七七事變」毀掉了這個家。父親航校畢業後留校做飛行教官，我們住在杭州筧橋醒村，我進了空小幼稚園。「八一三空戰」開始，我們被送回老家，父親「八一六」嘉興陣亡，接著就是八年抗戰，一路逃難逃亡。

我還記得那時家庭的紛亂，媽媽抱著妹妹哭哭啼啼，祖父對外辦事進進出出，祖母上上下下忙著招呼長工們收割稻米，處理喪事。家裡大廳當中放著父親的放大照片，有和尚、道士來唸經，點香燒錢紙，我跟著「荷花」前前後後忙得不得了，看熱鬧，還不能了解到底出了什麼事，為什麼爸爸的放大相片放在大廳裡，還不懂「死」是什麼一回事。在屋外可以聽得見日本飛機轟炸蕪湖的震盪聲及遠遠天際的黑煙。

幾天的忙亂後，做完喪事祭禮，祖父決定留守老家，祖母、母親妹妹跟我往後方安全地方撤退，我們開始了流亡逃難的生涯。

我們祖孫老小四人（祖母是小腳，母親年二十四歲，妹妹滿週歲），上了家裡的小蓬船（平日用來運稻米的），兩個家裡的長工，一前一後的划著船，經過清水河，八、九天後我們由蕪湖到了廬江，那個小城是祖母和母親她倆的娘家所在地。印象很深的是在那九天的行程中，妹妹發燒生病，要吃稀飯，但沿途上已買不到東西，媽媽牽著我到船碼頭附近，挨門向不認識的人家討碗稀飯……這是逃難開始，那個富有家已經不存在了。

父親是獨子（已獨傳三代），所以最後去留的計劃全是母親娘家的兄長、舅舅做主，從廬江到安慶這一段是陸路，沿途經過多半是鄉下小路，交通工具是獨輪車（四川人稱它為雞公車），走走停停，好久，好久才到安慶，那裡有媽媽的親友，舅舅阿姨們的家。我們一下子就三代四口住在親戚家裡，尤其他們知道媽媽是新寡，心情不好，都特別的照顧我們一家。不久南京失守，時局緊張，媽媽也沒了主意，就隨著她的舅舅、表兄妹們一道乘小火輪到了漢口。

漢口，遇到陳校長（陳鴻韜先生），這是後來媽媽一直任教空軍子弟學校的起因，其實跟陳校長認識遠在抗日戰爭以前，父親航校畢業後留校做飛行教官，我們住在筧橋醒村，那時我剛進幼稚園，經常在校園裡玩耍，父親跟陳校長結交成朋友。

在漢口遇到陳校長，其實他是奉命來找母親的。當時航校的副校長蔣堅忍

原是陸軍，是父親帶飛的學生，當他知悉父親陣亡，我們流落在漢口，特別請陳校長陪同母親領取撫卹金，並叮囑校長要照顧我們。

流浪入川整天躲警報

漢口停留的時間不久，時局惡化的威脅再一步往西行，去四川，到四川的交通工具是小火輪，由於逃難的難民太多，有錢也很難買到船票。在那種情形之下，母親的伯父徐皋甫（時為安徽省省議長）加上我們空軍烈士的家屬，公私、人情找關係，我們乘上政府大員張厲生的差船順利的穿過三峽到了四川。

「殺割了」沒有了，完了，是我到四川學的第一句四川話，當船到萬縣時，好像傍晚，天黑了，媽媽帶著我們下了船，手上抱著妹妹，祖母在碼頭上守著行李，走到飯店門口，媽媽示意要我進去問問有什麼東西可以買，我記得店員雙手兩邊一罷，「殺割了」我回報母親，店裡人說他們已經「刷鍋了」，很合理嘛，刷鍋了，那頓晚飯只好作罷了。

從此我們就變成「下江人」。四川人說我是「腳底下來的」，很對嘛，我們大半來自長江下游。我們落腳的第一大城是重慶，住在城北兩路口附近，雖然只住了短短的半年，但有兩件事一直忘不掉。

第一是「打耗子」：重慶，逃難人的集中地，是抗戰時期的陪都，我們租了一間大房間，三代同堂（室），祖母、母親、妹妹跟我，除掉燒飯在走廊上，其他的一切活動都在那間大房間裡。一天傍晚室內來了一個不速之客，一隻大老鼠，所謂的耗子。四川的耗子是有名的特大號，據報上登載曾有嬰兒被耗子咬死之事，連小貓都怕耗子，所以那天晚上，媽媽跟祖母倆拿長棍及棒槌（洗衣用的棍子）上上下下追打那隻耗子，最後結局我記不得了，耗子被她們打死，還是她們放了生，我只記得我跟妹妹大呼小叫的要躲兩個拿著武器的大人，又得躲開四處亂跑逃命的耗子，這是在重慶我記憶中第一件發生的大事。

第二是「躲警報」：重慶兩路口離市中心不遠，可以看得見日本飛機的來來去去，聽得見投彈聲，炸彈爆炸聲，機關槍子彈打到瓦上的聲音，看得見燃燒的煙霧。妹妹小時愛哭，只要大人說「警報來了」，她會立刻變得鴉雀無聲，在那麼幼小的心靈中，已經懂得事情的嚴重及危險性。我們經常躲在一

張大桌子底下，上面蓋上棉被。在那時，大概是想像中最安全的地方。沒有多久，我們遷往鄉下，向西撤退，下站是江津縣（現在已屬於重慶市的一部分）。

民廿七年（一九三八）我們搬到江津，頭一年我們住江津城內，住的地方叫「石獅子」，屋主中過舉，只有舉人才可以有一對大石獅子在大門口，象徵房主的身分，在江津只要說「石獅子」，大家都知道是哪裡了。附近有個小學，校長姓周（我有她的像片），名子記不得了，她很同情我們的遭遇，對我特別關心，愛護，那是我正式進入一年級。

江津這個小城四週有城牆，也有城門，在重慶的西南面，重慶到江津順長江，乘小火輪一天的路程，江津到重慶，順江而下，只要半天工夫，城內無公路，無汽車，黃包車是唯一的交通工具，但城東到城西，走一陣子也就到了。

城北沿長江，城南有座小山，在山頂上有塔台，相當古時的烽火台，老百姓平時都注意山頂上報出的信息，如是黃球高掛，那就是說：當心今天可能有警報，日本飛機已經起飛了，紅球是緊急警報日本飛機將往江津方向來，路上行人得立刻停止行動，找個地方躲起來（所謂躲警報）那時江津沒有防空洞，警報來時百姓不准穿淺色衣服，聽見飛機聲音立刻找個田埂或低凹的地方伏地而臥，安靜不動，小娃娃們也真是乖，大人說「不准哭」警報來了，他們很能體會到危險及嚴重性，也許是看到父母嚴肅的面容及恐怖的態度，他（她）們會馬上不哭，一聲不響。藍球是解除警報的標誌，看到藍球高掛，百姓安心回家。

在戰火中頑童嬉戲

我們城裡未住多久就搬到大西門外的鄉下沿長江邊，房東姓劉是個大家族，除有農田外，還經營一個墨廠，用石膏來做粉筆，四川人稱粉筆為「白墨」，每到緊急警報時，他們家年輕力壯的男士們，很快的將晒在露天的「白墨」收藏起來，以免成為日機轟炸的目標。

「疲勞轟炸」這個典故不知是不是那段時間開始講的？常常日本飛機只來三、六架，在天空亮亮相即回，卻弄得老百姓無法安定過日子，更無法燒煮，

煙囪不能冒煙，反正整得大家無法安寧。有一次，日機掉下三顆炸彈，機槍無目的亂掃一陣，更是弄得人心惶惶。

有一天得到情報，稱日機將大轟炸，重慶江津一帶（一九四一年六月初重慶大轟炸），記得祖母、母親、妹妹跟我背了一些當時認為最重要的東西，走了一天的山路翻山越嶺的到了無人煙的地方，躲了三天，結果什麼事都沒有，倒是重慶死亡損失重大，漸漸的大家也習慣了警報的威脅，生死聽天由命，老百姓也安然的過著自己的日子，每早一起來先看看南山頂上有沒有掛黃球，加上祖母會猜天氣，早晨大霧，中午一定是大太陽，那天大半會有警報，就會當心些，我們日常生活慢慢回到基本的正常。

讀書問題，一年級在江津城小學唸的，搬到鄉下後，只好去上專為流亡學生辦的臨時小學，在一大廟裡（東御廟）不分班次，全看學生年齡大小湊成一班，我先讀三年級，再讀二年級，沒有書本，全靠老師講解，教室安置在隔成一小間、一小間的大殿裡，我們那時年齡太小，不太懂事，除掉怕日本飛機來丟炸彈，其他活動都跟平常一樣。

那時學校沒有教學教材，沒有書本，也沒有玩具，更不用說運動器材了。自己做的雞毛毽子，踢踢毽子，跳跳繩，另外是什麼道具都不用的躲貓貓，「躲貓貓」在十八羅漢大殿中，這些娃們在羅漢手臂腿間亂竄亂跑，雖然裡面一遍漆黑，一點也不怕，老師說我們不該作孽，弄得菩薩、和尚都不安。

放學回家的路上，同學玩伴一道，總是找新花樣一路玩回家，爬大桑樹，摘桑椹來吃，在野墳堆上打擂台，追野狗，因為我的玩伴都是男娃娃，要加入他們的陣容，我所做的比男娃娃更頑皮。

有一次玩「打擂台」遊戲完後，在墳堆附近看到經年未修的棺木，枯骨暴露的墓地，玩伴賭我不敢去拾枯骨，為爭取玩伴們的友誼，隨手拾起放在大衣口袋裡，那時的棉大衣，口袋底下是通的，所有放進口袋的東西都到大衣下面沿邊的一部分，我的大衣底下成了百寶箱。回家後祖母照例檢查我的裡裡外外，當她發現人骨頭時，她口唸「阿彌陀佛」，第二天她帶了香、錢紙要我帶她到拾骨頭的墳地，點香、燒錢紙，特別叮囑，唸唸有詞的說：「我孫女兒不懂事，動彈了你遺骨，千萬別冤仇相報……」，一定要我行三鞠躬，才回家。

又有一次逗狗玩，幾個玩伴把狗逗得冒火，大家分頭四散，我正要爬上

一棵樹的椏杈上時，那隻狗跳上來，咬了我的屁股，除掉媽媽帶我看醫生吃藥外，祖母堅持說我的魂給嚇掉了，這次她拿了一個碗裡面放了茶葉跟米，帶我一道由那棵樹，一路唸唸有詞講回家：「君植的魂跟茶葉、米引路一道回家」，一邊說一邊將茶葉、米澆在路上，每當她叫我名字時，我得答應說：「我會跟你回來……」，說也奇怪，我燒也不發了，退了燒，我想是藥的功到，不是她的招魂。現在想想，中國固有的迷信、傳統舊思想，為了愛護她的孫女，那只是她能力範圍可做的事。

川俗趣味記憶猶新

在江津的頭兩年，妹妹還很小，媽媽沒有工作，經濟來源全靠父親的撫卹金，錢存銀樓錢莊裡，拿利息過日子，家裡保管一個存摺（是一張大約四吋寬卅吋長的一張紙來回摺起來，變成四吋大小的一個摺子，放在紙套子裡），每次取錢，他們（錢莊老闆）在摺子上記個帳，蓋個印，不像現在用支票……等，所以每月得上錢莊一次，後來法幣貶值，存的錢無形之間就沒有了。妹妹也大一點，媽一定得出外找工作，她的第一個工作是在軍政部第一被服廠（做軍人的制服、棉衣棉褲……等）擔任管理與縫紉工作。

這裡順便提及一些當年四川民間風俗。從過年講起，正月初一到十五舞龍燈。這些舞燈的人挨家到大戶人家的門前、院子裡或廣場上，鑼鼓敲敲打打、舞龍，屋主會給他們一些賞錢、食品及放一串串的爆竹，小娃娃們跟著他們走上好些家。

「偷青」，正月十五日（農曆）江津天氣不冷，戶外活動不太受寒冬的限制，十五晚上，可以到農田地裡拔地裡的大蘿蔔、砍包白菜……合法的偷取農作物，這是當地的風俗，來由我不知道。後來可能是「下江人」做得太過火，農家也想出個對策，在正月十五日前兩天，沿路邊的菜田裡，大量施肥，這一來他們的損失小多了。

「抬箱」喜禮，女家嫁女兒前顯示她家的財富，將陪嫁的東西，裝在個像桌面大小無面的木頭箱子裡，兩個人抬一箱……好多、好多箱，喜歡看熱鬧的老老少少站在路旁指手畫腳的欣賞陪嫁的禮品，他們用的原始樂器，吹吹打打

真是熱鬧，這也是當時鄉下一景。

「准吃不准帶」的桔子園。江津的桔子園到秋底冬初，半個山都是紅的，桔園的主人都很慷慨大方，隨大家去摘，進去的遊客可以在桔園裡，選最大最好的就地食用，但不准帶出來，帶出來的得花錢購買，很合理，也富人情味。

記憶中，桔子跟廣柑不一樣，桔子是很容易剝皮的，剝下的皮晒乾後可作中藥（陳皮），所以常常可以看到路邊、院子裡晒一串串的桔子皮。廣柑大概是由廣東傳過來的，皮色很淡，幾乎是黃色，皮很難剝，味道清淡一點，甜而不酸。

還有吃桔子賭付帳，常常看見一堆人圍著桔子攤販旁吃桔子，比看誰吐出來的米米（種子）最多，最少的人得付帳，合理吧！

「剖甘蔗」，又一種變相的賭博，這是經常出現在街頭的一種遊戲（那時我太小只能在旁觀戰），他們將一根甘蔗，用小刀放在甘蔗的最上端，平衡後用力一刀向下剖，然後從折斷處切下他的戰利品，第二人再從折斷處繼續往下剖，最後比誰剖下來的甘蔗長，最短的付帳，請客。

「敲銅板」另一種賭博方式的遊戲。那時我們用過中間有洞的銅錢，及大銅板，參戰者輪流將銅板敲在磚牆上，銅板反彈到地上，離牆腳最遠的銅板主人，從那地開始瞄準將銅板丟往第二遠的銅板處，如達到適當距離（他們用事先準備好的一根小竹片，大約兩吋長）他就可以吃掉（拾起來）那個銅板，如此繼續向下一個銅板進攻……如此直到地下無銅板為止，遊戲從新開始。

講到賭博，在家的大人們，大半是玩麻將、四川紙牌，或牌九……等。我們小娃娃走到麻將桌邊就被轟走了，「娃娃家不准看」，所以現在七十退休後才開始學玩麻將。

逃難到四川的下江人經濟來源有限，大多數是離家逃亡時帶來一點老本，坐吃山空。我們家一直務農為業，有田有地，離家時不能背著田地跑，加上法幣貶值，窮得更快，媽媽雖然在軍政部第一被服廠做事，薪餉很低，維持一家生活不是一件易事，大家都是省吃省用，任勞任怨，千辛萬苦，祖母想盡法子把一日三餐弄得充實一點。早餐她把頭晚上剩來的稀飯，用蔥、油、鹽炒香後，再入稀飯，雖然無菜，味道也蠻好的，有時一個鹹蛋，還得跟妹妹各分一半，她們自己省下給我們了，每天吃的都是同樣食品，我們也從不抱怨。衣服

也只有換洗的三兩件，球鞋（力士鞋）未見過，布鞋是媽媽跟祖母從布殼子做起，上鞋底、做鞋面再將上、下縫在一起，整個的過程實在很麻煩，好像一年到頭都在做鞋子，身上穿的也是她們一針一線在桐油燈下縫成的。

夏天天氣暖和一點，鞋子不穿，赤腳上學，祖母又心疼太傷腳，為我特地編布草鞋，秋冬下雨沒有膠鞋，她的辦法是將一雙新布鞋，浸在桐油裡，浸泡後晾乾，穿在腳上，水就透不進了。

文盲祖母一身本領

我常常提起祖母，她是纏過小腳的女人。父親是她唯一的孩子，她未受過正式學堂教育，她的聰慧大概來自中過「舉人」的父親（我的外曾祖父），好像任何東西只要她看一眼就會立刻悟出來是怎麼做的。對世事的看法也非常的前進。但是迷信得要燒香拜佛，是不是根深於中國傳統思想「一針見血」的治病法。住在鄉下，求醫治病不是一件易事，這是我常見的，她自治中暑、發痧……等病，她用針在手臂的靜脈血管處刺一針，等污血出來後，用乾淨的銅板，沾點油刮幾下，見刮處變成深紅色，休息一陣就好了。

有一次我眼睛裡掉進去一個小小的木屑子，鄉下找不到醫生，如何將那小小的東西弄出來，在大家急得團團轉的時候，祖母去房間漱了口，然後她把我挪到她懷前，用她的舌頭慢慢的將那小東西給舔出來，之後她講眼睛裡不能硬弄，舌頭是最軟的東西。

另一回我同我的玩伴們（七、八歲的娃娃們）做錫飛機，先用泥巴做好模型，再把燒融的錫倒入模型裡，我們偷偷用一個大鐵瓢，將錫加熱燒融，當那隻瓢燙手的時候，這位帶頭的玩伴順手將大瓢一扔，那一團燒融的錫就掉在妹妹的腳背上，當城裡的醫生都無法將破皮見肉的腳背治好時，祖母只好試用（不知哪裡來的偏方）乾的烏龜殼燒焦磨成粉，用麻油調成糊狀敷上去，果真幾天後，妹妹的腳背就開始生皮長肉，好了。

明礬用來澄清食用水，我們的食用水，是請人從長江挑來的，混混的一缸水，只要用明礬在缸邊上抹幾下，水就開始澄清了，洗菜洗衣都得走到長江邊上，利用江水，祖母說：流水不髒。現在想想，那混濁的江水哪裡乾淨？

釘黃曆。中國人用的農曆日曆，在陰曆年前黃曆就在市面出賣了，所以釘黃曆大半在初冬，這是祖母教我縫紉的第一課，那時我才八歲，祖母帶我去印刷廠，拿上千百本印好、打好洞的黃曆，她教我從頭到收尾，來回上下的縫，將一本書釘在一起，一個下午可以釘完上百本，所賺的錢媽媽特地買些過年用的食品，祖母常講，工作無高低，用自己勞力賺來的錢不丟人，如去偷人家東西那才丟臉，這是她啟發我從小就肯低聲下氣作任何勞苦的工作。

「編魚網撈蝦」。祖母梳的老式「巴巴頭」，頭髮向後梳成一個小巴巴，用髮網套上頭髮就不會亂飛，那是個小髮網，不多久她就能用黑線編織一個。有一天她帶我到田埂上去挑馬蘭頭（一種野菜），突然看到一群被困在小池塘角落的蝦子，祖母小腳不便到池塘邊，又擔心我太小會掉到水裡去，於是我們回家，她立刻編成一個大大的網子，綑在一根竹桿的前端，帶著撈蝦工具回到池塘邊，撈上那群被困的小蝦，那是記事以來第一頓豐富的蝦餐，六十多年後，還記得蝦子的來路。

利用農家剩餘產品：從一個大地主家庭逃出來的祖母，在那時是一無所有，但是我們還算幸運沒有受寒、挨餓。秋收後，農田地裡剩下的稻草，祖母會將它們洗淨曬乾，鋪在床上，上面蓋上被單，雖無床墊子，但一樣柔軟暖和。

入冬蘿蔔收成後，田裡無人要的蘿蔔葉子，祖母會收集起來，洗淨晾乾醃成鹹菜，我在六、七歲時已經能辨認出那些常被祖母用來食用的野菜，像馬蘭頭、野莧菜、灰莧菜、馬屎莧、薺菜、春芽……等。

住進眷村初嚐安定

住在江津鄉下無電源，天黑後室內用的是桐油燈，室外是一片漆黑，如果行路只好用火把，「火把」是四川江邊船夫們「背縴」用的竹繩子，竹繩子用舊後或是編得不好的，就鋸斷用作火把，我在五、六歲已會用這個東西。說來也是心酸，妹妹君培從小就多病，每次發高燒，必須求醫的時候，都是在晚上，媽媽抱著生病的妹妹，我打著火把照路。現在想想，媽媽那時才廿五、六歲，年輕的寡婦，抱著病娃娃夜晚找醫生，的確害怕，有我在身邊走走講講替她壯壯膽，常常有小動物的叫聲、青蛙在腳前一跳、或撲燈蛾向火把衝刺，都

會害得我們受驚不小。

當廟裡辦的臨時小學解散後，母親設法將我（年八歲）寄居在朋友家，就讀國立九中附小，國立九中是為安徽省留亡學生辦的，校址在江津長江北岸的德感壩，中隔長江，小渡船是兩岸聯絡的交通工具，我就讀四年級上學期，雖然不方便，只要有書讀，其他都不重要了。我在那裡只上了半年短短的一學期，後來家母工作單位軍政部第一被服廠附設的員工子弟學校成立，我就插班進了四年級下學期，全班只有五個學生與三年級合教室，老師一人教兩班，那是第一次體會到上學是怎麼回事，校長徐向行（女性）蠻有水準，學校無工友，一切自理，放學後，清潔完畢才可以回家。

抗日戰爭的頭幾年，我們生活的艱辛，不是過來人是無法體會到的，我們祖孫三代，祖母失去了她唯一的孩子，母親失去了心愛的丈夫，我們失去了該扶養我們成長的父親，除掉物質上無依靠，精神心靈的打擊、日本轟炸的恐懼，更不是一般人可想像到的。

民卅一年（一九四二）空軍政治部主任簡樸將軍，在成都郊區籌建了空軍烈士「遺族新村」，我們採取了陳校長的建議，離開江津搬到成都東門外釁門舖空軍烈士遺族新村，後來改名為「榮譽新村」。

我這再加上一點小插曲，我們搬家的路途上，媽媽如何含淚機警的來對付打算搶劫我們的搬運工人。在我們去重慶九龍坡空軍新生社路途上，這四、五位搬運佚，看我們四個老小女人，祖母小腳跟在後面，當我們大家走到一個山谷中，四面無人煙的地方，他們把我們行李一放，要加價，同時要媽媽先付錢，幸好媽媽、祖母早有先見，貴重首飾或現金都綑在我跟妹妹的內衣裡，媽媽將她自己一個小包打開給他們看，她身邊沒有現款，同時她告訴他們，等到目的地後，她的「丈夫」會重賞他們勞力，幫助搬運，這才騙過去那危險緊張的一幕。

民國卅一年（一九四二），我們遷居到了成都，這是一個非常特別的眷村，因為住進去的都是空軍烈士遺族，家家都是母兼父職，無男主人的家庭。生活上比較安定，國家未忘掉這些遺孤。情緒上，這些母親們都是懷著悲傷的心情，但孩子們過得還算正常，因為空軍子弟學校就在村子當中，平日教學很嚴，外加各項課外活動，孩子們的成長跟外界的孩子們沒有兩樣。

這個新村不算小，大約有一百戶，分甲、乙、丙三區，甲區是四房一廳，乙區是兩房一廳，丙區只有間臥房。茅草蓋的頂、地面是地板，在苦難的抗戰中，算是很夠水準的眷區。整個眷村的四週是竹籬笆的圍牆，除大門外，四週還有四個小門可以進出，每區有口井供應附近村民吃用水，那也是洗衣、淘米、聊天話家常的地方。村裡駐得有一排兵，保衛村內安全，另外有辦公室，住有專人處理村內一切問題，一位工友（Handyman）處理大大小小的修理事情，另外是一位打更的張先生（Night watch man）。

講到這位打更的張先生，白天睡覺，晚上守夜，他拿著一個木魚，一個小鑼，先敲木魚後打鑼，二更天鑼敲兩下，三更三下，五更天敲五下，那時大概天都快亮了，一年三百六十五天從不缺席。他住我們隔壁的空房子裡，他沒有鐘錶針算時間，但總是很準時出去打更，他的辦法是燒一根香為準，每次回來點一根香，等香燒完了就出去打更，雖不科學化，也是蠻準的。

祖母更是利用她的專長，前後院子空地種上蔬菜，足夠家用，連陳校長都特地請祖母為空軍子弟小學種植農作的顧問。

我在空軍子弟學校讀完了五年級、六年級。民卅三年（一九四四）小學畢業，考取國立四川大學附屬中學，初中一年級，川大附中在成都東門外望江樓，離家大約是三小時的步行時間，所以無法早出晚歸，必須住校，對我這是另一種新經驗。川大附中在四川大學校園裡，一排平房是教室，旁邊一個四合院的老房子做初一的兩班教室，及五、六個寢室、廚房及一個小小的飯廳。女生佔有兩間小房間，兩人擠在一張小床上，無電燈，晚上自習是自備的燈草桐油燈。住校生大都是無家的學生，或是家在很遠的地方，我們吃住是公費，所以也沒有什麼好抱怨的。在那時，有書讀、有一宿之處，就是很幸運的了。宿舍無舍監，幾乎一切自治，倒是訓導處姚主任常常來宿舍看看。每週上課六天，星期六下午上完一節課才可以離校。離開時我得乘渡船過江，再步行三小時的路才到家。第二天星期日帶上乾淨衣服、必需品，再往學校回去。那時我才十一歲，從未離開過家，突然進入那樣的新環境，是非常不習慣的。幸好第二年抗日戰爭結束，日本無條件投降。

勝利還鄉出國留學

　　抗日勝利，下江人紛紛還都江南，我們也隨空軍子弟學校回都南京，隨後，兩黨和談破裂，家母隨空小，由成都還都南京，最後遷往台北，祖母歷經苦難的八年抗戰，勝利後回歸老家。我跟妹妹全憑家母任職小學的薪津，半工半讀，算是按步就班的完成了小學、中學及大學。一九五六年妹妹考取留學西班牙的獎學金。我也很幸運的考取留學出國考試，一九五八年我來到美國繼續升學，畢業後，教學三十五年，退休後住在聖地牙哥。

　　回想過去，我們這群空軍烈士遺孤是怎麼活下去的？是怎樣奮鬥變成有貢獻於社會的公民？這得歸功在當年的空軍妻子——我們的母親們，她們在青春年華時失去了丈夫，心情悲痛，為生活奔波，母兼父職，犧牲了自己，教養孩子們，造福下一代，這是我們不能忘懷的。

　　　　（本文轉載自《中外雜誌》501號，第84卷5期，頁121-130，2008.11）

陳鴻韜校長1948年攝於南京校長室。

①1937年2月，作者吳君植（左二）與祖父
　母（中坐）及父親吳紀權（右一）、母親
　徐守莉（左一）、妹妹吳君培（右二）的
　全家福，六個月後其父吳紀權就陣亡。
②作者吳君植的父親吳紀權與祖父母合影。

①1944年，作者吳君植就讀四川
　成都鸞門鋪空軍子弟小學六年
　級畢業，投考初中的照片。
②1938年，作者吳君植在四川江
　津就讀一年級時留影。
③1939年，作者吳君植（右）與
　妹妹在四川江津合影。
④1937年春天，作者吳君植與父
　親吳紀權。吳君植就讀筧橋空
　小幼稚園，時年四歲，吳紀權
　烈士騎腳踏車送女兒上學。

我記憶中的空軍子弟學校：
筧橋・成都・南京・台北

吳君植

二〇〇三年美加空軍子弟學校校友會聯歡晚會的後一個星期日，朱力揚學弟來電話問我，能不能將記憶中台北空軍子弟學校的平面圖及我所知道的一些事情寫下來。十分高興能有機會敘述「我與子小」，可是我的中文底子本來就不好，加上來美國後四十多年，一直沒有機會用中文，常常想一個字還得從中英字典中由英文找中文，說來真可笑。

恕我「充殼子」，我相信空軍子弟學校校友中絕無第二人比我與子弟學校關係更親切。一般講來每個人進入小學，從幼稚園開始，到六年級畢業頂多七年就結束了小學生涯，步入中學，以後就跟空小沒有來往了。我的故事是這樣的：

筧橋時期

家父吳紀權航校四期，畢業後留校做飛行教官，母親帶著妹妹跟我由老家安徽搬到杭州，住在「醒村」，我就進了陳校長（鴻韜）新辦的航空委員會子弟學校幼稚園，我記憶裡，家父騎著自行車，我踏上小三輪車，每天由醒村到學校，我的家在醒村丙區第一排，前面是一片菜園，交通安全，所以常常放單飛，獨自騎上小三輪往學校跑，小時喜歡盪鞦韆，小三輪靠在鞦韆架子旁，玩夠了，回家，學校給我的印象，那是個好玩的地方，這樣家父跟陳校長變成了朋友。

「七七」事變發生後，很快的就結束了我在筧橋的學生日子，父親將我們送回老家，自己立刻回航校，暫編入臨時卅二隊，基本少尉隊員。「八一三」滬戰發生，日機連日空襲上海、南京、杭州一帶空軍基地。「八一六」拂曉，日機六架偷襲第三十二隊基地嘉興，家父與黃保珊（三期）駕道格拉斯O2M一一八機，在嘉興上空與敵機空戰，由於飛機性能不如敵機，中彈，機毀人亡。

　　離開杭州後再見到陳校長，那是在漢口，家母帶著我們（妹妹及祖母）逃難到後方，當時航校副校長蔣堅忍先生（是航校六期畢業生，家父帶飛的學生，蔣氏由陸軍轉到空軍。為領導統率而學習飛行）不放心家母孤家寡人拖老帶小的去領撫卹金，特地請陳校長陪同領取，這也是以後母親任教空軍子弟學校的開始。

成都時期

　　抗戰的初期我們住在四川江津，有一天我記得母親跟朋友商量，是不是該搬到成都去，因為陳校長來信說：「航空委員會」在成都建造了『空軍烈士遺族新村』，如果搬去，將來政府也會多給我們一些照顧。就這樣我們搬到成都東門外釁門舖「空軍烈士遺族新村」，後來改稱「空軍榮譽新村」。空軍子弟學校在榮譽新村的當中，校舍是三合土的地，茅草蓋的頂，形如飛機，兩翅膀是教室和辦公室，機肚為大禮堂，大門是三個弧形的門，一進門，一邊是佈告牌，一邊是學生壁報，陳校長的黃包車在佈告牌的後面。

　　基本上學生大都是「榮譽新村」無父的一群孩子們，校區有宿舍，所以也有很多從城裡來的空軍子弟（躲警報）加上附近士紳的孩子們，及四行新村（中央銀行、中國銀行、交通銀行及農民銀行）送來的學生們，這也就是當時釁門舖空軍子弟學校學生背景。空軍子弟學校在成都時有總校在沙河堡，一分校在城裡五世同堂街，二分校在釁門舖鄉下，後來因為這群無父的孩子們各方面表現得比其他兩校好，加上陳校長全家也搬到村子裡，釁門舖空軍子弟學校改為總校，沙河堡變成二分校，三校相隔很遠，但常常有活動在一起，如各項比賽，運動會，……等，記得二分校林振基運動優秀。勝利後為南京市田徑隊選手，參加民國卅七年在上海舉辦的還都後第一屆全國運動會跳遠得分。

　　每年三校競爭的最高潮是六年級畢業會考，三校畢業生通通集中在釁門舖，作為期兩天的畢業考試，因為釁門舖在鄉下，不怕警報，外加有宿舍，到時緊張，熱鬧非凡，考完後，名單依成績先後公佈在佈告牌上，一九四四年（民三十三年）我們第四屆畢業生六十二名，前十名中，八名都是總校學生（只有第五、第七是分校學生）總校師生好不開心。

鬏門舖的老師們

　　一九四二年（民卅一年）我進總校時已是五年級學生，級任導師潘繼泗（空軍張保衡烈士的太太）當時她的兒子張武林也該進五年級，但是潘老師怕別人講她偏心兒子多拿分數，特別將張武林降放四年級，張武林的確是高材生，從小就考第一，以後中學、大學（台大電機系）都拿第一。

　　彭延珍老師是我到遺族新村，第一眼就認出我是誰（早年，彭延珍老師與家父中學同學，當時低班女生是多麼崇拜能考入航校的高班男生），當我們第一次在村子裡遇見時（小時我長得很像父親）她第一句話：「你姓吳，安徽人，父親是不是吳紀權？」當我給她肯定的答覆後，她一把將我摟在她懷裡，知道她已失去了當年心中崇拜的英雄。後來彭老師教過我地理、算術、音樂，哪門課缺老師，她就去教，我一直很佩服她，她的兒子周一夫、周一怒也都在子小，但是比我小多了。

　　教務主任阮卓，很正直很兇，學生都怕他，他認為這群無父親的孩子們，不好好管教那還了得。六年級級任導師胡重琪是到到地地的四川人，他把我們班上十六個學生，個個送進了中學。董月琴女老師教體育及童子軍，對付我們班上高大調皮的男生，實在不是一件易事。

　　范天一是甘肅來的，教音樂，不折不扣的共產黨黨員，除掉抗日歌曲外，其他的歌都是以後共產黨的流行歌曲，他跟張子銳、彭連芳，還都到南京子弟學校，等共產黨入南京時，他們都是得獎的忠貞幹部。

　　朱馨士老師是舍監，管住校生，責任重大，學生都是小不點，三餐、穿換衣服、清理宿舍，樣樣都得想到。講起朱老師，就連想到她的兒子史光中，他跟我同班，史光中為了考進國立川大附中挨了兩頓打，首先我們一道去看榜，因為人多心慌，他沒有看到自己名字，回來被朱老師訓打一頓，週末史光中父親史岩，大學考古系教授，回家路上順便再去川大附中看榜，發現兒子名字在榜上，老爸覺得兒子不中用，榜上有名都看不到，多差勁，又挨了老子一頓。

　　王樹剛、閔一塵夫婦都是總校老師，閔老師教美術勞作，兒子王子偉、王子奇都是小時玩伴。吳本衡是中年級級任導師，丈夫是軍醫。苑茂茞老師是千

里尋夫，落腳到子小，她在家鄉訂了婚，未婚夫從軍隨部隊到了成都，等他們在成都重遇，戰爭都快結束了。

趙利國是總務主任，母親任職出納（管錢的），范立珍是會計，算盤打得奇快，像放連炮，每學期開學時，他們可忙得很，因為學費可以以米貸金（一大袋一大袋的米），非空軍子弟學費多一點，我們這群遺族子弟是全免。因為學校有住校生，所以月初得交伙食費，每年開學，他們都忙得不得了，光是數數當年變值很快的鈔票，就是很花時間的事。

其他老師，因為沒有直接教過我，只記得一些名字而已。

陳光明是忠心為校的事務員，附近跑腿採買，三校間的傳遞公文都靠他，學校供他一輛「洋馬」，他就自由自在騎著到處跑，那時我身材瘦小，常搭便車（坐在前橫桿上或後架上）上坡，踏不動時，我就下來跟他走一段，下坡太快時，我雙眼一閉，死活聽天，當時有「洋馬」的人可神氣，比起一輪的「雞公車」要快多了。

每天的生活

升旗是一天的開始，記得台灣中小學唱的升旗歌嗎？「山川壯麗，物產豐隆……」，抗戰時我們唱的升旗歌是：「看國旗在天空，飄飄盪盪乘長風，顏色麗、氣度宏，青天白日滿地紅……」，接著是校長老師訓話，早操後，散會進教室。我喜歡降旗放學集會，那是高年級學生最威風的時候，因為童子軍要服務人群，護送小朋友回家，一路上，一百呎佈一崗……最後的一位童子軍在小山坡上，幾乎半哩以外，大家以服務為榮。

課外活動

抗日時期，生活艱苦，沒有收音機……也沒有玩具，我們的娛樂都是自創的。白天，踢鍵子、拍皮球、官兵捉強盜……附近水稻田捉蝌蚪……等。天黑後，我們最喜歡的「貓」捉「耗子」，當時我們的龍頭是校長大公子陳謨星（以前叫陳拱北），只要他一聲呼喚，馬上可召集十來個玩伴，其中有張武

林、劉燕姁……比較年齡大一點，遊戲是這樣開始：當「貓」的數一、二、三……到五十就可以開始來捉「耗子」們，當「耗子」的小心圍著整個的校舍四週躲避……結束這遊戲的方式有這幾種：大家同意一道散會回家。有時當貓的人被「整冤枉」張武林常常被「整」，當他在數一、二、三……的時候，龍頭示意大家各自回家，弄得當「貓」的還在一本正經的在找耗子。有時當「貓」的自作聰明，數完五十就偷偷的回了家，讓做耗子的還在圍著校舍團團轉。想想當年的玩伴，現在都是有成就的MD & PhD。

總校失火

民卅五年三月九日囊門舖總校大火，將整個的校舍燒得光光的，那時我已在初中二年級，住校城裡。當星期六回家時覺得事情不對，因為平時走到離家半哩的小山坡上，可以看見學校的房頂，這天房頂沒有了，等我跑回家，學校燒掉了還有餘煙，家裡母親聲音嘶啞，講不出話來。

當時母親的職務是出納（管錢的）火警是她第一個發現的，當她開門出去狂叫「救火……」別人以為土匪強盜綁票，捉住了母親在燒她……反而將門窗關緊一點……等她破窗進總務處，將帳本鈔票搶出來，再想回去第二趟時，已不能進去了。這件事發生時，還有另一插曲，我不知該不該提一提，反正現在時過境遷，母親已經去世，當事人可能也不在世，無人證物證，但我一直記得母親告訴我：「火」是人放的。

母親發現那晚火警是這樣的：我們房子是新村丙區頭一排第三棟，離學校只有幾十呎，她從睡夢中聽到外面有人乾咳，當她推開窗子看到學校房頂上有點點火苗，等她開門出去看見外面一男士嘴裡叼著香煙，對母親露出怪怪的笑，當母親大叫「救火、失火了……」，他完全無一點幫忙之意，還反說：「你不要命啦，有什麼好救的？」母親沒有看見他放火，無物證，只好順水推舟，大家都說電線走火，就是電線走火，此君我不記得他名字，到還記得他住在李老師（名字在此不提）家，是一位空軍官級較高的姻親，平日不務正業，抽大煙，經常向學校借錢，後來校長不借錢給他……總之，在母親心裡，他就是放火者。五十七年後，我與一位成都時期的老校友同去拜訪陳校長，當我提

起成都總校失火事件時，老校長很生氣的說「那個×××，臨走還放我一把火」，這也證實了母親的話「火是人放的」。

還都南京

一九四六年（民三十五年）五月十四日，在成都少城公園舉行了臨別的聯歡會，三校都有人參加，六屆以上的畢業生都在中學裡讀書未能參加這次的聚會，緊接著大家紛紛往東返鄉（「腳底下的人」或「下江人」都向上海、南京一帶回返）空軍子弟學校教職員分兩批。一批是隨陳校長七、八十人由隴海路向東行，我們早一批的隨三路司令部派來的五十輛十輪大卡（包括榮譽新村眷屬，及一些子弟學校教職員），浩浩蕩蕩兩天工夫到了重慶，在重慶等飛機或輪船再繼續東行。

重慶住的問題：兩路口，空軍新生社，無法容納這麼多的過路客，最後將子弟學校老師及眷屬統統安排在最底下一層的會議室裡，我記得有朱吉裳老師一家，彭延珍老師一家，楊霜泉老師……等加上我們徐守蓉老師……老老少少、大大小小三、四十人，統統擠居一堂，真是熱鬧。

南京時期

空軍子弟學校在南京復校時，先是在牙巷，再搬到八府塘，前後只有兩年半的時間，幾乎每學期都在增班，學校竟成南京市的模範學校，非空軍子弟，設法找「關係」進入空小。我已不是小學學生（妹妹君培時在五年級），我已是中學住校生，週末才回家，「家」就是空軍子弟學校。當時有夫、有妻的老師，都住在校外，單身、光桿老師住在學校，母親算是單身（妹妹跟我是她的附屬品）住在學校裡。我當時住的問題，有床位的時候，我睡在單人床上，擠的時候，我睡在雙人床的上舖。當宿舍都滿時，我就睡教室。妹妹小一點，總是跟在母親身邊，同床或同室。我就成了游擊隊隊員，校長讓我到處流動，哪個單身女老師房裡有空，我就帶被帶枕頭到那裡去，這樣我結交了好榜樣的女老師，母親的同事，我的大朋友。

彭延瑜老師（彭延珍的妹妹）幼稚園代課老師，比我只大幾歲，是我的玩伴，常常抽空一道去看電影。

張伍鳳老師的潔癖，每早一起床，衣服不先穿，先將被單的兩頭抓住，死命的抖幾下，有一學期我睡在她旁邊的單人床，清早給她這一抖，只好起床。後來她也去了台灣，與一位軍醫結了婚，離開了子弟學校。

施慶雲老師跟母親同房，我認為她是最漂亮最端莊的一位，對我跟妹妹都特別照顧。

趙靜如老師講一口廣播電台的標準國語，那時她正在與一位廿八期的小空軍交往，十四、五歲的我，覺得那是多麼神祕、可愛的一回事，她誠懇的把我當個「妹娃」，教我如何讀書、做人、交友……等，直到我大學畢業後，在台灣中部教書，還把她的家當做我異鄉之家。

在南京短短的兩年半的時間，我看到校長勤勞的帶著工人作清潔，與工人一道填八府塘，增加學生活動場所，冬天拿著大掃把掃雪，過年圍爐吃火鍋，除夕帶著無家的教職員賭錢，先發紅包娃娃們才有賭本。子小此時真是飛黃騰達，好像每學期都在增班，加添新教室，學生人數越來越多，學生的活動也擴張到校外。我記得週末，陳福民、吳君培、申靜，時常被空軍廣播電台請去客串「空軍之歌」、「西子姑娘」……等，每次他們去電台，我們就留守在學校收音機旁，等聽他們的歌聲。我那時的角色，不是子弟學校學生，又不是員工，但任何活動我都插一腳，校長總會找點事要我做。

三十七年底（一九四八）兩黨和談破裂，南京市中學生第二次月考後，學校就結束了，空軍子弟學校也在十二月一日正式停課。那時人心惶惶，不知哪裡去才對，父親同學把我們接到上海，一個月後，陳校長來信說，子弟學校奉命遷往台灣，由南京下關上船，我們又從上海乘火車到南京，乘一月八日由下關直開基隆的「中興貨輪」，子弟學校教職員及家眷，統統分配在船的底艙，船行三日，我連黃膽都吐出來了，發誓今生再不坐船。船抵基隆，在上岸前大家先脫掉棉襖棉褲。從兜生意的小船上買了一掛香蕉……總算我們到達了嚮往的寶島--台灣。

同船來的有廿多個不同單位，子弟學校奉命第一批下船，其餘留宿過夜第二天再說，七十多個老老小小的教職員及家眷，先後上了岸，剩下年輕力壯

的來搬行李，上船容易，下船難，好像在限定的時間內，所有行李都得上岸，但底層到上層只有一個狹小的樓梯，胖大一點只能一人行，無法拿行李。那時我雖瘦子，氣力蠻大，我以七十度角度躺在樓梯上將行李由腳下（有人幫忙）舉到頭上，交給上一層接手的人……不管行李大小，每件行李都要經過我這一關。當時有兩件行李其重無比，連罵「格老子的……」把它們舉上去，原來是丁碧雲老師帶的兩袋米，怕到台灣餓死，後來我們是朋友，但這輩子都記得那兩袋米。

台北時期

　　船到基隆，當晚我們乘車抵達台北新生南路空軍指揮部新生社，那裡是空軍官兵們暫時留宿的地方，哪裡有地方接待由船上來的，像難民一樣的子小教職員及眷屬，好在我們的家長--陳校長辦交涉，把我們統統安頓在他們大汽車房裡。

　　未有多久，這批教職員統統隨校長去了虎尾，虎尾是當時各地遷來的空軍眷屬集中地，復校的第一地點。留守在台北空軍指揮部新生社汽車房的，只剩下兩位住台北辦事的文書--羅慶餘老師及後來做教務主任的楊留曾老師、一位燒飯工友老萬？，另外就是我們幾個重要人物。在台北上中學的子小校友包括校長的兒子陳謨星、陳福民，大陳老師（陳岳如）的女兒陳澹，許汝珍老師的兒子于一平，徐守蓊的女兒（我）吳君植、吳君培，外加劉昌琨、昌樸兄弟，五男三女。校長讓工友將南京帶來的黑板釘起來，隔成一間無底無頂小房間，讓我們十幾歲女娃娃住，男生仍舊住統倉，在我們的旁邊，除掉上學時各奔東西，回來後又是擠在一堂，到是蠻開心的。

　　陳校長虎尾--台北來回奔走，後來駐台北監工修建仁愛路三段新校舍，好像是五月中，我們統統離開了空軍指揮部新生社，搬到嶄新的空軍子弟學校。

　　因住新生社汽車房的同學們，各自回到眷區（新村），我跟君培也回到我們的「家」--空軍子弟學校。母親跟另一位老師分到在教室旁邊的一間小房間，三張小床、二位老師、三個中學娃娃，台北中學無住校生，所以那時，我只好等大家就寢後，拿著被睡教室。後來學校擴大，新來了很多單身女老師，

這一來校長乾脆將一間房間統統舖上榻「榻米」，橫直可以睡好些人。我跟另外兩位上一女中的曾伯鴻、陳澹加入了老師的陣容，解決了宿的問題，大家對我都很好，我是徐老師的女兒，工友們叫我「吳大小姐」或「大姑娘」。我不是他們的教職員，但是我總是屬於子小的。

幾件有趣的事

記得當年的廁所是男女同一門進去，男生在右邊，女生在左邊，每間門上外面有一個門閂，裡面有兩個門閂，用的時候，裡面將兩個門閂關上，外面就打不開了。當我們搬到新校舍不久，女老師發現一件怪事，當晚間就寢前去用廁所時，有位神經不正常的男仕，會一絲不掛的躲在廁所裡，故意將第二門閂不關上，等你開門要進去時，會跟他對面相撞，嚇得女老師們大聲呼叫往外跑，為了要捉此君，我曾與幾位男老師商量，要他們做後援。如果有一天，我碰到這「傢伙」的話，不久此君運氣不佳，有天當我去廁所時，我先敲門，無應聲，將門開一半覺得裡面有人影，我速急將門關上，用背抵門，用腳頂住牆，大叫高老師（高忠延），當我的援兵來時，此君衣服還未穿好……除去這一害，給女老師不少安全感。

克難成果

新校舍，院子裡荒荒的，好像少掉了什麼。有一天，校長朝會上發起每家一瓶--每個學生帶一個媽媽燒完茶要扔掉的醬油瓶醋瓶或酒瓶……洗乾淨，小心帶到學校交給級任導師，消息傳出去，一星期後收集了上百的瓶子，校長別有心裁的將瓶子倒立著，依次一排排的埋在土裡，地面上露出三吋，頓時校園就變成美麗的花圃。

復校後第一屆校慶

台北復校的第二年，學校有個大規模的校慶，每個教室有著不同的佈置，

壁報、成績展覽，總之每個角落煥然一新，台北市、政界、教育界、新聞界都有人來訪，美不勝收，聯歡晚會借空軍司令部新生廳舉行，節目精彩，一連兩個晚上，麥闊明老師主辦晚會，放學回來我也幫忙，排演、練習。

記得我還教了一個八人跳的古裝舞，麥老師教的「疊羅漢」、「啞子背瘋」……等，反正那兩晚學生家長們都瘋狂了，整整三天的慶祝，凡是來參觀的人，莫不都伸出大拇指「硬是要得」。

「幼鷹」報捷

民國四十年代，是台灣籃球比賽的極盛時期，國隊有「七虎」、「大鵬」、「鐵路」，女隊有「碧濤」、「純德」、「良友」，為慶祝「一二三」自由日，台灣首次辦了「自由杯」籃球比賽，分成人組及少年組，少年組的球隊是來自全省縣市中學籃球隊，總共有一百多隊參加這次比賽。

空軍子弟學校校友數人（陶至真、馬玉章、揭天和、周裕彪、李祖原……等），平日在空總籃球場「鬥牛」為戲，決定組隊報名參加，球隊可無領隊，但少不掉教練，當時劉燕姁和我正是師大四年級學生，而都在師大籃球隊，燕姁更是國手，是「良友」隊的主將，很榮幸被學弟們邀請做他們的教練，我們倆現炒現賣（現學現教），把我自己師大教練朱裕厚老師教的幾招，立刻排上用場，轉教我們的校友隊，身為空軍子弟，父親輩是生龍活虎的飛將軍，成人組有「大鵬」（空軍隊），所以我們決定隊名叫「幼鷹」。

解決隊員制服問題，「幼鷹」不是學校代表隊，無經費制裝，也沒有有錢人士撐腰，只好用塑膠紙剪好「幼鷹」兩字及號碼，縫在白襯衣上，褲子是家家有黃卡基短褲，每場球賽完畢，將字及號碼拆下來，衣服洗乾淨後再縫上去。最初幾場比賽，其他球員看看我們的克難制服及兩個女教練，一點不把我們看在眼裡，直到我們連贏了幾場球後，這才引起了球界人士的注意。

第一屆自由盃少年組的比賽結果，文山中學第一，新竹中學第二，「幼鷹」第三，好出風頭。我相信這些校友們，今生都會記得這次的光榮紀錄。

台北第一次空小校友會

台北復校的頭幾年，畢業生幾乎百分之百的考入初中，九十％以上都進了當時有名的省中、附中、建中、成功、一女中、二女中……等，非空軍子弟只要找到關係，都設法將孩子們送到空軍子弟學校來。

有一次，早期畢業的同學與校長閒談中，覺得我空軍子弟離開小學後各自分散，我們互相應該有個聯繫、有個組織，當時早期在成都畢業的校友都在大專學校裡，大家就自告奮勇籌備校友會。

第一屆校友會是民國四十二年五月十二日在台北空軍子弟學校舉行，出席的人不多，只有二十多位，主要是消息傳遞不夠，全靠口信通知，但多年不見的老同學們，蠻高興的渡過一個下午。

記憶中的老師們（五○年代）

空小老師是母親同事，但很多從北師、女師畢業出來的小老師們，跟我年齡相仿，就成了我的朋友。

我敬佩高年級（五、六）的單身男老師，他們幾乎將全部的時間和精力，統統都給了他們的學生，除掉白天上課，晚飯後附近正義新村、正義東村的學生們又都回到教室，做他們的家庭作業，老師彼此之間也在競爭，希望自己班上學生個個考進省中。

中年級（三、四）及低年級（一、二）女老師比較多，雖然晚上沒有學生回到他教室，但每天抱回家回宿舍的學生作業本子就是厚厚的一大堆，如今我還記得他們每個人的姓名（別號）及他們當初的容貌……他們交友、談戀愛、結婚……等，母親收集了很多他們的訂婚照、結婚照，母親去世後，這些像片就留在我這裡了。

母親比他們年長，跟每個老師都合得來，他們稱母親「老大姐」，常常就變成了他們私下日常生活的顧問，交朋友、生娃娃，什麼樣的事都有，我沒有專心聽他們之間的談話，但好像事事都進入我的耳朵。

特權女老師

　　黃拙愚老師是四川人，丈夫是陸軍為國捐軀，獨養兒子，空軍幼校畢業進入空軍官校，未學成也摔死了，留下這位孤家寡人的「黃老太」，開頭在子弟學校教書，後來不知為什麼離開子弟學校。但始終佔有一間寢室，說什麼也不搬，她橫不講理，但也有番道理。她有時一把眼淚一把鼻涕的講「格老子、龜兒子，打什麼仗？我丈夫是為國家死的，兒子雖未打仗而死，也是從小投筆從戎，準備為國獻身，如今留下我孤家寡人，陸軍不管我、空軍也不管我，不講理，大家不講理要賴，我也不搬，我已無處可搬。」校長同情她可憐，也沒有趕她出去，就讓她保留那間小房間。

　　平時她經常不在家，怕小偷偷了她的東西，又怕不在時被抄了家，所以重要、貴重的東西統統交給母親保管，也只聽母親的話。那時「黃老太」才不過六十出頭，她常去東門町游泳池學游泳，跟什麼人學按摩。當時覺得五十歲已是老人，人老了就該規規矩矩蹲在家裡。現在想想，我們六十五歲才可退休，七十歲才學Line dance、打拳……等，其實那時的「黃老太」，才是真正的前進份子。

無報酬的保姆

　　台北復校後，生活安定下來，女老師們結婚、成家、生娃娃接一連三好多小娃出世，譬如蔣佑真的方小惠、方克難，羅肇祿的羅小毛，司機楊燕生的楊小弟，丁碧雲的小哈哈，那時台灣沒有保姆（Baby Sitter），就是有這項職業，做老師的也請不起，他們白天怎樣照顧這些小娃娃，我不記得，但我記得每天一放學（二女中）回家，立刻就成了他們的Baby Sitter（天生喜歡小娃娃），所以幫他洗澡、餵稀飯、換尿片，樣樣都來，這就連想起到美國後幫好幾位同學「坐月子」，她們驚訝的問我，怎麼知道那麼多，現在回頭想想，那全是在空軍子弟學校時做過「實習生」。

結束了空小為家的日子

　　一九五八年（民四十七年）考取大專留學考試，經過一番出國前的磨練……特別陳校長為我多方設法籌備路費……今天我能在美國讀書、教書、退休，我將會終身記得這全是歷年來積下的教育薰陶，及陳校長不斷的培養與輔導，自那年我離開台灣後，我就離開了「家」──空軍子弟學校，已經四十五年了，直到洛城校友會，讓我重溫舊日的一切，如果不是這篇日記，恐怕再過幾年，我會都不記得了。

　　　　　　（本文轉載自《中外雜誌》465號，第78卷5期，頁62-71，2005.11.）

　編者按：作者吳君植女士為空軍烈士吳紀權長女，一九三七年八一四空戰後之第三天，其
　　　　　父為國捐軀，時作者年僅四歲。本文是她成長的故事。

①吳君植與祖母、母親合影
②台北市仁愛路三段空軍子弟小學第一屆校友會，1953年校友留影於小學生的滑梯上，背景是空軍正
　義東村竹屋。

①1953年空軍總司令部附設子弟學校
　全體教職員合影。
②1950年空小在台北復校，一排中陳
　鴻韜校長、二排左二作者母親、二排
　右三、四杜振乾、任靜心、右五萬家
　駿。
③作者吳君植與母親1957年攝於台北
　空小大門口。

空軍子弟小學的今與昔

何邦立

　　1934年在杭州筧橋醒村首建「中央航空學校子弟學校」，首任校長陳鴻韜，當時學校還附設有幼稚園。抗戰軍興，1938年學校內遷改名「航空委員會子弟學校」，1940年在四川成都復校，學校設於東門外罾門舖空軍烈士遺族新村內，後改稱空軍榮譽新村。1945年抗戰勝利還都南京，次年1946年5月學校遷回，更名為「空軍子弟學校」，學校先在南京牙巷，後搬到八府塘，前後兩年半時間。

　　1949年1月全校師生職眷，搭中興貨輪來台，先在虎尾復校，次年5月，位於仁愛路三段空軍總司令部旁修建的新校舍完工，是為台北空軍子弟學校。陳鴻韜校長，從筧橋創校，遷校成都，復校南京，輾轉至台北，一直擔任「空小」校長，勞苦功高，一身心力為學校付出。至於全台有空軍基地處，就有空軍子弟小學，總共有14所空小，直接隸屬空軍總司令部。

　　空軍子弟學校在我國教育史上，反映著一個時代的動亂與變遷，學校數度播遷皆與戰亂有關。來台後，全省十四所空小，都共用一個校名「空軍子弟學校」，只是在校名前加上地名而已。各校唱的都是同一首校歌。說它是軍方辦的學校，卻不是軍校。學生既不需接受軍事訓練，也不需要住校。但說它不是軍校，空軍軍歌卻是必唱的歌曲，「凌雲御風去，報國把志伸……」，以致於常誤認為空軍軍歌就是校歌。

　　還有一極為特殊之處，為解決學生上下學的交通問題，單位會派藍色的空軍十輪大卡車接送，因為學生全是空軍子弟，又住在各地空軍眷村，因此卡車一停妥，但見一群小學生從四方擁至，爭先恐後蔚為奇觀。由於校名相同都叫空小，所以他是全世界最大的小學。擁有最團結、最有向心力、最多的校友。

　　空軍是英雄的軍種，也是悲壯的軍種。1967年改隸教育部以後，空軍總部替各學校改名，以空軍烈士的名字作為校名，每個校名的後面，都有一個壯烈動人的故事，述說著捍衛領空的英勇事跡。

　　走入歷史將近半世紀的「空軍子弟學校」，十四所「空小」從創校到結束，歷經三十三個寒暑，總計畢業校友約一萬七千餘人。空軍子弟小學校友會名人雲集，也有不少在台身居政經要職，如前行政院長唐飛，副院長劉兆玄、國防部長李傑、親民黨主席宋楚瑜、台灣大學校長李嗣涔、名作家白先勇，名建築師李祖原、以及聯電董事長胡國強等皆係空小校友。

　　培育多位國軍將領的空軍子弟小學，2006.04.22在旅美加校友聯誼會長楊賢怡發起下成立「中華民國空軍子弟學校全球校友會」，成立大會借用台北懷生國中體育館舉行。空小學生清一色是空軍子弟，很多旅居海外。2001年，旅美空小校友首先成立「空軍子弟學校旅美加校友聯誼會」，今年是第一次在台灣舉辦校友會。雖然參加的校友都已年過半百，但難掩興奮之情，現場響起「空軍軍歌」和「空小校歌」時，更把氣氛帶到最高潮。

　　成立大會在壯盛的空軍軍歌聲中拉開序幕，十四所空小校友代表手持各空小代表旗幟進場、校友熱絡寒暄，互相詢問最新近況，場面熱鬧。空小校友會成立大會邀請台北空小畢業的東吳大學校長劉兆玄致詞，召開會議，選舉校友會工作幹部，並詳細造冊，未來擬將定期聯絡校友聯誼，盼能團結校友，展現愛家、愛校、愛國、愛空軍的力量。

　　第一次全球校友會，共有前行政院副院長劉兆玄、台灣大學校長李嗣涔等八百多名校友參加，報到校友約四百餘位；總統府戰略顧問劉貴立、空軍副司令葛光越、立法委員張光錦等都與會。會場還展出空小的珍貴文物以及空軍史料。

　　空小改制迄今已近五十年，改制後的空小，除了校名和各校都塑立著一座與校名有關的烈士銅像外，早已不具往日的風格。

　　筆者念的是國語實驗小學，但與台北空軍子弟小學另有一段淵源。當時我家住在遼寧街光復東村的僑務委員會宿舍（僅兩排共二十間，住了15戶），鄰近有國防部眷村、陸軍眷村、空軍眷村。尤其光復東西村是以空軍眷村為主體，我們有共同成長的回憶。特別是每天早上空軍藍色的十輪大卡車一到，學童們爭先恐後一擁而上的場面，蔚為奇觀也令人稱羨！

　　1955年我考上師大附中初中部（同年69班的劉貴立，後榮任空軍總司令），先步行、後騎腳踏車上學，每天沿著安東街走，安東街很窄，一旁有一

條小溪，時常還看到有人趕隻好大的豬，廟會時賽豬公之用。穿過空軍總部旁的子弟小學，再穿過仁愛路，就到師大附中後門。旁邊的空軍運動場，當年是射擊飛靶的地方，也是每年香港足球隊回國比賽的場所，後來有了綜合運動場，才轉移了陣地。

初中三年，一同上學的同學有萬學耘、關寶新等都是空軍子弟，每天我們進出正義東村的空軍子弟小學兩次，有趣的是他們老師都講四川話，這是他們的國語。還記得有天早上，正義新村失火，濃煙蔽空，竹子木頭的材質，經不起火燒，一下子灰灰煙滅，好不慘烈。就這樣通學了三年，也走完我快樂的少年。

半世紀後在美國洛杉磯，參加過兩次空軍子弟小學舉辦的校友會，我是唯一、三年「過門不入、穿堂而過」的校友。

吳君植（右）最後一次拜訪陳鴻韜老校長夫婦（宋文芹老師）於洛城。

空軍總司部全省附設十四所空軍子弟小學的命名

懷生國小：臺北大安　民國51年　陳懷生，駕U-2偵察機在江西南昌被擊落。本名陳懷「懷生」是老蔣總統為他取名。

陳康國小：桃園大園　民國43年　陳康，第五大隊長　炸射叛逃機在福建同安遭高砲擊落。

載熙國小：新　竹　市　民國55年　吳載熙　新竹人，駕U-2迫降臺中水湳機場失事殉職。

省三國小：臺　中　市　民國49年　張省三，三聯隊政戰主任，駕駛F-86在台灣海峽墜海。

汝鎏國小：臺中大雅　民國27年　吳汝鎏，第三大隊長，抗戰時廣東南雄空戰陣亡。

拯民國小：雲林虎尾　民國45年　葉拯民，黑蝙蝠中隊B-17江西上饒被擊落同機11員殉。

志航國小：嘉　義　市　民國26年　高志航八一四空戰英雄殉職於河南周家口。

志開國小：臺　南　市　民國32年　周志開駕P-40在湖北長陽空戰殉職。首開單次空戰擊落日機三架獲頒青天白日勳章。

粹剛小學：高雄岡山　民國26年　劉粹剛夜撞大同魁星樓（又稱航校子弟小學）。

兆湘國小：高雄岡山　民國46年　王兆湘，RF-84偵照遭共軍攔截迫降韓國濟州島殉職。唯一蔣總統親臨碧潭主持葬禮。

鶴聲國小：屏　東　市　民國53年　林鶴聲屏東人，國慶閱兵104機被僚機撞落墜毀。

以栗國小：屏東東港　民國52年　周以栗黑蝙蝠中隊P2V被擊落於江西崇仁同機14員殉。

鑄強國小：花　蓮　縣　民國43年　溫鑄強駕P-47螺旋槳戰機支援大陳作戰遭米格15擊落。

南屏國小：宜　蘭　市　民國53年　李南屏U-2偵察機被擊落於福建漳州。

不教青史盡成灰─編後語

　　本書緣起於2005年，在洛杉磯慶祝抗戰勝利六十周年紀念會時，再遇筧橋英雄張光明。事後承蒙告知，中日空戰戰史部份與事實有出入，他希望看到一本能寫出《筧橋精神》真實的抗日空戰史。做為一位能飛的航空醫官，又與諸多筧橋先賢熟識，更能體會出老將軍的落寞與憂心；遂發宏願，以個人四十年飛行事故調查與預防的專長背景，應用在抗日空戰史的考證上，十年磨一劍，不教青史盡成灰，幸能不辱使命，在抗戰勝利七十周年前完書付梓。

　　做為一位戰史學者，從歷史的角度看，本書橫寫的是抗戰初期，我空軍健兒奮不顧身，捨身救國，驚天地動鬼神，可歌可泣的血淚史。縱的寫出一百二十年來，中國近代史轉捩點的關鍵時刻。百年歲月滿清積弱，甲午戰敗割據台灣，日俄戰爭在我東北爆發，日寇先佔我東北，再圖染指華北，國破山河變色，於此危急存亡之秋，蔣委員長廬山宣言全面長期抗戰，珍珠港事變引爆二次世界大戰，蔣介石任盟軍中國戰區最高統帥，牽制百萬日軍於中國戰場，盟軍遂能先歐後亞，後德國戰敗日本投降，中國成為世界五強之一，台灣光復回歸祖國懷胞。那一代的中國青年，一寸山河一寸血，十萬青年十萬軍，捨身救國，空軍英烈尤為表率，改寫了歷史，創造了時代！

　　國民政府對日八年抗戰，犧牲三千五百萬軍民，才換得台灣光復國土重光。怎知七十年後今天的台灣，早就忘記七七抗戰紀念日，亦不慶祝紀念光復節。如今但見獨煙瀰漫，皇民當道，政客名嘴橫行，職業學生淪為政爭工具，這一代在台灣成長的青年，享受先烈先賢犧牲奉獻，留下自由民主的果實，卻做出親痛仇快，愧對列祖列宗的幼稚行為。認識歷史，才能鑑古知今，君不見美日圖我中華釣魚台，海峽兩岸早應拋棄國共兩黨之私，為我中華民族的領土，共同奮鬥。

　　本書為空軍抗戰第一年的戰史還原真相，承蒙唐飛先生領導的中華戰史文獻學會的青睞，復蒙秀威公司概允出版，廖妘甄編輯團隊的耐心協助，本書得以付梓。當然更要感謝雙親，何宜武先生與王秀椒女士，在抗戰烽火連連中對我的撫育之恩，及長鼓勵我選擇航空醫學的志業，內子汪忠甲無怨無悔的支持，使無後顧之憂，得以全力治史之工作，特為之誌。

何邦立 時年七一於台北

2015.05.06

Do歷史32　PF0159

筧橋精神
──空軍抗日戰爭初期血淚史

編　　著／何邦立
責任編輯／廖妘甄
圖文排版／楊家齊
封面設計／楊廣榕

出版策劃／獨立作家
發 行 人／宋政坤
法律顧問／毛國樑　律師
製作發行／秀威資訊科技股份有限公司
　　　　　地址：114 台北市內湖區瑞光路76巷65號1樓
　　　　　電話：+886-2-2796-3638　傳真：+886-2-2796-1377
　　　　　服務信箱：service@showwe.com.tw
展售門市／國家書店【松江門市】
　　　　　地址：104 台北市中山區松江路209號1樓
　　　　　電話：+886-2-2518-0207　傳真：+886-2-2518-0778
網路訂購／秀威網路書店：https://store.showwe.tw
　　　　　國家網路書店：https://www.govbooks.com.tw

出版日期／2015年8月　BOD一版　定價／450元

| 獨立 | 作家 |
Independent Author

寫自己的故事，唱自己的歌

筧橋精神：空軍抗日戰爭初期血淚史 / 何邦立編
著. -- 一版. -- 臺北市：獨立作家, 2015.08
面；　公分. -- (Do歷史；PF0159)
BOD版
　ISBN 978-986-5729-80-6(平裝). --
ISBN 978-986-5729-87-5(精裝)

　1. 中日戰爭　2. 空戰史

628.5　　　　　　　　　　　104006720

國家圖書館出版品預行編目

讀者回函卡

感謝您購買本書，為提升服務品質，請填妥以下資料，將讀者回函卡直接寄回或傳真本公司，收到您的寶貴意見後，我們會收藏記錄及檢討，謝謝！
如您需要了解本公司最新出版書目、購書優惠或企劃活動，歡迎您上網查詢或下載相關資料：http:// www.showwe.com.tw

您購買的書名：＿＿＿＿＿＿＿＿＿＿＿＿＿＿＿＿＿＿＿＿＿＿＿

出生日期：＿＿＿＿＿年＿＿＿＿＿月＿＿＿＿＿日

學歷：□高中 (含) 以下　　□大專　　□研究所 (含) 以上

職業：□製造業　□金融業　□資訊業　□軍警　□傳播業　□自由業
　　　□服務業　□公務員　□教職　　□學生　□家管　□其它＿＿＿＿

購書地點：□網路書店　□實體書店　□書展　□郵購　□贈閱　□其他

您從何得知本書的消息？

　□網路書店　□實體書店　□網路搜尋　□電子報　□書訊　□雜誌

　□傳播媒體　□親友推薦　□網站推薦　□部落格　□其他＿＿＿＿＿＿

您對本書的評價：(請填代號　1.非常滿意　2.滿意　3.尚可　4.再改進)

　封面設計＿＿＿　版面編排＿＿＿　內容＿＿＿　文／譯筆＿＿＿　價格＿＿＿

讀完書後您覺得：

　□很有收穫　□有收穫　□收穫不多　□沒收穫

對我們的建議：＿＿＿＿＿＿＿＿＿＿＿＿＿＿＿＿＿＿＿＿＿＿＿

＿＿＿＿＿＿＿＿＿＿＿＿＿＿＿＿＿＿＿＿＿＿＿＿＿＿＿＿＿＿＿＿＿

＿＿＿＿＿＿＿＿＿＿＿＿＿＿＿＿＿＿＿＿＿＿＿＿＿＿＿＿＿＿＿＿＿

＿＿＿＿＿＿＿＿＿＿＿＿＿＿＿＿＿＿＿＿＿＿＿＿＿＿＿＿＿＿＿＿＿

11466
台北市內湖區瑞光路 76 巷 65 號 1 樓

獨立作家讀者服務部　　　收

....

（請沿線對折寄回，謝謝！）

姓　　名：_____　年齡：_____　性別：□女　□男

郵遞區號：□□□□□

地　　址：_____

聯絡電話：(日)_____　(夜)_____

E-mail：_____